编委会

见证文化

韩长江 主编

中华书局

图书在版编目(CIP)数据

见证文化/韩长江主编. —北京:中华书局,2019.8
ISBN 978-7-101-13882-5

Ⅰ.见… Ⅱ.韩… Ⅲ.中国历史-文集 Ⅳ.K207-53

中国版本图书馆 CIP 数据核字(2019)第 087786 号

书　　名	见证文化
主　　编	韩长江
责任编辑	罗华彤　葛洪春
出版发行	中华书局
	(北京市丰台区太平桥西里 38 号　100073)
	http://www.zhbc.com.cn
	E-mail:zhbc@zhbc.com.cn
印　　刷	北京市白帆印务有限公司
版　　次	2019 年 8 月北京第 1 版
	2019 年 8 月北京第 1 次印刷
规　　格	开本/920×1250 毫米　1/32
	印张 12½　插页 2　字数 320 千字
印　　数	1-2000 册
国际书号	ISBN 978-7-101-13882-5
定　　价	58.00 元

前　言

文化是民族传承的血脉，文化是思想沟通的桥梁。中华文化博大精深，源远流长，中华民族的子孙无不从中汲取营养并发扬光大。

《见证文化》一书收录了中央人民广播电台制作的长篇广播特写《中华文化探源》和系列广播节目《融合》。从宏观的角度看，所有的传播都是文化的传播，而文化知识的传播才更吸引人。我们将这两部解析文化的作品展现给读者，就是想通过中华书局这个平台，再次让读者感知中华文化的魅力，我们尽量说得通俗，说得准确，多奉献一点知识，也许通过本书的字里行间，您不知不觉已经收获和快乐。

《中华文化探源》用六年时间，从先秦开始至明清结束，对中国古代重要历史时期产生的思想文化精髓以及成因作了细致的阐释。它按历史时期共分六个子系列：《回望先秦》、《风云两汉》、《盛世大唐》、《静水流深》、《大哉乾元》、《依常新变》，总共撰写了35集，还创作了主题歌《中华神韵》，堪称一项浩大的文化传播工程。

《融合》立足内地与港澳30年来文化的融合与发展，角度独特，立意新颖，向人们展示了内地与港澳文化的相互吸收与成长。

生活不单是为了活着，而要活得精彩，那精彩的部分就是文化。

目　录

上编　中华文化探源

回望先秦………………………………………………………… 3
　　第一集　不破不立 ………………………………………… 5
　　第二集　百家争鸣 ………………………………………… 13
　　第三集　儒道交辉 ………………………………………… 20
　　第四集　变法图强 ………………………………………… 28
　　第五集　纵横捭阖 ………………………………………… 37
　　第六集　源远流长 ………………………………………… 45

风云两汉 ………………………………………………………… 53
　　第一集　元气西汉 ………………………………………… 55
　　第二集　史家绝唱 ………………………………………… 64
　　第三集　兴衰东汉 ………………………………………… 73
　　第四集　赋兴咏志 ………………………………………… 82
　　第五集　乐府清流 ………………………………………… 92
　　第六集　积厚流光 ………………………………………… 101

盛世大唐………………………………………………………… 111
　　第一集　建基立业 ………………………………………… 113
　　第二集　西游东渡 ………………………………………… 122

第三集　唐诗诗唐……131
第四集　绝艺流金……140
第五集　巾帼芳华……148
第六集　唐韵未了……157

静水流深……165
第一集　文武之道……167
第二集　四时书香……176
第三集　词情画意……184
第四集　诗文言志……193
第五集　都城梦华……200
第六集　书香远播……207

大哉乾元……215
第一集　开疆定制……217
第二集　曲高韵长……224
第三集　笔写悲欢……232
第四集　海丝帆影……241
第五集　继往更张……250

依常新变……259
第一集　承前萌新……261
第二集　春色满园……269
第三集　小说盛景……278
第四集　辑书成典……287
第五集　东西互渐……295
第六集　成风育人……303

下编 融合

第一集 风从南方来 ……………………………………… 313
第二集 我是中国人 ……………………………………… 326
第三集 春天的故事 ……………………………………… 338
第四集 相思风雨中 ……………………………………… 349
第五集 我爱你中华 ……………………………………… 363
第六集 同唱一首歌 ……………………………………… 377

上编　中华文化探源

回望先秦

第一集　不破不立

在中国的博物馆，几乎所有关于中国历史的讲述都会从这里开始……

讲解员：“历史馆的第一部分是先秦时代。先秦，简单地说就是秦朝之前，包括了上古时代、夏商周、春秋战国。那是中华民族充满朝气、热情和生命力的青少年时代。今天我们的民族精神、文化习俗，很多都可以追溯到那个时期，我们通常称之为华夏文明的第一缕曙光……”

周代是我国古代文明繁荣昌盛的时期，周礼的核心是礼乐，礼是规范体系，是典章制度；乐则是礼内在精神的体现，以礼乐沟通天地，强化统治，鼓舞士气，突显了礼与人内在心灵秩序的关联。概括地说就是以人为本，以德治国，以礼立秩序，以乐致和谐。可以说，传统的礼乐制度，以至学术文化，都奠基于这个时代。孔子说：“周监于二代，郁郁乎文哉，吾从周。”他认为周朝的礼仪制度借鉴于夏、商两代，是多么丰富多彩啊，所以他要遵从周朝的制度。周礼不仅对于孔子思想的形成有着重要的影响，对于中国古代封建社会乃至中国近代文化都产生了广泛而深刻的作用，以其旺盛的生命力形成了中华文明的遗传基因，绵延不绝，传承至今。南开大学历史学院教授孙立群：

孙立群：这个“礼”啊，对于政治集团内部的上下的关系是一种稳定剂，由于“礼”是一种对人的尊敬啊、一种很文明的约束，所以它逐渐逐渐就传到了全社会。所以我觉得这个“礼”，整体上对中华文明的提升起到了促进作用。正是由于周人特别注重这个“礼”，后来，非常讲文明的、非常讲道德的这个社会就叫做“礼仪之邦”。

那么，西周礼乐制度到底妙在何处呢？香港浸会大学中文系教授陈致揭开了其中的谜团：

陈致：周人制定的这个礼乐制度一方面是学习商人的，另一方面它要有所创新，在观念上也有所变化。商人很重视祭祀鬼神，侍鬼尚神，宗教色彩比较强。周人的关注点，就更是对天的一种敬仰，并且加入一个“德”的概念，就是有德行天才保佑你，这是周人一个很明显的变化。所以，很多人就分析，周人是一种人本主义，人本主义的根源就是从周人制定的礼乐制度开始的，从关怀上帝，到关怀现世。

公元前1046年至公元前771年，正是西周时期。这个孔子认知世界里的理想国度，在经历了生龙活虎的青壮年期之后，宛若一头老态龙钟的巨兽，步履蹒跚地走向了它的灭亡。当西周王朝被自己的继承者糟蹋得面目全非，任何一点风波都会成为压垮骆驼的最后一根稻草。

【故事 周幽王废嫡立庶】

话说周武王建立了西周之后，实行的是分封制和宗法制。分封制就不用说了，大伙都明白，这宗法制的一个核心就是“嫡长子继承制”，就是只有正妻生的第一个儿子才有资格继承自己老爸的位置，正妻之外的妾生的孩子那叫庶子，庶子即便你比人家嫡长子岁数大或者你比人家功劳大，那都没戏。

到了周幽王这里，这宗法制有点管不住他了，周幽王他要打破这种制度，废嫡立庶，而这一切的背后都是因为一个女人——褒姒。

周幽王本来是有王后的，历史上称为“申后”，褒姒不过是周幽王的妾。申后有个儿子叫宜臼，这就是嫡长子。而褒姒也生了个儿子叫伯服。周幽王他太宠爱这个褒姒啊，于是也顺带手地偏爱褒姒生的这个小儿子伯服，偏爱到什么程度？要把王位传给这个庶子，而不是嫡长子。

这下事儿可闹大了。大臣们都坐不住了，开始集体劝告周幽王：大王啊，这是触犯了祖上传下来的制度啊，您三思啊。可是周幽王还真就听不进去，大臣们说的话他左耳朵进右耳朵出，这主意算是打定了，废了正宫和太子，改立美人褒姒为后、伯服为太子。大臣们眼见劝不动，也就不白费力气了，反正您自己家的天下，您自己折腾去吧。

什么叫内忧外患？这个时候就是。内部不消停，外面呢，还有一股少数民族势力犬戎对西周虎视眈眈，就在这个时候，还有一个内鬼出现了，他就是周幽王原来的王后申后的父亲、宜臼的姥爷——申侯。

自己的女儿和外孙子被废了，这让申侯非常不满，这种不满积累到了一定程度就是一个大爆发。既然你对我不仁，休怪我无义。公元前771年，申侯起兵发难，而且这理由听上去还挺正当——维护嫡长子继承的宗法制，他还联合了缯、犬戎等少数民族势力，一举攻占了西周的王宫，然后在骊山杀了周幽王，还掳走了伯服他娘褒姒当战利品，周幽王的嫡长子宜臼被立为王，是为周平王。运转了快三百年的西周就这样轰然而塌。

每一个末代君主身上都会呈现颓败前的表象，也许是骄奢淫逸，也许是贪图美色，也许是不遵先法，然而，这只是王朝倾灭的触发点，是内部腐朽之后产生的外部表现。对于西周来说，支撑了这个王朝几百年的制度——分封制到此时也已经丧失了生命力，历史的车轮也必定会毫不留情地隆隆碾过。香港浸会大学教授陈致：

陈致：分封制，一个是同姓同盟，跟周人同姓的，像周武王的兄弟啊、武王的子孙哪，都分封在这个地方。那除此以外呢，还有一些异姓的，异姓的都是跟周有一种同盟关系，或者说有婚姻关系，像姜姓的国家，比如说像齐呀、申哪；还有一些任姓的国家，比如说薛国啊、谢国啊这些。西周是靠这种宗亲关系来实施它在其他地区的统治，这种统治实际上有一种困难：时间长了以后，这些诸侯国都有自己的独立性和自主性，周王室就没办法控制，对于诸侯国的控制力就越来越弱。各诸侯国又有自己独立的行政、独立的军队等等，于是（周王室的）控制力就越来越弱，周厉王的时候败象已经出来了。

公元前770年，以周平王迁都洛邑为标志，中国历史结束了西周时期，进入到了春秋时期。

春秋战国，诸侯、学者、隐士、纵横家、游士、侠客、兵家、名将，在《左传》、《战国策》这样的历史散文当中，形象鲜活生动、饱满浓艳。原因就在于周王室衰微，群雄并起，大批下层卿士把改换门庭、权力嬗代看作寻常事，各国战事外交改革变法之频繁，刺激了志向高远的雄主辈出，使能人们有了千载难逢的广阔舞台。

【故事 问鼎中原】

话说公元前606年，楚庄王把自己的队伍开拔到洛阳边境，要检阅三军，向洛阳城里的周定王显摆显摆自己有几块肌肉。这周定王一听，一下子慌了，心想这不露怯了吗？我自己知道我几斤几两啊。这时的周天子可怜巴巴的既没钱也没兵没权，好在还剩下一个得力的助手，谁啊？王孙满。用现在的眼光看这是一位能干的外交家，于是他就派大夫王孙满前去慰劳楚庄王，实际是探探形势。

这个王孙满来到了楚庄王的军营里，楚庄王见了他也没客气，上来就问他："我在楚国听说，大禹从前铸了九鼎，三代相传，现在是你们洛阳城里的镇国之宝啊。我们楚国也有鼎，但是不知你们的鼎到底有多大，有多重呢？”好嘛，这小子不知天高地厚啊，一上来居然敢问我们国家的鼎多大多重，说白了这可是窥伺国器，可是大逆不道。就像你跑到美国去，一上来就问人家总统：你们的自由女神像有多少吨啊？打算卖吗？白宫值多少钱？俩一块儿买能便宜点儿吗？行吗这个？！

王孙满听到这话，回答的滴水不漏。说我们大周朝所看中的，是德行，而不是鼎。从前，大禹的夏朝很有德，于是诸侯进贡材料，铸成九鼎，象征九州，上面有鬼神风物，保佑子民不受魑魅魍魉的迫害。到了夏朝末年，夏桀昏庸无为，就失去了这个“德”，于是鼎落到商朝手里，保佑了商朝六百年宗祀。商纣暴虐之时，鼎迁于我大周王朝。我们的国君周成王占卜得知，上天保佑我们要传三十代周王，七百年基业。现在周朝德行虽然有所衰落，但是天命未改啊。鼎的轻重，你们是不可以问的。

楚庄王一听这话，绵中带刺啊，我这不自讨没趣了么？

楚庄王问完鼎之后，没好气，带着自己的精兵强将，押着俘虏，回到了自己统治的疆土广大的楚国。这就是历史上楚庄王“饮马黄河，问鼎洛水”的典故，也是“问鼎中原”这一成语的来历。

不只是楚庄王，春秋时期先后崛起的霸主，都对更广阔的疆土产生了觊觎之心。赤裸裸的扩张野心，带来的是不可避免的残酷战争。

孟子曰：“春秋无义战。彼善于此，则有之矣。征者，上伐下也，敌国不相征也。”这是孟子在表达他的历史观和政治观：春秋时代没有合乎义的战争。那一国或许比这一国要好一点，这样的情况倒是有的。所谓征，是指上讨伐下，同等级的国家之间是不能够相互讨伐的。

其实，孟子的思想来自孔子。孔子在《论语·季氏》中已经说过："天下有道，则礼乐征伐自天子出；天下无道，则礼乐征伐自诸侯出。"礼乐征伐自天子出是西周的时代，礼乐征伐自诸侯出就是春秋时代了。香港浸会大学教授陈致：

陈致：《论语》里边讲孔子到魏国去的时候见到卫灵公，卫灵公一见到孔子以后就问政于孔子，孔子就说："俎豆之事，则尝闻之矣；军旅之事，未之学也。"第二天就走了。也就是说孔子对军旅之事，肯定是不支持的。战争，违背了儒家所讲的"尊尊"和"亲亲"之意。"尊尊"是儒家所拥护，所坚持的一种等级制度，社会需要等级，下对上要尊。而春秋时期发生的战争，基本上都是诸侯之间的争夺。周王室势力很弱，基本上是被裹挟着。挟天子以令诸侯啊，假借周王的名义，实际上是违背"尊尊"之意。另外诸侯之间的争夺也是违背"亲亲"之意，在儒家看来，天下这些诸侯是同族啊，同宗同族的，不是王室的子孙，就是王室的甥舅。

【朗诵】

击鼓其镗，踊跃用兵。土国城漕，我独南行。

从孙子仲，平陈与宋。不我以归，忧心有忡。

爰居爰处？爰丧其马？于以求之？于林之下。

死生契阔，与子成说。执子之手，与子偕老。

于嗟阔兮，不我活兮。于嗟洵兮，不我信兮。

这是《诗经·国风·邶风》当中的《击鼓》。这首诗当中"死生契阔，与子成说。执子之手，与子偕老"，后来成为恋人们表白忠贞的常用语，其实，在春秋时，这是战士之间生死与共情谊的写照。这首诗描写兵士久戍不得还家的心情，表达渴望归家与亲人团聚的强烈愿望。战争代表着伤痛、死亡和生离死别。它是一部机器，为着诸侯的利益而开动，也无情地裹挟了普通百姓的生活。

在《山海经》当中有一个关于"鲛人泪"的故事，说美人鱼晚上望着月亮，会流下眼泪，渔夫就会上前去趁机把眼泪收起来，一滴滴眼泪就会变成一颗颗明珠。这样一个传说带有凄美的色彩，却有着高深的哲理：好与坏并非泾渭分明。诸侯的“挟天子以令诸侯”，虽然导致礼乐制度崩溃瓦解，但也有其出现的客观原因，并在某种程度上促进了社会的发展与进步。南开大学历史学院教授孙立群：

孙立群：“春秋无义战”是孟子说的，实际上它是指当时的战争给社会，给人民带来的破坏是不可否认的。但是春秋的战争又是社会环境所决定的，不是哪个人想发动就发动的。主要的就是这个时期的社会由于经济利益，大家都去争。而在争的过程中，如果你弱，你不行，那你就被别人灭掉。所以这种战争是不以人的意志为转移的。所以战争又促进了各国的改革啊，变法啊，创新啊，从这个角度讲，“春秋无义战”也有对社会促进的一面。

另一方面，时局动荡混乱，各诸侯国迫切探寻治国理政方略，也造就了春秋战国时代思想和学术的空前发展和繁荣。香港浸会大学教授陈致：

陈致：周人制度里面也有所谓教士、养士。比如说他们要教六艺，就是礼乐射御书数，为的是培养知识分子。但是在礼崩乐坏之后，这些士很多都变成了我们说的游士，就到处去依附啊，要把自己的一套东西，售给诸侯国，让各个诸侯国能够接纳自己的强国的主张或者是救世的主张。这些有知识的贵族，因为失去了领地，失去了地位，要有一种谋生的手段。这确实在思想上造成一种非常繁荣的局面，因为那是个社会转型时期。整个春秋战国时期，发生了一种思想上的突破，哲学上的突破，产生了各种各样的救世的主张，乱世里面才会产生这样的各种各样的救世主张。

这些救世强国的主张来自士人阶层，体现了中国前三千年累积和爆发的精神力量。当代美国社会学家卡尔·曼海姆曾经对于奔走游说，兜售济世良方的中国古代士人阶层有一个著名的表述，那就是“相对自由的漂浮”，相对脱离了权力的制约，拥有独立的人格，卓然而立，遍看风云。在中华文化启蒙的混沌期，他们走了出来，造就了原始森林式的文明体系，既多元又平衡。原创性的学说与思想纷纷涌现，达到了极高的程度，圣人孔子和亚圣孟子都出现于那个时代。

多个世纪之后，英国著名作家狄更斯在小说《双城记》的开头写下了这样的话：“那是最美好的时代，那是最糟糕的时代；那是智慧的年头，那是愚昧的年头；那是信仰的时期，那是怀疑的时期；那是光明的季节，那是黑暗的季节；那是希望的春天，那是失望的冬天；人们面前有着各样事物，人们面前一无所有。”虽然他说的不是遥远东方的先秦，但是与那个不破不立的时代竟有几分的相像！我国著名史学家钱穆先生曾经说过，国家本为精神的产物，每个民族在自我身份认同遭遇迷茫与彷徨的时候，追溯过去的伟大与传统是一种近乎本能的行为。我们中华民族曾经有过那样一个浓墨重彩的时代，还有过那样壮勇智慧的祖先……

天地玄黄，东方曙光，
文明始祖，中华炎黄。
薪火相传，盛世未央，
华夏各族，中原家乡……

第二集　百家争鸣

每次音乐会正式演出之前，演奏员都会抓紧时间对各种不同乐器进行试奏调音，听上去或许不是那么和谐，甚至还有些刺耳。但是，大幕拉开之后，乐队合奏出的却是打动人心的恢弘乐章。

人们常说："音乐是流动的语言。"如果说中国历史上，也有过类似音乐会开场前后的思想碰撞和智慧交锋，那么，目光的那一端最早应该是2000多年前的百家争鸣时代。

春秋战国时期，五个实力雄厚的诸侯国逐渐脱颖而出。后来又演变成七个强国，史称"战国七雄"。在这样的大变革中，国家的未来在哪里？又将去向何方？此时一群卓越的思想家，登上了这个历史舞台，他们以百科全书式的知识、巨大的热情和无畏的勇气从不同的角度对社会、政治、经济、文化进行理论探讨和实践，试图创造出一个美好的理想社会。他们倡导发起的这场文化争鸣使中国开始进入一个自觉的理性时代。

而这场思想的大辩论、大交锋，跟"士"这个特殊阶层的解放密不可分。

关于中国封建社会中"士"这个最基础的贵族，也是最高级的百姓阶层，南开大学历史学院教授孙立群作了这样的解读：

孙立群：这个“士”阶层是春秋战国新的一个群体。这个新型“士”的特点就是摆脱了过去血缘的、等级的、宗法的束缚。他的人身人格获得了相应的自由。春秋战国的“士”最大的特点是平民获得了学习的机会，过去“学在官府”变成了“学在民间”。当时办私学非常盛行，孔子等都有自己的学生，学生的学费就是一串腊肉，形容门槛很低，平民获得学习的机会，他们也可以凭借技能参与社会，这完全是新生事物。

子贡曾向孔子提出“何如斯可谓之士矣”的问题。孔子回答说：“行己有耻，使于四方不辱君命，可谓士矣。”这句回答中，既表明了“士”的官吏身分，同时也指出了作为一名“士”的最基本条件和责任：一是要以道德上的羞耻心来规范自己的行为，二是在才能上要能完成国君所交给的任务。前者是对士的道德品质方面的要求，后者则是对士的实际办事才能方面的要求。“士”具体要做些什么呢？著名文化学者易中天，以“修齐治平”四个字作了概括：

易中天：士是必须工作的，不工作就没收入，因为没有不动产嘛。所以士怎么办呢，他只能练本事，什么都没有嘛，士练好自己的本事，包括道德修养也包括知识技艺。比方说文士要掌握文化知识，武士要练武艺，这都是本事。这叫什么，修身。修好身以后怎么样呢，他出去工作，如果是帮大夫打理他的家就叫齐家，如果是协助诸侯去治国就叫治国，如果是辅助天子去管理天下就叫平天下，合起来叫修身，齐家，治国，平天下，简称“修齐治平”，这是士的工作。

“士”是当时社会的特殊阶层，而“养士”是当时社会的特殊风气。“养士”，也称“养食客”。战国时期，“养士”最著名的是魏国的信陵君魏无忌、齐国的孟尝君田文、赵国的平原君赵胜、楚国的春申君黄歇。因其四人都是王公贵族，后人称之为“战国四公子”，也叫“战国四君子”。

只要是有实力有抱负的国君、权臣，无不以尽可能多地收养门客为荣，有些权贵门下都收养着数千人以上的门客，通过养士的方式大量集中人才，迅速抬高自己的政治声誉，以壮大自己的政治力量，称霸诸侯。所以上层权贵争相礼贤下士，不拘一格地网罗人才，以尽天才之大为己能，形成了“士无常君，国无定臣”的人才流动和人才竞争的局面。

这样一来，众多的士大夫都散落在各个诸侯国，彼此之间的观点碰撞和思想交锋也受到局限，无法形成大规模交流的局面。面对这一困惑，齐国的统治者做出了一个决定。山东淄博齐文化博物馆讲解员：

讲解员：战国时期，齐王在稷门外设立了一所学宫。聚集了全国很多的学者来这里讲学议论。出现了百家争鸣的盛况。稷下学宫历时100多年。它在中国文化史上起到了深远的影响，被人们称为最早的社会科学院。

稷下学宫或称稷下之学形成的时间是在大约公元前4世纪60年代，它历时一百五十年左右，是我国战国时期齐国的官办大学堂。稷下学宫是以位于齐国国都临淄的稷门附近而得名。作为当时东方文化教育与学术的中心，它既弘扬了西周官学的办学形式，又综合发展了春秋战国时期私学的长处，为先秦教育史掀开了新的一页，对中国文化和教育的发展，对我国尊师重教传统的丰富和传承，产生了深远的影响。那么，大名鼎鼎的稷下学宫是如何形成的呢？

【故事　稷下学宫如何形成】

要说稷下学宫的形成，它有这么个背景：

从前，齐国名相管仲辅佐齐桓公，制定了以经济建设为中心，对内搞活、对外开放的治国思想，对齐国的经济制度进行了彻底改革。齐国经济迅速发展，成为有实力的大国。开放的国家就进取务实、眼界高远、胸襟广阔、兼收并蓄。到了春秋末年，齐国开始衰落，衰落归衰落，但齐国依然是个经济发达的大国。

不差钱，又有开放式的博大精深的文化底蕴，齐国君主们开始把眼光盯上了西部和南部的广袤大地。想择机称霸，重塑当年齐桓公时期的辉煌。称霸要靠什么？人才啊！这时就有人出主意了："咱不如办个大学，把天下所有名门大派的掌门人都请来，让他们在咱这搞研究，带学生。再给他们办一个定期的论坛，让他们辩论，百花齐放，百家争鸣，想说什么说什么，想怎么说就怎么说，想骂谁就骂谁，骂者无罪，闻者足戒。咱们齐国呢，就博采众长，择其善者而用之，岂不美哉？"

好主意呀！说干就干，田齐当时的君主田午下令在临淄一处叫"稷"的城门附近划拨出一块土地，大兴土木，建设学宫。齐都临淄城稷门附近，就叫"稷下"，于是，学宫也就称为"稷下学宫"。

著名文化学者余秋雨说："梁启超先生在《少年中国说》里曾经渴求，何时才能让中国回到少年时代。什么是少年时代呢？少年时代就是天真未凿的时代，草莽混沌的时代。而百家争鸣，稷下学宫就是中国的少年时代。没有它，各种文化也在，诸子百家也在，却无法进入一种既高度自由又高度精致的和谐状态。因为世上有很多文化，自由而不精致；又有很多文化，精致而不自由。稷下学宫以尊重为基础，把这两者统一了。 因此，经由稷下学宫，中华文化成为一种'和而不同'的壮阔合力，进入了世界文明史上极少数最优秀的文化之列。"

在当时那种求贤若渴、从善如流的氛围下，百家争鸣迅猛发展。当时的齐国曾容纳了当时"诸子百家"中的几乎各个学派：讲究仁义礼智信的儒家，提倡兼爱非攻的墨家，探讨名实关系的名家，主张以法治国的法家，坚持无为而治的道家，研究事物规律的阴阳家，专攻军政策略的纵横家，专攻战略战术的兵家，还有农学家、医学家、天文算学家、小说家、杂家等，各家蜂拥而出，展开热烈争鸣，在其兴盛时期，汇集了天下贤士多达千人左右。各种学术观点激烈交锋，思想争鸣蔚为壮观。虽然过去了两千多年，那百家激辩的声音犹在耳畔：

儒家：老夫主张应当以“仁”政来治理天下。重教化、轻刑罚才是使国家安定、人民富裕幸福的必由之路。让所有的人都可以接受教育，才会使全国上下都成为道德高尚的人，从而建立大一统的社会，正所谓“仁者无敌”。

墨家：当今各诸侯国纷争不断，百姓生活于水火之中，这完完全全是由于人与人之间的不相爱造成的。所以国与国之间、人与人之间，都应该“兼相爱，交相利”。兼，视人如己；兼爱，即爱人如己。“天下兼相爱”，就可达到“交相利”的目的。“兼爱才是当今社会最好的药方！”

道家：非也，非也！治理天下最好的方式，当属无为而治！清静无为，守雌守柔，才能以柔克刚。一个国家，疆域不要太大，人口要少。靠万民的自为实现无为无不为，靠万民的自治实现无治无不治。

法家：治理社会，最万能的武器当然应当是“法”。“不别亲疏，不殊贵贱，一断于法，以法为教，以吏为师。法治则国治！”

纵横家：各位有所不知：“天下之士合纵相聚，方能取各自所长，形成合力！”

“仁”是核心！

“兼爱”是良药！

“无为而治，无为而治！”

“法”才是利器！

“联合”才能制胜！

……

此时，百家争鸣迎来了它的巅峰时期。后来许多对中国思想文化产生重要影响的辩论，都是在这里诞生的。这时的稷下学宫，人数之多，学派之广，规模之大，争鸣场面之热烈，都是前所未有的。正如宋代文学家司马光在《稷下赋》中所说：“致千里之奇士，总百家之伟说。”齐文化研究中心《管子学刊》主编于孔宝：

于孔宝：百家争鸣是时代的产物，是春秋变革时代形成的特殊的文化现象，它有着深刻的社会基础和鲜明的时代烙印。因为春秋战国时期是由奴隶制向封建制过渡的时期，伴随着封建制度的发展和诸侯势力的增强，出现了诸侯争霸、群雄并起的局面。原来是“礼乐争锋自天子出”变成了“礼乐争锋自诸侯出”。没落的奴隶主阶级摇摇欲坠，新兴的地主阶级夺取政权以后，深知政权来之不易，于是掀起大力发展经济，变法革新的新局面。怎样实现富国强兵是新兴地主阶级十分关心的问题。这就为不同的学说、观点、价值观提供了一个优越的大环境。

不参政，却问政，是百家争鸣时期的自由思维，常常成为向朝廷进谏或被朝廷征询的内容。朝廷对学者的态度非常谦虚，而学者也可以随时去面见君主。孟子是当时很受尊重的人物，《孟子》一书中提到他与齐宣王讨论政事就有十七处之多。热播的电视剧《大秦帝国》就再现了百家争鸣时期的一场重要辩论：

百家争鸣，在中国文化发展史上树起了一座丰碑，开启了秦汉文化发展之源，对秦汉以后文化的发展与繁荣产生了深远影响。南开大学教授孙立群：

孙立群：“百家争鸣的思想高峰在于参与人数的众多。它从人类对社会思考的各个角度为我们提供了思想的宝库。我们今天的思想，很大程度上来自于诸子——虽然它离我们2000多年，很遥远。但是他们的许多精神，许多论述都有穿越时空的作用，是我们今天吸取和研究的重要对象，所以我认为百家争鸣的意义和作用对今天都是很大的。”

诸子百家的学说堪称中华思想文化派系的母本，它们经过碰撞、交锋、融汇，激发出绚烂多彩的智慧光芒，必将永远闪耀在中华文化和世界文化的舞台上。

第三集　儒道交辉

也许此时此刻，你正在朋友圈里与刚刚结识的朋友交换着信息，但或许你并不知道，在2700多年前的中国古代西周社会，也有着非亲缘关系的熟人圈。西周时期，立法的根本原则是“亲亲尊尊”，意思是要亲近应该亲近的人，尊重应该尊重的人，这样的道德标准实际上是在维护当时的等级制度和君臣关系。

孟子曾说，君之视臣如手足，则臣视君如腹心；君之视臣如犬马，则臣视君如国人；君之视臣如土芥，则臣视君如寇仇。但是，随着西周的灭亡，传统的道德标准逐渐失去了权威性，许多臣子已经摒弃了从一而终的观念。中国孔子研究院学术交流部路则权博士：

路则权：这样的一种关系，是我们现在表达中的叫权利与义务的关系，君主尊重作为臣子的，那么臣子才会对君主效忠，如果做君主的不像君主，那么做臣子的就无须像臣子一样。

君臣关系的变化只是乱世的一个表象，由社会内部不可调和的矛盾引起的深重危机，是动摇政治的权威性的深层原因。南开大学历史学院教授孙立群：

孙立群：其实我们从周厉王的时候就看到，这个社会已经开始有了一些变化了，一方面君主要求强化自己的统治力度，另一方面，社会下层要追求更多的自由。实际我们看到了社会是向前变化的，这种社会经济的变化，导致了政治必须与之相适应，而礼乐是当时政治上的表现，到了东周以后，最明显的表现就是礼崩乐坏，传统的礼乐制度与传统的政治已经不能维持天下的稳定了。

与此同时，代表各阶级利益的知识分子异常活跃，他们纷纷登上历史舞台，著书立说，提出解决社会现实问题的办法，把时代精神注入到自己的思想体系中，并对传统文化加以改造，以期在社会实践中建立一种新的和谐秩序和思想理论。

祭孔大典，两千多年来几乎从未间断，成为世界祭祀史、人类文化节史上的一个奇迹。它是华夏民族为了尊崇与怀念至圣先师孔子，而主要在孔庙举行的隆重祭祀典礼。众所周知，孔子是儒家思想的代表人物，探究孔子儒家思想的形成原因，就不能不回到他的出生地鲁国。中国孔子研究院路则权分析了鲁国文化对孔子创立儒家学说的影响：

路则权：孔子的思想，不是凭空产生的，实际上孔子是对两千多年中华文化的一个总结，具体到孔子生活的鲁国，有着深厚的文化土壤，就地理文化而言，十分适宜农耕与文明，从历史文化来看，鲁国是三皇五帝，黄帝的出生地，也是殷商燕国的故都。就鲁国文化自身的发展而言，鲁国的始封之君，他是周公的儿子伯禽，鲁国在名义上是周公的封国，所以鲁国的文化是深受周文化影响的。鲁文化注重尊尊亲亲，第二个特点是，十分重视祭祀之礼，第三个呢，鲁国人十分看重德，重德的目的是为了国家的稳定、国家的统治，那么就少不了民众的支持，所以保民的思想在整个统治者阶级那里也十分重视，第四个就是重视礼乐教化传统，所以鲁国的这些文化特点，对孔子创立儒学都有十分重要的意义。

孔子理想中的社会是，人民生活在安定的社会，安居乐业，和平幸福。所以博学的孔子积极入世，他一直寻找着能够施展平生之所学造福天下的机会。

【故事 孔子周游求官】

孔子三十五岁那年，鲁国发生了一场政变。政变中，鲁国国君鲁昭公被驱赶出鲁国，逃到了齐国，鲁国很快陷入了混乱之中。依照乱国不可留的想法，孔子也跑到了齐国。而且，很快便成了齐国贵族高昭子的家臣。

其实，孔子之志根本不在做什么家臣，他是想通过高昭子的关系来攀附上齐景公，直接向齐景公推销他的政治主张。但是，他的如意算盘被一个人给识破了——他就是大名鼎鼎的晏婴。由于孔子和晏婴执政理念不同，同时也为了维护住自己的地位，晏婴极力劝谏齐景公不要任用孔子。他告诉齐景公：孔子是来恢复周礼的，而现在周室衰亡，礼崩乐衰已经很长时间了。再说了，孔子主张的那套礼仪太多、太繁琐了，我们就是搭上一辈子也不一定能够学得会，学得完。

于是，齐景公打消了任用孔子的想法。既然齐国不想留用自己，自己又何必再待在这里呢。孔子又回到鲁国。鲁定公九年，孔子五十岁。这一年，鲁国季桓子的家臣、季桓子私人封地费邑的大总管公山不狃，发动政变，背叛了季桓子。公山不狃早就听说了孔子的才华，于是便给孔子下了聘书，上面答应，一旦攻灭季氏家族，保证重封孔子，任以高官。

已年过半百的孔子，对这次邀请动了心。虽然他知道公山不狃的行为是不对的，虽然他也知道一旦加入进去，便会九死一生。但他依然想去。因为他觉得自己游说四方但天下的君主没有人赏识自己的才华，只有公山不狃了，再说自己马上就要老了，年过半百了嘛，还有多少时间留给自己施展自己的一腔抱负呢？就在他打包袱准备前去辅佐公山不狃的时候，他的学生子路拽住了他——想当官想入迷了吧老师？！什么人叫你你都去啊？！不怕留下一个坏名声啊？！你当初是怎么教导我们的啊？！在子路的极力劝说下，孔子终于放下了手里的包袱，默默地望着远方……

求官，并不是孔子积极入世、实现抱负的唯一途径，兴办私学也是他施展才华的重要作为。自西周建立以来，王室垄断着所有图书典籍，文化礼仪和典籍仅在贵族内部传承，下层百姓无缘接触，所以有“学在官府”之说。但是“乱世则学校不修”，到了西周末期，自夏朝开始三代以来所形成的教育制度走向了崩溃的边缘，贵族教育的衰落已经很明显，所授内容不合时宜，教学方式古板僵化。上海开放大学中文系教授鲍鹏山：

鲍鹏山：官方出钱办的，有他的教学大纲、教学内容、教学方法、培养目标，还有他的教学对象。培养目标和孔子不一样，就是培养统治阶级的接班人，培养各级官员，培养官场需要的人才。教学方法也很简单，既然是培养接班人那背标准答案就行了，教材是官方钦定的，教材怎么解释也是官方钦定的，问题是官方定的，问题的答案也是官方定的，你背答案就可以了。

另一方面，随着社会的变革，政治权力的频繁转换，对新型的人才及文化教育的需求更为强烈。以孔子、墨子为代表的一批新型知识分子就以新的办学形式，聚徒讲学，从而成为创办私学，传播学术文化的先驱。

儒家学派的经典著作《论语》中记录着孔子教书时的对话，子曰：“《诗》三百，一言以蔽之，曰：思无邪。”孔门师徒对话的论据都是出自《诗》、《书》、《礼》等三代典籍，那么这些典籍又是从何而来的呢？南开大学历史学院教授孙立群：

孙立群：西周礼乐到了东周的时候，就已经不受人推崇了，尤其不在贵族的圈子里面流行了，当时的典籍已经流落到民间了，人们也开始学习了，所以现在我们一般说，西周是一个贵族时代，春秋战国就是一个平民时代，平民时代的一个重要标志就是，人们掌握了文化。

文化精英的出现和典籍的散落，既冲破了“学在官府”的贵族教育藩篱，也向下层民众揭开了曾经笼罩在文化礼乐知识之上的神秘面纱。

在诸子百家思想中，儒家主张积极入世，“修身、齐家、治国、平天下”。而与之形成鲜明对照的，是以老子为代表的，主张恬淡虚无、无为出世的道家思想。周景王去世后，在他的儿子之间为争夺王位发生了一场内乱，史称王子朝之乱。这是春秋时期周王室最残酷，最漫长的一次内乱，也是有关老子出世哲学最重要的时代和政治背景。

在这场王位之争中败下阵来的王子朝投奔了楚国，还带走了周王室的所有典籍。他携带周王室典籍奔楚，是为了表明自己才是周王室的正统继承人。但老子当时担任的职务相当于周朝的国家图书馆馆长，典籍丢失的罪责，自然落在了老子头上。作为一个区区小官，他又怎能担得起这份罪责呢？于是，老子毅然辞官。后来也就有了老子骑着青牛，西出函谷关并留下《道德经》的传说了。

在中国哲学史上，“道”这一概念为道家首先提出。道的原始含义是指道路、坦途，以后逐渐发展为道理，用以表达事物的规律性。道家的思想到底是如何产生的呢？其实这个问题，也是学界长久以来争论不休的话题。北京大学中国古代史研究中心研究员丁一川：

丁一川：有人就说，道家是出于史官，可能是有一定的关系。史官一定是，第一，关注的是天的问题，道家的东西好多是天的问题；另外是，道是讲统治，讲帝王术，讲兴亡的，史官也是干这事儿的，古代的一切知识其实都跟史官有关，因为说中国的东西来自巫史传统，这是一个背景，从巫史文化，从人和天的关系角度。另外，还有这么一批人，他就是不跟政府合作，我宁可过穷日子，我要避乱世。还有就是现实乱世之中，他要开药方，确实要对症下药，他只不过觉得别人都是庸医，他要治本。

老子所处的时代天下大乱，他看到当时的统治者原本无德无能，却偏偏好大喜功，使百姓生活在水深火热之中，于是他说："民之饥，以其上食税之多，是以饥；民之难治，以其上之有为，是以难治。"

电影《卧虎藏龙》里有句经典台词：紧握拳头什么都没有，松开你的手便拥有一切。这便是以老子为代表的道家思想的精华——无为而治。那么老子主张的"无为"如何能够达到治国的目的呢？东北大学文法学院院长张雷对它作了这样的解读：

张雷：其实在老子看来，无为并非是无所作为，无为的本质是顺道而为。统治者只要能坚持遵守道的准则，万事万物就会自动的教化。教化之后，就会产生各种欲求和作为，如果你能够遵循无为的处事原则，遇到事情，能够处理得柔和练达，一切顺应自然，不强求功名，就能够立于不败之地。

老子是道家思想的奠基人，而庄子是战国中后期道家学派的继承者和代表人物，由于两人在生活年代、人生际遇等方面的种种不同，思想主张也存在着差异之处。老子提出的是"无为而治"，庄子则主张"无为不治"，他选择了弃世、游世的方式。庄子认为一切从政者治理天下的规矩和办法，都直接残害了事物的天然本性，所以他主张摒弃仁义和礼乐，取消一切束缚，让社会和事物都回到它的自然和本性上去。

总而言之，道家思想并不赞同以儒家为代表的入世观念，而是选择独身世外的方式关心时局的变化。道家学者认为，如果统治者不能认同道家的思想，自己的抱负无从施展，只是时机未到，而"有所待也"，并不是为了个人利益而等待，而是想为国家有所贡献而等待。

【《道德经》片段】

是以圣人之治，虚其心，实其腹；弱其志，强其骨。常使民无知无欲。使夫知者不敢为也。为无为，则无不治……

中国古代的士大夫或文人在“得意”时往往采取积极的“入世”态度，而在“失意”时往往采取消极的“出世”态度。“入世”与“出世”是儒道两家所提倡的不同的处世方式，它们似乎是对立的关系，而其实它们是一种互补的结果。

在以前，中国学术界主流的看法是，老子与孔子在做人、做事等各个方面都是相互对立的，但是根据史料记载，孔子问礼于老子，发生在公元前两千五百年前的周朝。越调《老子》中再现了这一情景。

老子：鲁国据此千里之遥，不知仲尼为何国事碌碌此行？

孔子：丘已罢尽国事洗脱官身，特来拜访先生。

老子：所为何事？

孔子：叩师问礼。自幽王以来，诸侯纷争，百序颠倒，君不君，臣不臣，父不父，子不子，唉，天下病入膏肓了！

老子：子以为天下所患何症？

孔子：礼崩乐坏。

老子：子可有治世良方？

孔子：克己复礼。

老子：克己复礼。

河南鹿邑老子文化研发中心副主任韩华周先生说，两个伟人之间是有感情的，多次问礼其实是一个相互切磋，相互增进的过程。而河南鹿邑老子文化研究会的王学良先生却认为，孔子与老子是师承关系。两位今天鹿邑学者的观点，实际上代表了中国学界有关孔子问礼于老子两千多年来的看法。孔子为何问礼于老子呢？上海开放大学中文系教授鲍鹏山分析了其中的原因：

鲍鹏山：我们知道，孔子这个人是一辈子都不停止自己的学习的，他只要听说哪个地方有高人，是一定要向他讨教的。同时，他特别希望在老子那个地方来印证自己的学问，当然，他也想在老子那个地方，来学一学老子的学问。

孔子问礼于老子是中国思想史上空前绝后的一大盛事，两个人的会晤，为中国思想史乃至世界思想史留下了两种伟大思想碰撞的光辉。著名文化学者余秋雨在《中国文脉》一书中评价道：这是两位真正站在全人类思维巅峰之上的伟大圣哲的见面，这是中华民族两个精神原创者的会合。

从古至今，中国古代社会经历了多次文化整合。而士人是一个具有文化特质的社会阶层，他们是中国传统文化的承载者和传播者。因此，在乱世或每一次社会变革当中，士人阶层往往成为时代的先锋，社会与文化前进的推动者，抑或某种社会风气、时代思潮的倡导者。

春风得意时，他们笃信“长风破浪会有时，直挂云帆济沧海”的蓬勃；怀才不遇时，他们就会更多地追寻“归去来兮，田园将芜胡不归”的飘逸。在春秋战国这样一个动荡的时代，儒家、道家的共同理想是为社会开出治疗的良方，使之恢复正常的秩序。儒道和鸣，不仅让无数士人放浪于形骸之外，游走于昊天之际，更在历史长河澎湃的波涛中激荡出恢弘雄壮的不绝回响。

第四集　变法图强

香港，中环，终审法院大楼。

每一位经过这里的人，都要抬头望一眼屹立在终审法院大楼前的正义女神雕像，这位叫做泰美斯的希腊女神一手拿着天平，一手握着宝剑。人们对它的诠释是：有宝剑而无天平，不过是暴力；有天平而无宝剑，只是有名无实的正义，二者相依相辅，法律才能完全得以实行。

历史总是惊人的相似，与战国时期秦国的变法统一六国差不多同时代，古希腊城邦国家走完了民主政体的改革旅程，古罗马正迈步在共和国前期的政治改革阶段，它们不约而同地选择了一个强有力的武器——法制。

今天香港的法制，既得益于西方的文明，更凝聚着东方的智慧。如果我们回到战国时代，也是如中环这样的闹市，在秦国国都的南门外集市，也许你会看到现实中的泰美斯，不过，他有一个中国人更为熟悉的名字——商鞅。

【情景剧　《立木取信》】

商鞅：谁能把这根木头搬到北门，赏十金。

围观者：哇……十金啊！这是真的假的？

商鞅：赏五十金！

围观者：嚯！五十金啊！这么多啊！

壮汉：我来！

商鞅：赏！

商鞅立木取信的故事在中国家喻户晓，言而有信，他的变法主张得到了有效的推行。这个故事发生在战国时期的秦国。尽管与后来统一六国的大秦帝国一脉相承，但从春秋时代开始，秦国一直是一个比较羸弱的国家，直到商鞅在这里施行了变法，秦国才逐步崛起。为什么发展相对滞后的秦国能够接受法家思想，从而开始了大刀阔斧的变法之路呢？这要从商鞅变法以前，秦国在列国中的地位和面临的形势说起。

陕西历史博物馆第一展厅，讲解员正在讲述商鞅变法以前，以陕西为中心的秦国的局势和经济、社会面貌：

讲解员：秦人啊，他在建国之初，因为他本身就地处偏远，因此他和其他的老牌的诸侯国之间还是存在着很大差距的。他在文化上是稍显落后的，因为周天子当时封给秦的名义上的这块西戎之地，实际上是受游牧民族戎族的控制的，只有靠不断的战争才能站稳脚跟。所以秦人在礼乐文化上要稍显比其他老牌诸侯国要差一些的。当时面临的各种各样的问题，使得他没有闲暇去发展很优美的礼乐，他要在很严酷的环境当中不断的斗争才能生存下来，来开辟自己的疆土。

先秦时期主要的学术思想，如儒家、道家、墨家在当时都已经具备了相当的影响力，但这些相对温和的思想和主张在秦国显然不能解决最为迫切的生存与发展问题，这为秦国选择法家作为治国思想基础提供了客观条件。而在西北大学历史学院教授田旭东看来，秦国在列国中所处的位置，也是秦国走变法之路的原因所在：

田旭东：早期的秦，从立国以后一直想往东边发展，就一直受阻于中原地区的各大诸侯国，它过不去，所以它一直就想发愤图强，自己先强大起来。所以在秦孝公的时候开始用商鞅变法，是一个很大的转折点。

陕西人的生活里不能没有秦腔，生活再富足安逸，秦腔那高亢悲怆的嘶吼在他们的生命里都永不绝响。秦腔是中国最古老的戏曲声腔之一，关于它的起源说法不一，有一种说法就追溯到了先秦的西周时期，认为秦腔形成之初的“西秦腔”起于西周，成熟于秦。而为什么秦腔与生俱来就带着浓重的沧桑与悲凉，正是与商鞅变法以来秦军不断地开疆拓土，征战沙场，从而带来严重的伤亡不无关系。而这背后又是什么激励着秦国的军队义无反顾地冲向前线呢？

秦始皇兵马俑，被称为世界第八大奇迹。它为世人再现了秦始皇近卫军的威武形象与雄浑气势。仔细观察兵马俑，你会发现一个奇怪的现象：秦俑都没有戴头盔，身上的甲胄也很简陋，秦始皇兵马俑博物馆的讲解员道出了这背后的缘由：

讲解员：你看电影里面啊，秦军会穿着特别厚的铠甲，戴着头盔。但是兵马俑埋进去的没有戴盔甲，是因为他们那个制度是这样子的：并不是说你是大将军，然后你的儿子也会加官晋爵的，不是这样子的，不是世袭的，是要靠实力的，你有能力的，你就可以从一个普通的老百姓上升为下级军吏、中级军吏，甚至将军。所以他们打仗不仅是为了国家打，而且是为了自己打。因为盔甲很重，头盔很重，到战场上去根本就发挥不了自己的水平。所以他们秦人上战场一般都是脱了衣服，光着膀子，然后卸了头盔，拿着长刀长枪直接上战场。你看你要是他的敌人的话，你一看：啊？这么一群人，连死都不怕的，光这个士气你就被撼动了。

兵马俑不戴头盔的形象，展现了秦军所向披靡的战斗力。这一点，从田旭东教授对于商鞅变法“军功爵制”的解读中也可以得到印证：

田旭东：他有一系列的奖励军功的政策。比如说它有二十级的军功爵，从低到高，全部都是由军功来体现的，就是说你在战场上杀死了几个敌人，你可以升到哪一级的爵位，授爵位的同时，还要授给你土地，授给你一定的人口，授给你房屋。

法家思想对秦国的贡献还体现在促进社会生产方面，在陕西历史博物馆，进一步观察兵马俑出土文物的细部特征，更为真实的历史再一次浮现在眼前。

讲解员：秦兵马俑随葬坑这个区域当中陶俑的数量达到八千件左右，这么庞大的一个军阵，而且每一个陶俑都这么精细，制作起来很严格，有一个很困难的管理的问题。怎么来管理这些数量庞大的工匠，而且还要对它们的质量有所保证。其实在这些陶俑的身上一些比较隐蔽的地方，比如说他的领口、袖口，或者衣襟的侧面，我们发现了一些名字，这些名字都是工匠的名字。在当时，秦人以法律严苛而著称，而这条法律就叫“物勒工名，以考其诚”。每一件为国家而制作的器物上，工匠都要把自己的名字标注好，这样一旦在检查的时候，或者是使用的时候，发现了质量的问题，是直接可以找到责任人的。所以这些工匠其实也是不得不更加认真和小心地去完成国家交代的任务，所以我们才能在今天看到这样大量而精美的艺术品。

法家是在诸子百家当中唯一旗帜鲜明地提出“法治”，反对“人治”的，主张时时事事都必须严格遵循既定的法令、规则，主张所有人在法律面前均须平等，不能有差别之心，不能有特殊待遇。管子云：“君臣上下贵贱皆从于法。”商君云：“刑无等级，自卿相、将军以至大夫、庶人有不从王令犯国禁乱上制者，罪死不赦。”韩非子云：“法不阿贵，绳不挠曲，法之所加，智者弗能辞，勇者弗敢争，刑过不避大臣，赏善不遗匹夫。”法家的事断于法，不讲通融，完全以客观行为进行判断的主张正是现代法治所追求的司法公正的一种体现。

百家争鸣，群星灿烂，盛况空前，各家都拿出自己对理想社会的构想。不过百家的理想要想转变为现实，必须得到封建君主的青睐，孔子周游列国却无用武之地，其他各家的境遇也无出其右。为什么唯独法家思想能够脱颖而出，成为被秦国所用的强国利器呢？

【故事 商鞅见秦孝公提出霸道理论】

这是公元前359年的秦国，来自魏国的商鞅，通过秦国的管理高层、秦孝公的宠臣景监，取得了面试机会，面试老师就是秦国的大BOSS——秦孝公。

第一轮面试：考生商鞅滔滔不绝，高谈阔论，可是面试老板秦孝公数次进入睡眠状态，基本没听进去什么内容。结果秦孝公对推荐人景监大发雷霆："瞧你推荐的什么乱七八糟的人啊，我们公司根本没法用他。"景监转而责备考生商鞅，商鞅同学解释："这不怪我，我用的是'帝道'的理论系统，就是教老板怎么能成为三皇五帝那样的牛人，是你们老板自己不开悟。"

第二轮面试：秦孝公主动要求商鞅再参加面试，这一回讲得有点味道了，至少面试官没有打盹，但还是没说到秦孝公的心坎上。推荐人景监又转而责备商鞅，商鞅说："我这回的应试理论可是'王道'啊，就是教老板怎么能成为汤武那样的圣明天子，看来还是不合他的胃口，要不我申请再来一次面试机会吧。"

出乎意料的是，最后一轮面试延续了好几天，但是秦孝公并不觉得很长，他甚至从面试官席位上下来，和考生促膝长谈。这次面试之后，商鞅马上就被委以重任。后来商鞅同学跟推荐人景监道出了这场面试的奥秘，他解释说："前面几轮面试，我给老板讲的都是长远规划，讲帝道，其见效时间以百年为单位，讲王道，那也不是有生之年能够实现的，老板就很不耐烦地说：'商鞅同学，你提出的长远规划都不符合本公司的战略企图。本公司喜欢短线操作，最好能有让我们秦国短期内做大做强的方案。'所以我就根据贵公司的愿景，改变了策略，抛出'强国之术'，也就是霸道，老板马上就来了精神！"

在先秦诸子当中，儒家墨家道家都是带有理想主义色彩的。他们总是想，我的理想社会应该是什么样的。孔子的理想社会是西周的礼乐文明社会；墨子的理想社会是平等的社会；道家的理想社会是无为的社会。这些都离当时的社会现实太过遥远，而只有法家提出的策略切实可行。

"霸道"这个词，在今天更多带有贬义，形容做事专横。但是在法家学说中，霸道是指君主凭借武力、刑法、权势等进行统治的一种铁腕手段。身处战国诸侯争霸的乱世，周天子已经丧失了对社会秩序的维护能力，各国都想在弱肉强食的残酷竞争中保存自己，强大自己的军事、政治、经济实力，在与各诸侯国的纷争中赢得优势，并参与维护天下的秩序。这种"霸道"的治国方略，是有实力的诸侯国顺应历史发展潮流的比较现实的选择。《史记》中讲了这样一个故事：发兵三十万只为得一人。秦王如此的霸气十足，正是为了图谋霸业。

【故事　秦王发兵三十万只为找韩非】

公元前234年里的一天，秦国的30万大军突然直压河南中部，秦韩两国边境一带战云密布，形势岌岌可危。韩王安怎么也想不到自己一向谨小慎微，这回怎么就把秦军给招惹来了，一时无以为计，百爪挠心。正坐立不安之际，朝官忽报秦国使者到。

使者开门见山，说："秦国与韩国世为睦邻，兵戎相见实为不忍。要使秦军退兵也不难，只要贵国一人到秦国走一趟。"韩王忙说："区区小事何劳秦师远行，究竟敝国什么人触怒了秦王，寡人自当绑了他交给秦国。”使者摇摇头说：“我们大王可不是要拿他问罪，而是邀他做秦国的座上宾。请问贵国公子韩非何在？”

这个要求大大出乎韩王安的意料：秦人找自己这个堂兄干什么？何况这韩非还是个结巴。心中虽然疑惑但一刻也不敢怠慢，忙命令朝官找来韩非。秦使见过韩非就说：秦王看了几篇韩非写的文章，便执意要亲瞻作者风范，交流感悟。数日后，韩非即作为韩国的使者奔赴咸阳秦宫，30万秦军也班师回营。韩国的一场亡国危机，就这样暂时化解了。

时至战国末年，秦国的实力已不是商鞅变法前期可同日而语的，而此时的秦王为何不惜重兵只为得到一个韩非？法家思想究竟有什么样的魔力，总是能够无比接近政权核心，为从政者所用呢？南开大学历史学院教授孙立群如此解读：

孙立群：战国诸子，每一派他都有一定的社会基础，有的代表了新生的小生产者，有的代表了新生的个体农民，有的代表了国君的利益。法家的特点就是一心一意地为国君勾勒一个他们理想的专制社会，他们把君主的权力奉为至上，为了维护君主的权力，我觉得他是不择手段的。他们不仅牺牲了人民的根本利益，也使得思想家个人放弃了个人的追求，只有国君，最后的结局往往是悲剧性的。所以我说他们是画地为牢，作茧自缚。

法家的最终目的是确保君主的统治地位和对社会的控制。严刑峻法处处森严，草民畏之如虎，给社会带来了极大的压力。而法家亮出的也是一把双刃剑，荡平了天下，也刺伤了自己：法家的最重要的两个代表人物商鞅和韩非都是因坚持变法而死于非命。尽管后人多认为法家作法自毙，不过也有学者认为，严刑峻法，实为特定历史时期的非常之法。当时的秦国，民风强悍尚武，不知畏惧，欲使民畏法，轻罪重罚在当时也是一种有效的手段。

在百家争鸣的时代，任何一种思想体系都不是横空出世的。纵观先秦法家的几位代表人物，商鞅重“法”，申不害重“术”，慎到重“势”，韩非继承和总结了法家过往的思想和实践，将法、术、势糅合为一，建立了比较完善的法家学说思想体系，是法家学说的集大成者。而韩非子本人不光是儒家学说的代表人物之一荀子的学生，他的思想中还能看到老子的影子。中国孔子研究院路则权博士认为，法家的法制思想就是受到了儒家的礼制思想的影响：

路则权：孔子思想的治国理念里面一直强调的就是“德主刑辅”，也就是说他并不排斥“刑法”、“法律”。孔子的思想是分为两支向后延伸的，一个是孟子，是求“心性”的，求“德性”的，另外一个就是荀子，是从“礼”的角度进一步延伸了孔子的思想。那么“礼”当然就类似于我们现在所说的“制度性约束”，这样一个特点就被后来的韩非子、李斯等所继承。

不仅如此，道家对法家思想更为直接。北京大学中国古代史研究中心研究员丁一川：

丁一川：《道德经》简单说，第一是“取天下”，他想了各种办法，怎么把天下取下来。然后是怎么“安天下”，怎么把天下坐稳。《老子》里头有大量的帝王术，大量的为君之道，都是讲天下得来之后你怎么来治理天下。只不过他讲得很虚很玄：“治大国如烹小鲜”、“无为无不为”。其实这一块所谓“安天下”、“取天下”，法家、韩非子大量的拿来用了现成的好多东西。

先秦诸子各自怀着济世主张，在争鸣中各领风骚，相互较量，但唯有法家真正从实践的高度参与了当时社会的政治改良运动。从这个意义上说，法家获得了成功，在百家中脱颖而出，完成了历史使命。可是法家的残暴，法家的苛政，法家那些不近人情，残忍至极的行为对当时以及后世也产生了很多负面影响。可惜的是，法家的谋士没有看到这一点，他们矢志不渝地坚持着心中的理想，并为此付出了血的代价。在韩非子死后十二年，秦国终于一统天下，成就霸业，中国从此结束了王侯专政的王国时代，进入了君主专制的帝国时代。

第五集　纵横捭阖

这样的场景大家并不陌生：联合国大会一般性辩论。外交家们在这里唇枪舌剑，各领风骚。用卓越超群的口才达到预期的目的，在当代外交、谈判、公关活动当中十分常见，而在古代，就已经有了以杰出的辩才劝说别人接受自己主张的人——说客。以纵横家为代表的说客群体在战国集中涌现，也为后世留下了诸多可以评说的话题。

经过长时间的战争兼并，到了战国中期，形成了七个实力强大的诸侯国，秦、齐、楚、燕、韩、魏、赵。其中，秦国在历经秦孝公时期的变法之后，国力提升，兵强马壮，开始实施它向东发展的战略意图。公元前338年，秦孝公之子即位，史称秦惠文王。他即位之初，为安抚秦国的保守势力，用车裂酷刑处死了变法家商鞅，从此不问朝政，隐身秦宫。但是并无恢复变法前的等级、宗法之意。保守势力不断施压，迫使秦惠文王废除新法，重循旧制，蛰伏三载之后终于走出深宫，主持国政。秦国将何去何从？这个疑问，不仅秦国朝野，天下诸国也都在拭目以待……

秦惠文王在位期间打通了中原通道，夺取了魏国的河西郡和上郡，攻灭巴蜀，占领汉中，使秦国的领土面积扩大了数倍，他以这样一番作为回应了天下对于他的疑问，那三年的沉默也许是韬光养晦，也许是避重就轻，为君者，也需要在与各方势力的交锋与平衡中保存自己的实力。秦惠文王无疑是擅长君王之术的，而在他整个的执政生涯当中，有一个人对他和秦国产生了重要的影响。这就是秦惠文王十年登上历史舞台的秦国宰相——张仪。

【电视剧 《大秦帝国之纵横》片段】

为结好而盟从无善终，为停战而盟难止刀兵啊。倘若为横强而盟，近可取地，远可取势啊。

张子言过了吧？

我张仪喝酒经常喝过，献策从未言过。

张仪是什么人？如果给他身上贴标签的话，大致会有这样几个：战国时著名纵横家、著名政治家、秦惠文王时名相。

从公元前328年开始，张仪运用纵横之术，游说于魏、楚、韩等国之间，利用各个诸侯国之间的矛盾，或为秦国拉拢，使其归附于秦国；或拆散其他诸侯国联盟，使其力量削弱。在整个秦惠文王时期，他不仅使秦国在外交上连连取得胜利，而且帮助秦国开拓了疆土，为秦国的强大和以后统一中国立下了汗马功劳。秦惠文王念张仪功劳卓著，封他为“武信君”。秦惠文王去世后，张仪不为新上任的武王所信任，足智多谋的他，只好另做打算。

【故事 张仪离秦赴魏】

中国人爱下象棋，起势落子间自有指点山河的胸怀。如果把为君王争霸服务的说客们比作一枚棋子的话，那应该是“卒”，什么事都得跑在前头，看着上头的眼色行事；而诸侯则是“将”，不出则已，一出就要人命。卒是个小角色，很多时候根本就不入将的法眼，不过也是一副棋盘当中不可或缺的角色，少了它，将和帅也难凑成一盘棋。可是，就是这不起眼的卒却用自己的智谋演绎了一场逆袭之旅，成功地摆脱了将的控制，获得了新生。他就是张仪。

秦惠文王时期，张仪倍受重视和信任。可到了秦惠文王儿子继承王位之后，张仪的处境似乎就不那么妙了。这个秦武王喜欢武力，对于靠卖弄口才吃饭的文弱书生不感冒。张仪多聪明的人啊，他很快就敏锐地感受到了这一点，预见到自己在秦武王手下不会有好果子吃，于是就想逃离秦国这个是非之地到魏国去另谋发展。一场棋盘上的角斗开始了。

这个卒子运用了三步走的战略：

第一步，痛陈利害。张仪对秦武王说，如果秦国想统一天下有一个前提，就是让东方的各个诸侯国之间发生冲突，秦国可以乱中取胜。这一招正中秦武王下怀。

第二步，毛遂自荐。张仪要求到魏国去，由此引发齐国与魏国之间的战争，到时候我们秦国利用他们两国交兵的机会，控制住周天子，然后挟天子以令诸侯。嗯！这一招也不错！又顺利地获得了秦武王的同意。

第三步，溜之大吉。张仪带着秦武王给的三十辆兵车，巧妙地离开了秦国，来到了魏国，而且不是落魄而去，那是带着礼物的，自然也就受到了不一般的礼遇。

张仪这个卒子用这三步棋使自己巧妙地化解了命运危机，离秦赴魏，绝处逢生，到了魏国又当了魏国宰相。

有人说，人的所有器官最具攻击性与杀伤力的，不是尖牙，不是拳脚，而是舌头；世界上最让人提心吊胆的，不是刀剑，不是枪弹，也是舌头。对于纵横家来说，就是要将口舌之功发挥得淋漓尽致，无以复加。西北师范大学文史学院教授、甘肃省先秦文学与文化研究中心主任赵逵夫：

赵逵夫：纵横家他们的注意力主要在怎么样才能游说成功，说话的策略、技巧、步骤怎么能够使自己的目的达到，纵横家最早注意到了人的心理问题。有些国君他明明想这样的，如果你跟他明明白白地这么说，他就要变脸，认为丢了他的人，或者把他的阴谋暴露出来了。你还得采取另外的办法跟他说。跟他说了之后，他又能接受你的见解，又不会感到丢了人，他仍然是保持着一副冠冕堂皇的样子。还有一些国君他喜欢吹捧，但是你说得过头，他会明显地感到你想利用他，他也会变脸。纵横家就专门研究游说那些国君或者掌权的大臣们应该采取什么样的步骤，根据不同的人采取不同的手段。

从《大秦帝国之纵横》中张仪劝说魏王亲近秦国的一段对话中，或许可以领略一下纵横家的智谋和口才。

【电视剧 《大秦帝国之纵横》片段】

张仪：大王要夺回被秦国所占的便宜，臣一分不差地讨要回来。不过不能再用原来的办法了。

魏王：对，不能再用了，那用什么方法呢？

张仪：亲秦，盟楚，拒齐。大王，魏国亲秦是为了合力拒敌，对于楚国，我和惠子已经商议好了，即日便可让楚国停战，修盟，据齐。

魏王：修盟停战，说的那么容易，魏国南边现在还有大批的楚军呢。先把楚军让他们退了，怎么退啊？

张仪：可让使臣赴楚啊。魏国答应帮楚国出兵伐齐，帮助楚国夺回淮泗失守的楚城。

魏王：嗯……

张仪：大王放心，臣虽被秦国所弃用，但是对秦的内部了如指掌，我一定让秦退齐之后乖乖地退回其境内保证魏国毫发无伤。

魏王：对，这才是关键所在。

在群雄争霸的战国时期，这样的情景并不少见，一批对政治形势娴熟，善于辞令和权术的文化人应时而生，他们凭着过人的智慧和口才说动国君而被封侯拜相。南开大学历史学院教授孙立群：

孙立群：纵横家是在战国战争最激烈的时候，也就是战国中期，当时各国都有一个生存的选择，也就是说当时为了更好地生存与发展，有的时候各个国家的共同利益就使他们联合起来，所以南北的联合是纵，东西的联合是横，比方说苏秦张仪，他们就主张不同的联合方式，所以这种思想适应了当时战国各国的利益。

不重清名而重功利的作风正是战国时代的特点所在。纵横家就是一群实用主义者，也被称为最早的外交人员。北京大学中国古代史研究中心研究员丁一川：

丁一川：各家都强调内政，纵横家强调外事，内外之分。你强调富国的路子，我告诉你强国的另一条路子。当时天下散掉了、分裂了，各国都在那儿打，而且是生死存亡，你弄不好就被人灭了。所以在这种情况下，有人就强调外交太重要了。“大士可王，小士可安”，就是做得漂亮的可以王天下，小一点的可以安你这个国，就不是安天下了。

西汉司马谈在《论六家要旨》中说：“夫阴阳、儒、墨、名、法、道德，此务为治也。”他将战国舞台上叱咤风云的纵横家一派排斥在六家之外。与此相反，其后的刘向父子和班固客观推崇纵横之学，认为战国的纷争离不开纵横学派的主导，纵横学派应属于“六经之支与流裔”，包含王治之道。

纵横学派是一门讲究实用的学问，具有这个特点的还有一家——兵家。

一个人活了两千五百年，活在他的思想里
一部书活了两千五百年，传遍东方和西方
这个人被尊称为兵家第一人
这部书被称为天下第一兵书
……

这个人叫孙武，这部书叫《孙子兵法》。《孙子兵法》是兵家的代表作。兵家作为先秦诸子百家之一，是一个主要研究军事理论，从事军事活动的学派。兵家在继承前代军事思想的基础上，提出了计、谋、攻、战、争、诡、虚实、形势、奇正、变、用间等一系列思想，而在这其中有一个可贵的思想主线在牵引，那就是谨慎对待战争。中国人民大学国学院执行院长、中国孙子兵法研究会理事兼副秘书长黄朴民：

黄朴民：孙子对战争的基本态度和立场在《孙子兵法》当中开门见山就提出了“兵者，国之大事”这个问题，他讲计谋，讲兵者诡道，都是用最简明扼要，最便宜，成本最低的方法去打败敌人，都是考虑到战争的危险性，隐藏的一个思想理念就是谨慎地对待战争。

兵家与纵横家都重实际，战乱年代两家也能并肩合作，但兵家有成系统的理论，纵横之学却没有，他们靠的就是个人的能力，其中的佼佼者真可谓是国手级的导演，长袖善舞于战国舞台之上。在纵横家当中，还有一位代表人物，那就是苏秦。他凭着“三寸不烂之舌”游说于诸侯之间，从出身卑微的一介寒士，成为身挂六国相印的显赫人物，他说服六国联合对抗秦国，以一己之力促成了一个空前庞大的诸侯国大联盟。《战国策》对他的评价是：“横历天下，廷说诸侯之王，杜左右之口，天下莫之能伉。”

【故事 苏秦游说齐国】

苏秦游说六国合力拒秦时在齐国留下了精彩的一段演讲，直到现在都还被人津津乐道。他对齐宣王说：“从内部来看，齐国四面都有要塞，方圆二千余里，披甲士兵几十万，粮草堆积如山。精良的三军，郊外二十县的五都之兵，进攻像离弦利箭，作战如雷霆万钧，撤退似风雨扫过。有了他们，即使遇到战争，也不用到泰山、清河、渤海一带去征兵。临淄城里有七万户，以我的猜测，每户男子不下三人，不用到边远县乡去征兵，仅临淄城里的人已够十一万兵了。临淄城富庶的道路上，车多得互相碰撞，人多得摩肩接踵，衣服连起来成了帷帐，众人挥汗如同下雨。从外部来看，韩国、魏国之所以十分害怕秦国，是因为国与秦国接壤，出兵对阵，作战用不了十天，就到了生死存亡的关头。秦军虽然想深入齐国但有后顾之忧，害怕韩、魏在后面谋算它，因此自己恐惧怀疑、虚张声势地吓唬韩、魏，骄躁矜夸而不敢进兵。秦国其实不敢随便攻打齐国，可是不认真估量秦国的力量，却打算向西臣服秦国，这是你臣子们谋略的失误啊。我希望大王您仔细考虑这件事。”

大事业大起大落，大人物大喜大悲。苏秦风光一时，却最终落了个五马分尸的结局。但是，苏秦生前的辛苦奔走促成了春秋战国时期的六国合纵，这是一次较大的历史事件，不仅仅因为它改变了当时秦国对六国各个击破的状况，更重要的是它带有相当浓厚的文化色彩，被演绎成各种各样的故事流传后世。

在这个世界上有没有一种三寸的鸟儿却有七寸的舌头呢？听起来是神话，但是如果用来形容战国时的说客们再恰当不过，凭借一条如簧巧舌便可以如佩剑的侠客一般行走天下。《战国策》里评价苏秦和张仪“所在国重，所去国轻”，可以说，他们是出类拔萃的雄辩家、纵横捭阖的谋略家，但是，后世对他们的评价却很复杂：他们到底是舍生取义的英雄还是花言巧语的小人呢？西北师范大学教授赵逵夫：

赵逵夫：历来对纵横家的评价是不高的，对苏秦张仪的评价也不高，但是今天看起来我感到，有一点无论如何应该肯定，那就是这些人他们都看到，国家应该统一，分崩离析，各个国家自守疆域，甚至为了地盘争来争去，这些都是不好的。他们无论是支持连横也罢，支持合纵也罢，目的都是通过支持当权者达到国家的统一。第二点，他们在各个国家之间起到了沟通协调的作用，缓解了一些矛盾，在国家统一的道路上还是起到了一定的作用。第三点，就是在人际沟通和管理上进行探索，与儒墨法道不同的是，纵横家的实际作用非常明显，在以后的政治家身上也起到了很大的作用。

当他们纵横捭阖之时，也许并没有想到身后事。今天，当岁月已经褪去笼罩在纵横家身上的历史迷雾，人们不得不承认，他们对于人心理的把握，对于语言技巧的锤炼以及对于形势的快速精准判断，都是纵横家留给后人的智慧财富。可以说纵横家思想不仅影响了中国也影响了世界，一战后德国著名学者斯格宾格勒在《西方的没落》中对纵横家大加赞扬，认为很有实际的借鉴作用。甚至有人称美国前国务卿基辛格是现代的苏秦、张仪。“一怒而诸侯惧，安居而天下熄”，他们论辩滔滔的语言对于中国文学产生了重大的影响。在时代的更迭中，他们积极奔走游说，也让那个乱世除了金戈铁马、血雨腥风之外，多了一种用智慧与谋略解决外部争端的可能。

第六集 源远流长

如果说中华文明是一条源远流长的河，那么这条河的河水，曾经波澜壮阔，曾经百转千回，曾经烟波浩渺，曾经大浪淘沙，哺育和滋养着一代又一代的中华儿女，绵延不绝，生生不息。溯流而上，在这条浩浩长河的源头，屹立着一群学识渊博的先哲，他们穷尽一生之力，探寻人生的意义和图强的道路。直到今天，他们的思想和智慧都是中华民族甚至整个人类弥足珍贵的一笔财富。北京大学哲学系教授汤一介：

汤一介：在公元前500年前后吧，这个时候在世界不同的地区，出现了伟大的思想家。比如在希腊出现了苏格拉底、柏拉图这样一些大的思想家；在印度出现了释迦牟尼这样伟大的思想家；在以色列这个地区出现了当时犹太教的先知，就是《旧约圣经》这一部分。在中国出现老子、孔子等等。这些思想家影响了人类社会2000多年。是人类社会宝贵的思想财富。

在2000多年前的先秦时代，出现了一场跨越世纪的惊世辩论，史称“百家争鸣”。为何会出现“百家争鸣”这种独特的文化现象？对此，南开大学历史学院教授孙立群和《管子学刊》编辑部主编于孔宝分别给出了自己的答案：

孙立群：百家争鸣是一个非常有意义的现象，首先它是当时社会大变动的产物，人们没有了过去的种种束缚，思想获得了很大的解放。所以政治上出现了互相驳难。另外，百家争鸣是由很多读书人参加，这些读书人有的是贵族，有的是社会下层，给当时的社会注入很多新生的力量。这是中国历史上的黄金时代。

于孔宝：百家争鸣是时代的产物，是春秋变革时代所形成的特殊的文化现象。它有着深刻的社会基础，也铭刻着鲜明的时代烙印。因为春秋战国时期是我国奴隶制向封建制过渡的时期，伴随着封建制度的发展和诸侯势力的增强，就出现了诸侯争霸，群雄并起的局面。那怎样才能实现富国强兵，是新型地主阶级十分关心的问题，这种政治上的迫切要求，为不同的学说、不同的观点和不同价值观的建立，赢得了适宜的环境。

此后，百家争鸣迎来了它的巅峰时期，在春秋战国剧烈的社会震荡中，在金戈铁马的历史夹缝中，学术界和学者获得了相对充分的自由。由于他们深知只有“得君行道”才可能实现个人治国济世的理念和主张，因此他们争当“帝王师”，这其中也包括了主张“无为而治”的道家，最初都是如此。诸子各家政治思想观点可谓各领风骚，对后来各诸侯国的治国理政产生了不可估量的作用。

百家思想中对后世影响较大的有儒、墨、道、法四家。百家争鸣是中国历史上第一次思想解放运动，是中国学术文化思想道德发展史上的重要阶段，奠定了中国思想文化发展的基础。

回望先秦，我们理应对诸子百家之学与中华文化发育和形成的关系有个全面的了解和认识。因为它们的影响不仅在昨天，也在今天和未来。

【《诗经·蒹葭》片段】

“蒹葭苍苍，白露为霜。所谓伊人，在水一方。溯洄从之，道阻且长。溯游从之，宛在水中央。”

这是《诗经》的名篇《蒹葭》。著名学者余秋雨说:“每次读《诗经》总有这样的联想:在朦胧的夜色中,一群人马返回山寨总要唱几句约定的秘曲,才得开门。《诗经》便是中华民族在夜色中回家的秘曲,一呼一应,就知道是自己人。”

《诗经》在先秦叫作《诗》,它与《书》、《礼》、《易》、《乐》、《春秋》并称为儒家六经,在汉代被称为“六艺”,这“六经”成为儒家的必读书目。

儒家思想能够传承数千年而不衰,必然有其独到之处。因材施教、以人为本、仁义礼智,这些流传至今的儒家精髓熠熠生辉,然而当年儒家思想因为崇尚“克己复礼”,大讲伦理道德,为人做事充满了温文尔雅的人文色彩,看上去切实可行,却在治国安邦方面,尤其在战国诸侯争雄,霸业盛行之时,就显得迂腐保守了。

在秦统一中国后,儒家思想虽然没有被用做治国思想,但秦始皇最初对儒生还是礼遇有加的,他设博士官就包括了儒生,虽然儒生不参与国家大政方针的决策,但儒生们所宣传的“仁义”、“礼教”还是有其有利于社会和平的一面,所以秦始皇说设博士“意欲兴太平也”。不过秦朝后期出现了臭名昭著的焚书坑儒事件,把儒生打入了冷宫,以至于他们也反对秦的暴政,参加到反秦的洪流中去。但儒学的影响还远远没有结束。今天的我们能从儒学中得到什么呢?著名学者易中天:

易中天:我从孔子那里读到了一颗爱心,这颗爱心就叫做“仁”。什么是“仁”?孔子没有下定义,我们打开《论语》,会发现孔子对“仁”的很多解释,但是有一条是可以肯定的,就是樊迟向孔子问“仁”,孔子说爱人。所以仁就是爱,这就是孔子的“仁”。那么在孟子那里呢,在孟子那里,我读到了一股正气。我们通常说孔孟之道,孔孟之道,其实孔和孟是不一样的。孟子和孔子有很大的区别,区别在什么地方呢,孔子讲“仁”,孟子讲“义”。所以读《孟子》我是读到了一股正气，平治天下。

同样推行“仁”政治理天下，儒家和墨家又有本质的区别。儒家要“等级而爱”。儒家的立场是贵族的，甚至是统治阶级的。据《论语·颜渊》记载，公元前517年，三十五岁的孔子曾经到齐国找工作。齐景公向他问政，孔子回答了八个字：“君君，臣臣，父父，子子。”齐景公说：“这话说得好呀！如果君不君，臣不臣，父不父，子不子，就算有的是粮食，我能吃到嘴里吗？”可见，以孔子为代表的儒家更多的是关心君主有没有饭吃。

如果说儒家主张仁爱，是从君子的修为出发，那么墨家的爱，就是从一个普通人过日子的角度出发，带着浓厚的生活气息。他们更多的是站在劳动人民一边，想劳动人民之所想，急劳动人民之所急，为劳动人民奔走呼号，争取权利。墨家讲的是“兼爱”——兼相爱，交相利。只有兼爱，才能建立和谐社会。这个故事来自于《墨子·耕柱》。

【故事 巫马子与墨子的一段对话】

儒家弟子巫马子对墨子的观念很不理解，老在心里思量：“这墨子究竟是怎么想的？爱人已经不易，何况还要兼爱？一个人哪有那么大的肚量和胸怀，境界和精力？你自己这样想也就算了，你还号召天下的人都这样想，然后按照想的做。这靠谱吗？观念提出来很容易，可操作性强吗？”这个问题在巫马子心里憋了很久。

话说这一天，巫马子终于找到了一个机会。见墨子一人正在伏案读书，巫马子于是上前一拱手，施礼道：“先生可谓出身草根，但胸怀天下！但有一事不懂，请先生赐教！”

墨子抬头，一看是巫马子，连忙起身回礼：“先生请讲。”心中暗想：这哪里是什么请教，分明是对我墨家的质疑！也好，让你见识一下我墨家精髓！

巫马子连忙说：“我和先生不一样，我可不能兼爱。我爱邻国超过爱远国，爱本国超过爱邻国，爱双亲超过爱族人，爱自己超过爱双亲。为什么呢？越近就越爱。这才是人之常情啊，你的想法违背人性本身的规律。”

墨子哈哈一笑：“可能有人会讲，你这个兼爱好是好，只是做起来太难了。兼爱，有那么难吗？你要说是举起泰山飞越黄河，那是没人做得到。要说兼爱，却是有人做到过。不信？我给你试举例说明：当年，晋文公喜欢简朴，他的臣下就穿粗布衣，披母羊皮，戴厚帛冠，踏草鞋垫。越王勾践好勇，他的战士就赴汤蹈火万死不辞。还比如大禹、商汤、周文、周武，就都做到了。我说的兼爱，就从他们那里学来，其实原创不在我这，但是我把这个观念提炼总结升华了，成为我墨家精髓。”

见巫马子似乎有些被说动了，墨子赶紧从宏观联系实际：如果天下人都“兼相爱”，都把别人的家看作自己的家，还有谁会盗窃？都把别人的人看作自己的人，还有谁会残害？都把别人的家族看作自己的家族，还有谁会掠夺？都把别人的国家看作自己的国家，还有谁会进攻？因此，只要“兼相爱”，就一定“天下治”！

墨家学派的创立者为著名思想家墨子。墨家以“兴天下之利，除天下之害”为教育目的，尤其重视艰苦实践，他们有强烈的社会实践精神，吃苦耐劳，严于律己，把维护公理与道义看作是义不容辞的责任。墨子以大义引导任侠精神，从而对中国几千年的任侠文化起了主导作用。这一作用不可低估，抵抗外来侵略的慷慨赴死，路见不平的见义勇为，精神母体都来源于墨家。哈尔滨师范大学社会与历史学院副院长隋丽娟这样评价墨家：

隋丽娟：唐朝的时候，唐太宗曾经领着他那些贞观时期的名臣，总结历史经验，总结隋朝灭亡的经验，然后在贞观时期他们就提出了一个观点，这个观点直到现在我们也常常作为一种借鉴，就是“以铜为鉴可以正衣冠，以人为鉴可以明得失，以史为鉴可以知兴替”。

一千多年前，唐太宗君臣们所总结的这个话语，我们非常地清楚，而且我们一直以来可能很多的朋友都知道，都以为这句话是唐太宗君臣们共同总结的，当你翻开《墨子》之后你才会发现，还早于唐太宗一千多年前的墨子在他的书中就已经提到了，墨子是怎么说的呢？墨子是这样说的，墨子言曰：“古者有语曰：君子不镜于水而镜于人，镜于水见面之容，镜于人则知吉凶。”读《墨子》的时候还有很多很多令你感觉到日常生活当中对你修身养性，对你做人，对你交友都非常非常有用的东西，比如说我们现在常常流传一句话，在教育孩子的时候我们常说“近朱者赤，近墨者黑”。《墨子》应该说它的思想大，可以大到曾经是中国文化当中的一个重要的组成部分，说小，它可以指导我们每一个人的人生。

如果说墨家代表广泛底层大众的利益，那道家则代表没落奴隶主贵族的利益；墨家主张用贤能治国，道家则反对“尚贤”，主张“无为政治”。

【《道德经》片段】

天长地久。天地所以能长且久者，以其不自生也，故能长生。是以圣人退其身，而身先；外其身，而身存。非以其无私邪？故能成其私。

道家主张的“无为而治”、“以德治国”，看似消极无所作为，实则自有其道理。以当今的视角反观道家，它所讲的“道”是事物发展的客观规律，“无为”就是说不要让主观意志去冒犯客观规律，同样在治理国家和具体工作中有极强的可操作性和现实意义。当然，与高调入世的儒家思想和大刀阔斧，急功近利的法家思想相比，道家思想显得有些消沉，在战国那个金戈铁马的动乱年代，道家思想显得有些不合时宜。不过在战乱结束之后，道家思想是古代君王安顿人民生活，恢复社会经济的良方，秦朝灭亡后，汉初统治者将道家思想进行了调整，形成了“黄老之术”，治国收到奇效，社会安定，经济恢复，出现了后世称道的“文景之治”，为汉武帝的文治武功、大有作为奠定了思想基础。道家的治国理念，对中国历代治国理政都有重要的启示作用。媒体人白岩松：

白岩松：我们远远没有老祖宗聪明，人家没有读万卷书，也没有行万里路，但像老子就写出了五千多字的《道德经》。当你有机会去重新翻开这本书的时候，你才发现老祖宗几乎把什么都写进了其中。《道德经》里有很多东西，帮助我快进入到中年的时候，把很多事情想得越来越开。比如说它会告诉你：杯子如果满了，你就要把它倒掉，否则你就再也装不进去任何东西了。当然最最重要的就是其中还有五个字让我对很多的事情豁然开朗："无私为大私。"是啊，当你能够真正做到无私的时候，你得到的是最多的。

法家吸收了道家的"权谋"思想，但是道法两家又有本质区别。道家主张为天下谋，法家致力于为君主谋。

【故事 自相矛盾】

卖兵器的：我的矛非常锐利，可以刺穿任何东西！嘿嘿，我的盾非常坚固，任何东西都不能将它刺穿！

路人：等等，有个问题请教一下。

卖兵器的：请讲。

路人：用你的矛刺你的盾，结果如何呀？

卖兵器的：呃——当然刺不穿……啊不不不，刺得穿！哦不，刺不穿！呃刺得穿刺得穿……

这是大家都非常熟悉的成语"自相矛盾"的故事，它出自《韩非子·难一》。韩非子是法家的代表人物。法家最大的历史贡献是为后来封建社会的中国设计了一种全新的国家制度，这就是"帝国制度"，法家最宝贵的文化遗产，是提出了一种可以抽象继承的治国理念，这便是"以法治国"，时至今日，依然有它的积极意义。

不可否认在当时的战国诸子思想中，法家思想治国最为有效，但是严苛的法律也将老百姓置于水深火热之中。正所谓"可行一时之计，而不可常用也”。正当统治者看到了治国的“奇效”时，商鞅的“作法自毙”也搬起石头砸了自己的脚。今天，我们又该如何解读法家？南开大学历史学院教授孙立群：

孙立群：我们看现在的《韩非子》，这本书里面光寓言故事就300多个，我们读起来一点不感觉到非常枯燥，非常乏味，而是非常有趣，他是彻头彻尾地要求变！这种思想可以说支配了商鞅在秦国的变法，也是支配了法家思想能够生生不息的一个最根本的动力。

儒家主张以德化民；墨家主张兼爱尚同；道家主张无为而治；法家主张信赏必罚；除此以外，阴阳家、杂家、农家、小说家、纵横家、医家、兵家等各个流派都在这个硝烟四起、大局未定的时代，奉献治理社会的良策和智慧。

春秋战国时期的百家争鸣，它的诞生伴随着天时地利等很多偶然的因素，但诞生之后，却必然地影响了中华文明的进程。秦以后，春秋战国时期的各家思想，都得到了自己在社会政治中的位置，或多或少地显示出了各自的价值，这也是诸子百家争鸣的必然归宿，而此后的中国的政治思想发展，进入了一个新的纪元！

两千多年前，一位老者，站在江头对着滚滚而逝的江水发出“逝者如斯夫，不舍昼夜”的感叹。短暂的个体生命在历史的长河中，必然只是沧海一粟。但那些智慧的头脑留下的思想却代代传承，厚重了中华文明。

今天，无论当我们在任何地方相遇，当我们说起孔子老子，说起诸子百家，我们都会心有所动。因为我们知道我们是中国人，因为那条长河已经成为了我们整个中华民族的文化基因，成为了所有中华子孙流在身体里的血液和脉动，源远流长，生生不息！

风云两汉

第一集　元气西汉

【香港历史博物馆播放香港历史的纪录片同期声】

1955年发现的李郑屋汉墓，古墓的结构、墓中的图案和铭文以及出土文物皆证明古墓是属于东汉时期，证明中原文化在2000年前已传播到香港……

位于中国南海之滨，珠江口东侧的香港，被很多人称之为“时尚之都”，时髦的都市回眸过去，伴随着咸咸的海风而来的是悠长而久远的时光。久居香港的凤凰卫视播音指导张妙阳：

张妙阳：我身为香港市民有一个误解，我们以为香港的历史是从鸦片战争以后才有的，就是1840年以后，其实是错的，后来有一天我去香港博物馆参观的时候就发现原来我们香港历史很久远，汉朝香港属于南海郡博罗县管辖之下，只是我们香港人都不知道的。

对于香港来说，被殖民的那段历史仿佛是橡皮擦，抹掉了很多香港人对于祖国的记忆。所幸，当橡皮擦被拿掉的时候，我们发现，被擦掉的是表面，而在骨子里香港人还是在追寻自己久远的基因。而被世人揭开神秘面纱的李郑屋汉墓就恰恰是一个催化剂，用历史的物证激起了人们的好奇，汉代，究竟是一个什么样的时代呢？

今天，当我们漫步在西安的街头，会发现一个以“未央”命名的行政区划，这样一个名字会很容易让人想到西汉的长乐宫与未央宫，“长乐未央”，多么美好的寓意，快乐永不止息，然而在汉朝创立者刘邦的思想里，当然不是当了皇帝就可以尽情享乐，他甚至觉得应该紧缩修建款项，但是有一个人让他改变了主意，也让西汉王朝的刚猛之气从这里开始蔓延。北京师范大学文学院教授李山：

李山：修未央宫的时候当时还是萧何主持的，国家当时还是困难时期，刘邦还骂他，说你这个宫殿干嘛修这么豪华。萧何就说：“陛下，我们的国家将来是一个伟大的国家，我们的宫殿如果太寒酸了，四夷人群也瞧不起我们。”

楚汉战争，垓下之围，不可一世的楚霸王拔剑自刎，刘邦成了最后的胜利者。这位西汉的开创者站在胜利之巅，雄霸天下，志得意满；而能不能守得住想象中的千秋万代，又让他内心焦灼，满是忧虑。击筑豪饮之际，刘邦唱出了那首流传至今的《大风歌》：

大风起兮云飞扬，威加海内兮归故乡，安得猛士兮守四方！

满心的壮阔在满目的疮痍面前也变得不堪一击。秦王朝灭亡之后，接着又是四年的楚汉战争，到公元前202年刘邦建立西汉，此时的西汉帝国承接的是一片荒凉残破的景象。西汉初年，人口和秦代相比大大减少，大城市人口只剩下十分之二三。《汉书·食货志》记载了当时的状况：“天下既定，民亡盖藏，自天子不能具醇驷，而将相或乘牛车。”天子出行，座驾都不能保证同一个颜色的四匹马来拉，天子的威仪颇有点冷幽默的味道——西汉政权到底能不能维持并巩固下去呢？

至武帝之初七十年间，国家亡事，非遇水旱，则民人给家足，都鄙廪庾尽满，而府库余财。京师之钱累百万巨，贯朽而不可加校。太仓之粟陈陈相因，充溢露积于外，腐败不可食……

这是《汉书·食货志》中的另一段描写，说的是公元前141年汉武帝即位后，西汉王朝所达到的空前繁荣景象，城乡粮仓尽满，政府财政盈余。国库钱多到串钱的绳子都朽烂了，散落的钱都查点不清了；皇仓粮多到连年粮食盛不下溢出来都腐败不能食用了。这都是汉初六七十年积累的结果。香港科技大学人文学部教授吕宗力：

吕宗力：他们有个理念就是不要扰民，尽可能少干预。从经济上说，它就是所谓轻徭薄赋奖励农耕，给老百姓一个慢慢恢复喘息的机会，再就是法律上轻刑慎罚，这个事情刘邦刚进行约法三章就已经体现了这个思路，到了吕后的时候特别到文帝的时候对法律有很大的改革，这样的话对于社会情绪的稳定应该起了一定的作用。

在经历了春秋战国的纷乱和秦代的暴政之后，到了西汉，经过初期的休养生息，进入到上升时期。历史教科书中，记录了中国古代王朝的几个治世，“文景之治”就是最早的治世局面，而随后到来的汉武盛世也就暗合了历史发展的逻辑。陕西历史博物馆研究员王世平：

王世平：霍去病18岁就开始领兵，卫青当着大将军的时候，年龄也不过刚刚30岁，这个时候，汉武帝看到一个老兵说，你这么老了，当了这么多年兵，怎么就没有得到提拔？结果那个老兵就很无奈地跟汉武帝说，当初你爷爷的时候，文帝的时候，他喜欢老的，但是我那时候年轻，等到了陛下您这个时候，您又喜欢年轻，这个时候我又老了，没办法。汉武帝也很感叹，因为他确实喜欢启用年轻人，而整个这个时代，就是个年轻化的时代，锐气十足，朝气蓬勃，敢说敢做，什么事都敢去尝试，什么事都敢去体验，因此汉朝属于年轻人的时代，属于冒险者的时代，属于敢作敢为敢斗这样人的时代。

“用剑犹如用情，用情犹如用兵。”这是历史学家翦伯赞对于汉武帝非常有名的两句评价。在西汉的诸位皇帝当中，汉武帝留下了浓墨重彩的一笔。在电视连续剧《大汉天子》当中，有这样一个场景，汉武帝在匈奴单于伊稚斜曾经的点将台前，说了这样一番话：

【《大汉天子》片段】

伊稚斜经过历年惨败，兵困马乏，已不敢和我大汉正面交锋。

朕是天下人的皇帝，天有好生之德，泽及化外。

司马迁！

臣在。

你替朕写一封信给伊稚斜单于，漠北太苦了，何不回到他的热土来？

这里的水草可以喂饱他的马匹牛羊，可以养活他的部落子民，只要他不再与大汉为敌。

就这么写吗？

就这么写！

此时，汉朝在与匈奴的战争当中取得了决定性的胜利，而匈奴首领伊稚斜向汉朝俯首称臣。尽管后世对于汉武帝的评价褒贬掺杂，但不可否认的是，汉武帝是第一个奠定了现代中国版图的皇帝。

不仅如此，在他在位的五十四年里，开创了不少的第一，他是第一个用儒家思想统一中国文化的皇帝，也是第一个兴办太学培养人才的皇帝。正是汉武帝的这些第一给后世中国带来了巨大的影响。儒学从汉武帝时期开始由民间思想成为官方思想，成为影响中国人的核心文化，也是从汉武帝时期开始大规模地进行人才培养。在《史记·汉武帝本纪》当中，开篇不久就写到了这样一段话：

元年，汉兴已六十余岁矣，天下乂安，荐绅之属皆望天子封禅改正度也。而上乡儒术，招贤良，赵绾、王臧等以文学为公卿，欲议古立明堂城南，以朝诸侯。

草巡狩封禅改历服色事未就。会窦太后治黄老言，不好儒术，使人微得赵绾等奸利事，召案绾、臧，绾、臧自杀，诸所兴为者皆废。

后六年，窦太后崩。其明年，上徵文学之士公孙弘等。

这段文字讲述了一段非常重要的历史，那就是统治思想的变化——从黄老之学过渡到独尊儒术。黄老之术是产生于战国时代的哲学、政治思想流派，尊传说中的黄帝和老子为创始人，所以得名。作为一种哲学思想，黄老之术形成于战国时代。但是，作为一种广为流传的社会思潮，则是在西汉时期。

在社会政治领域，黄老之术认为君主应“无为而治”，通过“无为”而达到“有为”。所谓“无为”就是要求政府尽量不要干涉人们的生活，不要一味追求所谓的丰功伟业和政治霸权。这些主张在西汉初期曾经产生了一定的影响，结果就是出现了“文景之治”的盛世。但到了汉武帝时期，黄老之术已经不合时宜，洛阳博物馆文史研究员齐磊：

齐磊：简政放权，精兵简政造成地方发展起来以后地方势力坐大，弱干强枝，汉武帝的时候考虑这个事，地方这么强，我中央这么弱，那怎么办?我得把权力收上来，所以准备改变指导社会思想从黄老之学变到独尊儒术。儒家这个思想实际上在汉以前并不是完全适合这个君主专制，孔子、孟子那一套，你要实行仁政、德政，是那种很朴素的儒学。但是这个时候董仲舒看到了这个机会，他顺应这个形势的变化把儒家这个思想进行一番改造，改造之后这个儒家非常符合汉武帝胃口，君权神授，我的权力是上天给的，我是天子，你们得听我的，天人合一，天人感应这一套都是董仲舒新发挥的，汉武帝一看这可以，这有利于我控制地方，有利于我建立大一统中央集权的国家。

汉初的几个皇帝虽然采取了一些扶植儒学的措施，但在政治思想上主要还是奉行“无为而治”的黄老之术，儒学和儒生的地位并不高。直到武帝，国力强盛，要求加强政治和思想上的统一，儒学才真正受到重视。武帝采纳了董仲舒“罢黜百家，独尊儒术”的主张。建元五年，也就是公元前136年，兴太学，置五经博士，各以家法传授儒学。所传授的都是今文经学。从此，儒学终于从先秦时期的一家之言上升到官方正统哲学的独尊地位。以董仲舒为代表的儒生也越来越多地踏上政治舞台。汉代国家政治机构直接承接秦代，一开始并没有给予儒生以太多的政治地位。而儒生在探索国家出路的同时，根据自身的思想理论和社会发展的需要做出了种种改革的尝试，同时也在反思，改变自己，以适应政权发展的需要，最终跻身于汉代官僚政治体系当中，实现了儒生参与政治的理想。

很多内地的游客来到香港都会去香港的大学里走一走看一看，香港中文大学是很多人的选择。走进这所大学，会不时看到这所学校的校徽，那是凤凰的图案，而凤凰从汉代开始就是南方神鸟。梁伟俭就读于此，他对于汉代历史很感兴趣，也去过很多和汉代有关的古迹，让他印象最为深刻的是位于关中腹地的茂陵霍去病墓，在这里，他看到了一个石雕，名字叫“马踏匈奴”：

梁伟俭：那个马特别有力量，看起来很精神。马下面是一个匈奴人，它倒在地上，左手握着弓，右手拿着箭，头发也很乱的，正在狼狈挣扎。我真是没有想到，在那么久远的时候，人们就可以刻画出这么生动细腻的形象，很雄壮的。

霍去病是西汉时的一位少年成名的武将，在以他为代表的武将群体的作用之下，汉代地域不断扩大。西汉物质文化的巨大丰富以及与周边地区的频繁交流使得人们狭隘的地理观念受到剧烈的震撼，积极奋进、乐观向上的时代精神，使汉代的艺术风格和美学基调一扫前代严肃神秘的气氛，而呈现出欢快明朗的格调，各种艺术形式也不再以追求痴狂的宗教情绪或虚幻的心灵净化为主题，而是始终洋溢着一种积极的对世间生活的高度肯定和关注，蕴含着人们对自己征服世界的社会存在的歌颂。这样的歌颂是极致的，华美的，语言的铺陈，结构的叠加，都让赋这种文体具有了洋洋大观的形式特征。河南文史研究馆馆员徐金星：

徐金星：汉代大一统，经济文化发达，社会长期稳定，你的长期的积累，必须有一个大一统安定的形势，成天打仗就不好办了，长期国家稳定，整个地方建筑物，城池都繁华了，都写到城池如何繁华，如何宫廷壮丽，人们如何富裕，文化如何发达，写赋的人才有这样的积累，才有这样的思想感情。

这真的是一个大时代！华丽的辞藻描摹出一个让后世称之为大一统的王朝，其影响泽被后世。统治者对自己功业的炫耀又对汉赋的发展起了推波助澜的作用。风云际会之时，各式人物轮番登场，他们以自己的文字或者勇气在这个时代留下了传奇的人生轨迹，开拓、创新、勇气是这个时代文化景象的关键词，就连汉武帝也在洋洋自得于自己的成就，也是，他有这个资本。

河汤汤兮激潺湲，北渡回兮汛流难。

搴长茭兮湛美玉，河伯许兮薪不属。

薪不属兮卫人罪，烧萧条兮噫乎何以御水。

颓林竹兮楗石菑，宣防塞兮万福来。

这是汉武帝在治理黄河之后即兴写下的《瓠子歌》二首之中的第二首，虽然流传下来的版本在文字上有些细微的差别，但并不影响人们从中感受堵塞黄河决口的艰难和汉武帝治服水患，祈求安泰的决心和愿望。汉武帝时期，经济社会发展到了一定的高度，大一统的帝国在政治上的强大和在物质条件上的充裕，让统治阶级迫切需要对自古以来的政治、历史、文化等各方面的经验教训加以总结；另一方面，先秦以来具有传记文学因素的散文创作为司马迁写作《史记》提供了必要的文学方面的准备。这个时间，这个地点，《史记》横空出世，也将我国史传文学的发展推向了一个新的阶段，从此，在中国古代所有史传中，司马迁的《史记》独占鳌头！洛阳博物馆文史研究员齐磊：

齐磊：他本身是史官世家，他想既然是这样我就做成一番事业光耀家族写这个东西，从古写到今，他那个时候还能接触一些比较好的文献，以前在没有发现殷墟的时候大家觉得这没有文献记载，司马迁写的东西可能是杜撰的，后来发现殷墟甲骨文卜辞里基本上是一模一样的，除了个别次序有颠倒，就证实司马迁这个人还是很严谨的，记录的都是对的，然后从而反推关于夏以前的历史都是实事求是的，所以历史上评价司马迁秉笔直书的一个良史。他把古代一些传统很好地继承下来，然后把它给整合总结到一块了，分成了本纪、书、表、世家、列传，给它详细地分类，总结了一下，从那儿开始沿着他定下的这个框架，这个路一直走下来，一直到《明史》都是这个路子，清史肯定也是这个路子，所以说从这方面来说，从汉代这个史学确实是开了一个非常重要的头，要不是这样的话咱们国家五千年历史不会这么完整。

在陕西历史博物馆，有这样一件国宝级文物——

讲解员：鎏金银竹节铜熏炉，它本身是铜制的，然后表面鎏金，它上面有九条龙，底部，还有三足托起，还有中间盘旋都是龙。我们可以从这个铜熏炉看到汉武帝时期一个鼎盛的文化，上面的小山头叫做博山，因为汉代道家文化浓厚，博山算是与当时道家文化比较有渊源的一个山，当时以它作为一个器物原形，熏炉点燃的时候烟会从山头飘起来，白烟袅袅的样子，古人认为这个白烟把他们的祝福带到虚幻缥缈的一个仙境。

在秉笔直书的司马迁笔下，汉武帝固然是雄才大略，却也难免一代帝王的各种局限，对于死的恐惧让他偏信术士之道，渴望成仙不老。这个铜熏炉也就是汉武帝心愿的一个器物证明，时至今日，它已经成为博物馆里的陈列，而汉武帝也早已作古，这也从一个侧面说明，世上本就没有长生不老的妙方，也没有万世永存的王朝。一代帝王的后代再也难续汉武帝的风光，西汉在达到了顶峰之后就难以避免地开始走上了下坡路。但是，西汉王朝作为一个大一统的帝国，在中国历史上占有特殊的位置，它为中华民族留下了许多物质文化财富，创建了许多承前启后的历史文明。随着汉王朝的建立和发展，在中华民族的大家庭里便诞生了一个人口最多，分布最广的民族——"汉族"，随之诞生了"汉语"、"汉字"、"汉服"等等，从此，汉文化就定型成为中华民族的主体文化。

第二集　史家绝唱

正在为您导航，请注意信号灯，前方500米靠右行驶进入辅路……

这是我们再熟悉不过的电子导航地图软件在指引行车路线时的声音，随着我国在2007年成功将第一颗北斗导航卫星送入太空，现在无论内地还是香港、澳门地区，都可以更加精确和便捷地享受这项人类智慧带来的高科技成果。"北斗"这个名字既不是英文谐音，也不是著名天文学家的名字，但其中却似乎暗含着非同寻常的深意，那么"北斗"之名到底从何而来呢？香港中文大学亚太研究所研究员石齐平：

石齐平：《天官书》里面有一段跟北斗有关的："斗为帝车，运于中央，临制四乡。分阴阳，建四时，均五行，移节度，定诸纪，皆系于斗。"几千年来中国老百姓，靠这个斗来定方位的，定季节的，来定时辰的，这么重要的一个东西，岂不就是跟今天的GPS一模一样吗！

中国古代把天空分为三垣二十八宿，最早的完整文字记录见诸《史记·天官书》，而史记的作者正是中国西汉时期伟大的史学家、文学家、思想家司马迁，其实，只要你仔细阅读《史记》中的《天官书》、《历书》等篇章，就可以知道，司马迁还是古代著名的天文星象学家，他完成了“推古天变”的任务，并在著作中明确表述为“究天人之际，通古今之变”。

【配音】

司马迁，今陕西省韩城市人，中国西汉伟大的天文星象学家、史学家、文学家、思想家，司马谈之子，官拜太史令，因为李陵将军战败之事作辩解，遭受宫刑，后任中书令。其后发奋继续完成所著史籍，被后世尊称为史迁、太史公。他以其“究天人之际，通古今之变，成一家之言”的史识，创作了中国第一部纪传体通史《史记》。

天文星象学家只是司马迁众多身份中的一个，在司马迁生活的汉代以及更久远的历史中，对于他的身份更普遍的说法应当是——史官。史官这个官职在《汉书·艺文志》中是这样记载的：“古之王者，世有史官，君举必书，所以慎言行，昭法式也。左史记言，右史记事。事为《春秋》，言为《尚书》。”陕西历史博物馆研究员张维胜：

张维胜：夏商的时候已经产生了史官的，那个时候地位不是很高，最晚可能商代就有了，当时他和占卜这个联系在一起的，王朝肯定有史官的，诸侯国有史官，史官产生比较早的，分的名称很多，起码有大史、左史、内史、右史、诸夏史，老子做过诸夏史的，管典籍收藏的。到后来比较正规化了。司马迁做汉王朝的史官，史官过去分记言的，记事的，有的是记言行的，有的是记事件的。

公元前110年，汉武帝举行大规模的巡行封禅，司马迁身为史官的父亲司马谈却在这时候病倒了，经过汉武帝的允许留在洛阳养病，正好司马迁从长安匆匆赶去追随汉武帝，在洛阳见到了他奄奄一息的父亲。

司马迁在为《史记》写的自序里，记录了司马谈在“河洛之间”对他说的那番语重心长的遗嘱，“作为太史公，不要忘记我想要写的论著”。司马迁则对父亲发誓说：“我虽然不够聪敏，但请允许我把您已经记录编排过的有关过去的传闻，完整地书写出来，绝对不敢有缺漏。”所以，当这种记录历史的方式和前人的智慧传承到司马迁这里的时候，种种因素也使他成为了一个集大成之人。河南省洛阳市博物馆研究员齐磊：

齐磊：本身他家就有这样一个传统，他是史官世家嘛，历来是史官，然后他就想既然是这样我就做成一番事业光耀家族，一直从古写到今，他那个时候还能接触一些比较好的文献，以前在没有发现殷墟的时候大家觉得这没有文献记载，司马迁写的东西可能是杜撰的，后来发现殷墟里面这个卜辞，基本上是一模一样的，除了个别次序有颠倒，基本上是一样的，就证实司马迁这个人还是很严谨的，记录的都是对的，然后从而反推关于夏以前的历史都是对的。

由此看来，司马迁写《史记》绝不是偶然或是心血来潮，这其中有着前代王朝和古人先贤的莫大贡献。然而，除去过往的历史留给司马迁的各种创作条件，更多的人提到司马迁发奋写《史记》，往往会联想到与他曾遭受过极其屈辱的宫刑。香港理工大学的学生吴慕彤说，自己在学习汉代历史的时候，曾有过这样的疑问：

吴慕彤：在学习汉代历史的时候，我知道《史记》是司马迁创作的，非常了不起，老师说完之后我就觉得，他可以用纪传体的方式把历史写成这个样子，让人很有阅读感，对人物的描写也很有主见，但是司马迁是一位史官，他为什么会遭受这么重的刑罚呢？

福兮，祸之所伏；祸兮，福之所倚。司马迁和他的《史记》名垂青史，可是，这其中司马迁所经历的艰难和曲折又有谁能切实感受到呢？北京大学历史系研究员岳庆平：

岳庆平：在汉武帝的时候，公元前99年，也就是汉武帝的天汉二年的时候，这个时候，司马迁只有47岁，汉武帝派兵攻打匈奴，当时呢有一个将领叫李陵投降了。司马迁认为李陵投降是迫不得已，所以司马迁就在汉武帝面前为李陵辩护，结果呢，就遭到汉武帝的批判，而且汉武帝非常生气，就给他放到监狱里了。实际上当时司马迁是有两种选择，一种选择呢就是选择死，还有一种选择呢就是选择宫刑。当时司马迁在这种情况下，因为当时《史记》已经写了很多，所以他当时就选择了宫刑，当然根据现在我们的研究，他下狱以后，给了他更多的时间来写《史记》，他对自己的《史记》期望值还是比较高，也希望通过自己的写作，能够把一些自己的理念，包括从他父亲司马谈以来的很多思考能够放在这里面。任何一部伟大的作品，最后能够流传于世的话，其实这背后都有非常感人的故事，特别是作为它们的主人公，在这里面承受了巨大的牺牲，所以我想《史记》正是这样一部作品。

《报任安书》是司马迁写给他的友人任安的一封回信，在《报任安书》里司马迁这样写到，“居则忽忽若有所亡，出则不知所如往”，当时的司马迁，整个人处在一种恍惚的状态，心里面经常忍受着痛苦的煎熬和无限的愤恨。司马迁以极其激愤的心情，申述了自己所遭遇的不幸，抒发了内心的无限痛苦，大胆揭露了汉武帝的喜怒无常、刚愎自用，并表现出了他为实现可贵的理想而甘受凌辱，坚韧不屈的斗志。这种痛不欲生的心境、矛盾交织的状态，也影响了司马迁的创作。陕西历史博物馆研究员张维胜：

张维胜：司马迁曾经说过，一个正常人应该不受辱的几条，过去有墨刑，还有髡刑，剃头发的那种，好多刑罚，宫刑是一种，这个宫刑是打击比较大的一种刑法，受了宫刑以后完成他父亲的遗志写《史记》，他曾经受前人贤哲的一个影响，屈原受不公正待遇，就是被排挤以后赋《离骚》嘛，左丘明受不公正待遇写的《春秋左传》，所以他就受这个激励，别人不公正待遇奋发图强完成他宏大的史书。

【歌曲 郑少秋《垓下歌》】

力拔山兮气盖世，时不利兮骓不逝，骓不逝兮可奈何，虞兮虞兮，奈若何。

这是香港著名演员郑少秋在2004年香港无线电视出品的古装电视剧《楚汉骄雄》中演唱的《垓下歌》,《垓下歌》是西楚霸王项羽败亡之前吟唱的一首诗,也是一首英雄末路的慷慨悲歌。

【《楚汉骄雄》片段】

亭长:霸王,你勇猛无匹,只要忍下今日之耻,他日必定可以东山再起啊!

项羽:此乃非战之罪,是天亡我也,勇武又如何?天数已定,要刘邦为真主,我项羽实在难以逆天而行。

《楚汉骄雄》这部电视剧所展现的楚汉相争的故事,是出自于西汉时期司马迁所著的《史记》中的第七卷《史记·项羽本纪》。如今,《史记》中的很多故事都被翻拍成了影视作品,比如电影《赵氏孤儿》演义了《史记·赵世家》中民间医生程婴在机缘巧合中卷入了赵氏的灭门事件,冒着生命危险用药箱将赵氏孤儿带出,免遭毒手的故事。同样是电影的《战国》讲述了《史记·魏世家》、《史记·孙子吴起列传》中,军师孙膑和庞涓这两位同门师兄弟斗智的故事。

《史记》原名《太史公书》,是中国历史上第一部纪传体通史,也是当时规模最大的一部著作。司马迁在《报任安书》中,对《史记》的结构作出了这样的描述:

【朗诵】

上计轩辕,下至于兹,为十表,本纪十二,书八章,世家三十,列传七十,凡百三十篇。

研究《史记》的文学价值,就不得不从它的结构说起,那么,《报任安书》中所提到的本纪、表、书、世家、列传又分别是什么呢?

【配音】

《史记》由本纪、表、书、世家、列传构成。"本纪"是用编年的方式叙述历代君主或当下统治者的政绩，是全书的大纲；“表”是用表格形式分项列出各历史时期的大事，是叙事的补充和联系；“书”是天文、历法、水利、经济等各类专门事项的记载；“世家”是世袭家族的人物传记；“列传”为本纪、世家以外历史上各个时期社会各阶层代表人物的传记。《史记》通过这五种不同体例相互配合，相互补充，构成了完整的历史体系。

《史记》被学者们列为中国第一部“正史”，自此以后，历代“正史”的修撰从未断绝，但是《史记》的情况同后代正史又有很大不同。《史记》以后的历代正史，除极个别之外，都是由朝廷主持，按照统治者的意志修撰的，是名副其实的官史。而司马迁虽然是朝廷的史官，《史记》却并不体现最高统治者汉武帝的意志。汉武帝又是如何评价司马迁的《史记》呢？电视剧《汉武大帝》中汉武帝对司马迁的这段话大致反映了他对《史记》的评价：

【电视剧　《汉武大帝》片段】

汉武帝：书你可以拿去，但重新起草大可不必，有人劝过朕，要烧掉你的这部书，朕说，没必要，你的这部书，朕看虽然不能作为国家的正史，但是可以作为你这位史官的一家之言。

在《报任安书》中，司马迁提到：“亦欲以究天人之际，通古今之变，成一家之言。”那么，司马迁究竟是站在什么样的立场上创作《史记》的呢？我们读《史记》，其中有一个词总会出现，“太史公书”，也就是我们后人所说的“实录”精神的体现。古人提到好的史官，只有四字评语“秉笔直书”，这四个字看起来没什么了不起，但背后的份量却是一般人所难以想象的。陕西历史博物馆研究员张维胜：

张维胜：他主要就是秉笔直书，秉笔直书是史官基本的原则，过去的是先秦的时候就是这样的，史官有这方面的传统，秉笔直书史官曾经被杀的，其他的史官继续按实写，统治者杀几个人不顶用就不杀了，还要秉笔直书，最后只好默许了。

中国古代的史官有“秉笔直书”的传统，尤其是司马迁这样一个特殊的史官，他的笔风也成为了后世竞相继承的操守和史德，他们都懂得“史之为务，申以劝诫，树之风声”的道理，也正因为如此，《史记》中对人的描写和评价引发了后世学者的研究兴趣。河南省文史研究馆馆员徐金星：

徐金星：一部《史记》，帝王将相、人间社会、勾心斗角、恩爱情仇、手段，我到现在我觉得没人超过，你想想哪个贪官非常坏非常坏，《史记》都有了，哪个人非常凶恶心狠手辣，《史记》上都有，太厉害了。

有后世学者评论说，司马迁的作品没有赢得皇帝的心，但是终究会赢得天下百姓的赞赏，一个人的人格与个性会决定他的作品风格，《史记》首创以“纪传”为主的史学体裁，第一次以人为本位来记载历史，表现出对人在历史中的地位与作用的高度重视。

《史记》描写人物多，范围广，大多具有典型性，上至帝王将相、皇亲国戚、文武大臣，下至学者、商人、游侠、医生等等，各行各业都有涉及，比先秦史书更加广泛，后代学者们认为，数量如此之多的人物以及对某些人物的着重描写体现了司马迁创作的人民性。北京大学历史系研究员岳庆平：

岳庆平：司马迁的人民性表现在很多方面，这里举一个例子。按照司马迁写史记的体例，他是把历代的君主和皇帝都用本纪的方式来写的，把比较大的贵族，他是用世家，那么其他的一些人，也是比较有名的，各个方面的人用列传。陈胜首先本身就是农民起义领袖，按照一般的正统的史官的话，他是没有入史的资格的，但司马迁不仅把陈胜入了史，而且还把他列为世家，所以这一点也使后人非常惊叹，为什么司马迁在两千多年以前，就有这么强烈的人民性。

鲁迅先生曾称《史记》为“无韵之《离骚》”，其中最重要一个原因就是《史记》具有浓郁的抒情性。《史记》不只是在记叙中有着浓郁的感情，各篇论赞的议论中，司马迁也大都以唱叹出之，或愤激，或同情，或赞许，抒情味极浓。北京师范大学文学院教授李山：

李山：整个《史记》当中有他个人的抑郁与不平，这点很像是屈原写《离骚》，《屈原列传》他是夹叙夹议这么写的，另外他还表现在，比如说对于一些人物的这种渲染上，比如对项羽他就充满了一种理想的色彩，他在某些地方抑制不住地对项羽这种英雄人物的赞美，所以他经常啊拿一些诗句点染，你比如对荆轲的表现，风萧萧兮易水寒，壮士一去兮不复返，他是一个作家，把全身心投入进去，提炼历史，传达历史的某种动人的东西。

司马迁的人品、遭遇与写作心情，都与屈原相近，屈原的高尚人格和《离骚》讽兴当世的力量、爱奇的审美观、浓郁的抒情性也为他所继承发扬，融入《史记》的创作之中，因而他笔下的人物刻画和论赞中都跳跃着太史公诗人般的激情。在《史记·屈原列传》中，司马迁如此评价了屈原的作品：

屈平之作《离骚》，盖自怨生也。《国风》好色而不淫，《小雅》怨诽而不乱。若《离骚》者，可谓兼之矣。

历史是由人创造的，记录历史，借助于文学的诗意功能，体现以人为本的精神指向，从而形成人们喜闻乐见的强烈的史诗效果，这便是《史记》的风格。司马迁强大的精神动力来自于“立言”的使命，来自于梳理和研究历史及其人物的过程，当他真正意识到自己在进行一项不朽的伟业时，也就同他笔下众多鲜活的人物成为了不朽。北京师范大学文学院教授李山：

李山：从史学角度来讲，司马迁的这个纪传体，给后来的二十四史建立了榜样。《史记》的故事有很多我们今天在拍电影、电视剧，反复在拍。另外他的散文，有很多人写，包括韩愈这些人，都看他的文章，有人就说，后代人看文章就看司马迁的。司马迁这部书，他是要给天道做秘书，无论你是多高的权位，都要在一个最高的真理，在一个是非，在王道下，每一个人都要显出你的真象，在天目之下，天道面前头破血流的人多，这是他的了不起。

而同样应该被我们铭记的，是东汉时期历史学家班固编撰的《汉书》。《汉书》以记载一个朝代为主，开创了断代为史的先例，班固在司马迁《史记》的基础上，增加了《艺文志》、《地理志》、《五行志》、《刑法志》，扩大了史书容纳史料的范围。

我国封建社会发展到东汉初年，随着君主集权专制的日益强化，统治者加强了对史学的控制，纪传体断代史《汉书》正是适应封建政治和封建史学的需要，凭借一定的历史条件而问世的。在班固将意在加强皇权的封建正统观念作为编织《汉书》的指导思想之后，这种观念便成为笼罩整个封建史学的统治思想，而纪传体断代史也正是因为它倡导的封建正统史观，独尊于中国历史长河中，达千余年之久，引得后世史学家纷纷效仿，《隋书·经籍志》上记载："自是世有著述，皆拟班马，以为正史，作者尤广。"

古往今来，人类对于历史的探究从不曾停歇，当我们回头凝望的时候，禁不住赞叹那些金戈铁马的时代和指点江山的豪迈，也感慨于这些历史背后的记录者秉笔直书的无畏勇气。《史记》与《汉书》的先后出现，不仅标志着纪传体这种文学体裁的兴盛，也默默地留下了那一副副传芳百世的铮铮铁骨！

第三集 兴衰东汉

香港九龙佐敦，一幢近五十年历史的旧式商厦，创办九十二年的香港“精武体育会”就位于大厦的十三层。会馆的中心位置，正中悬挂着创办者霍元甲大侠的照片，两边的两块牌匾，分别是孙文和蔡廷锴的题字“尚武精神”、“技术救国”。

林炳添师傅是香港知名的拳师，他经常在这间会馆指导武术爱好者练拳习武。在他看来，中国功夫不仅讲究技艺，更崇尚武德。行抱拳礼，就是习武必修的第一课。

行抱拳礼，右手握拳，拇指外的四只手指收入掌心，左手的五只手指伸直成掌形，从侧面压住右拳，表示五湖四海皆兄弟，天下武林是一家。对于行走江湖的武林中人来说，抱拳礼彰显了一种谦虚团结，以武会友的精神，也向世人昭示自己虽具过人武艺，却不仗力欺人的态度。这种态度，被称之为绿林精神，而具备这种精神的人，也往往被称为绿林好汉。那么什么是绿林呢？

西汉末年王莽篡位建立新朝。至新朝末年，天下大乱，荆州绿林山一代的豪杰纷纷揭竿而起，因其驻扎在绿林山，故称这支义军为“绿林军”。虽然起义最终失败，但在历时9年的时间里，绿林英雄们演绎了一幅幅波澜壮阔的历史画卷，同时也折射出永垂青史的绿林精神。

直到今天，中国武侠文化中仍然饱含对“绿林好汉”的崇拜和敬仰，而“绿林好汉”也成为了香港新武侠小说热衷描摹的对象。

新武侠文学发轫于20世纪50年代初的香港，它以虚构的武侠故事为主体内容，以金庸、梁羽生为代表，影响力遍及中国乃至东南亚，并且催生了武侠题材影视剧的创作，虽历经不同版本的改编和翻拍，依然热度不减。

中国历史上的大汉王朝被史学家分为西汉和东汉两个时期。中间的分水岭正是王莽乱政篡权。有关这段历史，在民间一直流传着这样一种说法：说王莽就是那条被汉高祖刘邦在芒砀山起义时所斩杀的白蛇，他的篡权其实是对刘氏政权的报复。虽然这只是牵强附会的民间传说，不过这条蛇所造成的破坏却是巨大的。就单从对西域地区的影响来说，他的乱政直接中断了自张骞以来通商百年的丝绸之路，使西域地区脱离了中央王朝的统治，陷入了混乱。

东汉刘氏皇族的子孙们为了光复汉室，在中原大地上燃起了战火，最终他们从王莽手中夺回了龙椅，而坐上这把龙椅的人，就是光武帝刘秀。

尚武之风的背后是一种精神，是汉代社会思想文化的重要组成部分。光武帝刘秀的时代，在东汉的历史中无疑是伟大的。这样说，不仅仅是因为它再一次建立了稳定的中央政权，更在于他重新收复了西域地区，继续了丝绸之路的辉煌，也再一次地维护了华夏文明的统一。巧合的是，光武帝与自己的先祖、西汉最非凡的君主汉武帝的谥号中都有一个“武”字。

【朗诵】

卒伍小吏，实愿从谷吉效命绝域，庶几张骞弃身旷野。昔魏绛列国大夫，尚能和辑诸戎，况臣奉大汉之威，而无铅刀一割之用乎！

这是《后汉书·班超传》中记载的班超上书汉章帝的一段话："我虽然是军中出身的小官，真的希望像谷吉那样献出生命在绝地西域，希望像张骞那样死在开阔的原野。从前魏绛位列一国大夫，尚且能怀柔团结各个少数民族，何况我今天仰承大汉的声威，自己的才能虽微薄如钝刀，但尽其所能，未尝不可一用！"班超上汉章帝书，表达的正是一种忠勇狂悍的尚武精神，也正是这样的精神，支撑着东汉初年的赫赫武功。

然而就是这样一位决胜千里之外的将军，却曾经只是一介书生。一千多年后，同为一介书生的胡翰棠同学正在北京清华大学中国语言文学系攻读硕士学位，虽然是一个来自香港的时尚女孩，但却难掩对汉代文化的热爱。她最敬仰的汉代人物，就是班超。而她对班超的了解，是从两个成语开始的：

胡翰棠：是从两个成语开始认识他的，一个是"投笔从戎"。因为班超最早的职业是为官府抄写文书，不过那好像不是他理想中的工作，于是他就会常常扔下笔来叹息说："我身为大丈夫，尽管没有什么杰出的计谋，总应该学学在西域建功立业的傅介子和张骞吧，怎么能够老是干这笔墨营生呢？"之后班超就抓住了机会，真的就在战场上建功立业，成为了一个有名的将军。还有一个成语知道的人就更多了，就是"不入虎穴，焉得虎子"，这句话也是班超说的，记录在《后汉书》里面，就是说不亲历危险的境地，就不能获得成功。这些成语我们一直到今天都还在使用，说到这些就感觉班超好像活生生地出现在面前，他的精神也特别值得我们去敬仰。

班超留给我们的不仅仅是两个生动的成语，他对于稳固东汉帝国的版图，促进当时中国与西亚地区的政治、经济与文化的交流，贡献卓越。北京师范大学文学院教授李山：

李山：班超最出名的一次战役就是带着很少的几个人，到今天在新疆东部的一些区域，当时匈奴也去拉拢他们，所以班超当机立断，把匈奴的这些人杀死以后，对稳定这些西域政权是起了很大的作用，稳定汉帝国在这一区域的影响是起了很大作用的。

班超是幸运的，他在东汉最好的时期实现了自己万里封侯的抱负。然而随着另外一群人的封侯，东汉的形势急转直下。

公元159年，汉桓帝联合宦官一起诛灭了干政的外戚梁氏。汉桓帝将与他同谋的十三个宦官封侯，宦官开始成为东汉政权的主导力量。而宦官的腐败引起了士大夫的不满，他们与宦官发生党争事件。事件因宦官以“党人”罪名禁锢士人而得名“党锢之祸”。“党锢之祸”前后共发生两次，宦官将士大夫一党几乎诛杀殆尽。在“党锢之祸”的沉重打击下，士人内心矛盾开始激化，心态发生了急剧转变，从群起激昂的斗争转变为万马齐喑的消沉。香港科技大学人文学部吕宗力教授如此评价“党锢之祸”对东汉文人精神情怀的影响：

吕宗力：官宦和知识分子群体，和统治者产生一个很大的裂痕，这个是党锢之祸，知识分子群体普遍受到外戚集团和宦官集团的打压，而皇帝也基本上不站在他们这一边，令他们受到很大的挫折，所以在这种情况下面，他们一个是对政治权威失去信任，再一个就是对儒家的传统观念他们产生怀疑，国家大事你上面都干不好为什么让我们来承担后果？所以这种倾向慢慢变成那种个人主义强烈，这个在汉代已经开始出现。

在国家积重难返的情况下，儒家传统的治国平天下思想已经难以实现，士人的志向转而向个体情志上寄托，价值取向逐渐倾向于个人品质的完善，借行乐而化解内心的忧生忧世之思。除此之外，在北京师范大学文学院教授李山看来，东汉汉赋的演变还有更深层次的原因：

李山：深层的问题是什么呢？从道理上讲，汉帝国独尊儒术，他要一批儒生治国，相应的，就要给他们发放俸禄，发放权位，这些人就逐渐累积了自己的家产，累积了自己的世袭，累积了自己的这种个人的东西。所以东汉什么东西多？《诫子书》多，“我们如何延续我们这个家庭”，这个考虑得多。另外尚“黄老”，不是好“老庄”，是“黄老”，修生养性，如何把自己的生活过得好一些。实际上东汉庄园经济非常发达，国家经济、小农经济日益破产，税源枯竭，所以这一批士大夫在这种慢慢转化的过程当中逐渐考虑自己的东西多一些了，他的文学，就不再给帝国写大赋，再怎么写，一方面从文学创作来讲你也不可能写得过司马相如，写过扬雄了。那往别的地方发展发展，赋还有它的道路。所以这个有文学自身的转换，另外还有士大夫思考问题的方式。替个人想的多了。西汉的儒生多多少少想问题多是为帝国考虑，像贾谊啊、晁错写文章，全是帝国的文章，大文章。东汉人写，强调这个文章的情味，文辞优美不优美，语言是不是抑扬顿挫，这些东西多了。

汉赋，曾经以浩然之气热情地讴歌西汉的雄起。而时过境迁，它仍以诗话的语言讲述着东汉的沧桑。西汉后期到东汉中叶，社会状况发生了极大的变化，汉赋从思想内容到体制风格都开始转变。此时歌颂国势声威，美化皇帝文治武功的题材开始萎缩，大赋逐渐减少，抒情咏物的抒情小赋逐渐兴起。 在数量上不可与西汉相提并论，但具有独特的价值，突破了彼此沿袭的赋颂的传统，成为六朝抒情赋的先声。吕宗力教授对于汉赋由西汉大赋到抒情小赋的转变做了这样的解读：

吕宗力：这个大赋西汉到东汉就不流行了，就慢慢流行一些比较小的简短的以个人抒情或者表达个人观念的小赋，包括“纪行赋”，比如我到那里去旅行，那又等于是一个旅游文学，我记录了我沿途所见，当然中间掺杂着自己一些感受一些认识，那么对于社会批评的一些怀才不遇的，或者说人生苦短，及时行乐，这个在西汉大赋里面比较少见，这个转变就是西汉后期到东汉，基本上赋上面有很大变化，这个我想可能是汉代从西汉这样一个非常壮观的版图，到后来慢慢衰落，版图受到压缩，财力慢慢枯竭，政治上面宦官外戚斗争不断，这样中央政府控制力就弱了，大家对宫廷的信任对皇室的信任也就减弱，那么对于个人的命运与前途产生不安定这些都影响到这些文明的创造的意愿，那么慢慢个人的关注增加以后，文学描写的对象就不再是为皇帝为宫廷来发声，而更多阐发个人的心声。

不仅仅是赋的变化，时代的巨变对文化艺术各个领域都产生了深远的影响。《古诗十九首》，是乐府古诗文人化的显著标志。它深刻地再现了文人在汉末社会思想大转变时期，追求的幻灭与沉沦，心灵的觉醒与痛苦。

【昆曲 《夜奔》选段《折桂令》】

实指望封侯也那万里班超，到如今，生逼作叛国黄巾，作了背主黄巢……

昆曲中著名的折子戏《夜奔》，是公认的昆曲生行最难演的一出戏。这个《水浒》中林冲被逼上梁山的故事，是一个英雄凄凉而又孤独的内心独白。唱词动人心魄："实指望封侯也那万里班超，到如今，生逼作叛国黄巾，作了背主黄巢……"唱它的是舞台上的林冲，而东汉的文人又何尝不是在暗夜里奔逃。他们的心中，也许都有一个北击匈奴，平定西域的班超，但残酷的政治现实几乎把他们逼入绝境，以至于班超之后再无雄才，尽管东汉时期中国的人文与科技都取得了长足的进步，发明了领先世界的造纸术、浑天仪、地动仪，中医发明了麻醉术，写出了《伤寒杂病论》，但这些都没有挽回日渐衰落的国运，东汉终于被黄巾起义撕裂了摇摇欲坠的山河。

美国语言学家萨丕尔说："语言，像文化一样，很少是自给自足的。"一种语言吸收另一种语言的成分和结构，这样的现象非常普遍。

张妙阳先生是一位语言工作者，他的名字您可能不太熟悉，但是经常出现在香港凤凰卫视的这个浑厚而磁性的声音，一定会让您联想起许多熟悉的画面。张妙阳先生目前是香港配音界的大家，经常和语言打交道，让他对汉语有着一种特殊的情感和认知。

张妙阳：我就发现中文里头有很多外来文化的影响，那说到这个很多外来语言，其实我们丝绸之路带到中原来的葡萄啊，胡椒啊、玛瑙啊，这些词都是外来语，都是汉代的时候开通了丝绸之路以后，商贸流通了，从西域传到中原的，所以这些都是我们很熟悉的词，可是原来都是外来语，好像佛教对中国的影响太深了，比方说涅槃、涅槃重生、五体投地、一刹那等等，这都是很美丽的外来语，但是后来我们发现不觉得它是外来语，它就是中文的一部分，这么几千年以来我们中国的文化包容着西域的文明、东方的文明，甚至从印度佛教传过来的这些文明，被融化在我们中文汉字里头了，我们中国真的是一个很不简单的国家，因为我们老祖宗有很大的包容性。

丝路漫漫，千载风沙，但往事从未被尘封。那些西域路上的先行者，他们的功业直到今天还在张妙阳先生的口中津津乐道：它一方面丰富着我们的生活，让我们的餐桌上有了葡萄、胡椒，我们身上有了闪光的珠宝；另一方面也让人们在精神上寻找到一片安宁的净土。

西汉至东汉，社会动荡，政权一度倾覆，给百姓生活带来沉重灾难。糟糕的社会现实让百姓转而寻求精神上的慰藉，这样的社会生态为佛教传入中国做了铺垫。在此背景下，公元64年，汉明帝派使者前往西域访求佛法，并于公元67年带回了经书和佛像，将佛教正式引入中国。佛教与中国传统文化相结合，历经演变，形成了具有中国特色的中国佛教，对中国文化产生了深远的影响。

河南洛阳，历史上显赫一时的东汉都城。位于城东的白马寺，香火绵延了一千九百多年。佛教东传的帷幕，从这里徐徐拉开，这座被称为中国佛教“祖庭”的古刹见证了佛教传入中国的历程。洛阳汉魏故城文物管理所名誉所长、河南省文史研究馆馆员徐金星先生为我们讲述了白马寺的历史：

徐金星：创建白马寺，根据许多书上的记载大概是这样一个过程：东汉永平七年，公元64年，汉明帝夜寐南宫，做了一个梦，梦到一个高大的神人，身高丈六，自西方而来，满身发光。汉明帝感到很奇怪。有一个非常了解古经的人，叫傅毅，傅毅告诉他说：西方有神，名曰“佛”，陛下所梦，应该就是那个“佛”。汉明帝听了之后，就派遣使者到西方取经。这么一个使者的团队由洛阳出发，大体沿着丝绸之路那个线路向西走。他们原计划是打算到天竺，就是印度。没到，到了大月氏，也就是现在的阿富汗一带，遇到了两位印度高僧叶摩腾、竺法兰，看到了佛经、佛像。东汉使者就邀请两位印度高僧到中国来传教。两位印度高僧就和他们一块儿回到洛阳。为了这两位高僧翻译佛经，传教方便，特地为他二人建了一所佛寺，然后这两位高僧就住在这里面翻译佛经，传播佛教。因为相传他们是用白马驮载着佛经、佛像到洛阳来的，这个寺院就叫白马寺。

“白马驮经”的故事带有浓厚的传说色彩，更多的史料证明，佛教传入中国并不始于汉明帝，但很多历史学家认为，佛教作为一门宗教，得到官方的认可，在中国初步建立基础和规模，可以说是始于汉明帝的年代。

白马驮回了经文，佛学思想与古老的东方哲学融合，为乱世里的众生指出了一条隐忍和坚守的道路。禅宗理想中的最高境界，是“看山还是山，看水还是水”，它象征着对人生，对世间万物的彻悟。当时间来到东汉末年，这个曾经元气淋漓的帝国进入了一段充满着梦魇和悲怆的历史。我们看到的山是日暮苍山，我们看到的水是江河日下。任何一个民族都有过苦难，有过由盛而衰的颓落。或许正因为这样的惊心动魄，才能生发出强烈的生命意识，才能为突变积蓄更多的力量。依然是那样的山，依然是那样的水，从群雄逐鹿中崛起，在黄巾起义中覆灭，巍巍大汉走完了它的历程，帝国即将迎来新的裂变。

第四集　赋兴咏志

【电视剧 《大汉天子》插曲《长门赋》】

自从分别后，每日双泪流。

泪水流不尽，流出许多愁。

愁在春日里，好景不常有。

愁在旧日里，落花逐水流。

……

这首歌曲名叫《长门赋》，是2001年由香港导演关锦鹏担纲艺术总监的电视剧《大汉天子》的插曲。追溯历史长河，由西汉大辞赋家司马相如所创作的汉赋名篇——《长门赋》，原文却并非如此。作为汉代重要文学样式——“赋”的代表作之一，《长门赋》托景写情，以一个受到冷遇的嫔妃口吻，表达了女性被遗弃后苦闷和抑郁的心境。

【朗诵】

忽寝寐而梦想兮，魄若君之在旁。

惕寤觉而无见兮，魂迋迋若有亡。

众鸡鸣而愁予兮，起视月之精光。

……

汉赋是在汉代涌现出的一种有韵的散文，它的特点是散韵结合，专事铺陈。作为汉代文学的代表样式，它一方面渊源于荀子的《赋》，受到楚辞的烂漫和战国的恣肆之风极大影响；另一方面，汉代经济发达，国力强盛，也为汉赋的兴起提供了雄厚的物质基础；此外，统治者对赋的喜爱和提倡，使文人士大夫争相迎合，以写赋为能事。那么汉赋在中华文学中究竟占有怎样的地位？北京师范大学文学院教授李山：

李山：王国维说：一代有一代的文字。汉，有那个时代的真，也有那个时代的伪，是时代精神的表现。不是说今天对汉帝国的赞美就当做是假的，而是中古文学从先秦以后，到《诗经》到《楚辞》，到《战国策》是那些语言，一种铺张扬厉的文风。这种空间豁达的气象，这种作品是那个时代的文献形式，是那个时代的文学表现形式。从文学价值，探查那段的精神流向，在某些方面，汉大赋提出了一种宏大的、充实的艺术风范，今天我们也在使用一些类似的方法进行情绪的表达。

汉赋的新兴时期，当属汉初六十余年，自汉高祖、惠帝、文帝至景帝。这一时期赋体文学在创作上，还大体继续着《楚辞》的余绪，以骚体赋为主流，在相对缓慢的发展进程中，逐渐显现向散体大赋的过渡与分流。贾谊的《吊屈原赋》，便是这一时期的重要代表作品，是骚体抒情的重要展现：

【朗诵】

恭承嘉惠兮，俟罪长沙。
侧闻屈原兮，自沉汨罗。
造托湘流兮，敬吊先生。
遭世罔极兮，乃殒厥身。
呜呼哀哉！逢时不祥。
……

贾谊在这篇赋中表达的是对屈原遭遇的深切悼惜，其实也隐含了对自身处境的感伤，因为两人经历有太多的相似之处，作者难免将自己心中的愤懑不平与屈原的忧愁幽思融汇在一起，以表达对世间贤人失意、小人得志这种状况的极大不满。

刘勰在《文心雕龙》中曾这样写道："贾生浮湘，发愤吊屈，体同而事核，辞清而理哀，盖首出之作也。"

现代古文史专家马积高在他的著作《赋史》中这样评述：《吊屈原赋》在体制上虽上承《九章》，但前一段连用许多排比句，第二段多用反诘句和感叹句，形成一种铺张扬厉的风格，同他的名文《过秦论》相似，具有战国策士说辞那种雄辩的余风。前山西历史博物馆研究员王世平：

王世平：汉文化，既不像原来秦文化那么样的暴虐，也不像原来的楚文化那么散漫，该严肃的时候要严肃，该散漫时候要散漫，该想象力丰富，要想象力丰富。

汉代的文学，它从一开始起，站着的角度很高，而且它的文学内容高于形式。赋是从楚辞发展而来，楚辞的特点是非常地华丽，文字非常地华丽，想象力非常地丰富，带有浓烈的浪漫色彩，是屈原、宋玉这样的人写的，然后到了汉代，赋就是在楚辞的这个基础上发展起来。

汉赋的鼎盛时期从汉武帝开始，经昭帝至宣帝，跨度九十余年。

这一时期，汉王朝政权巩固，国力强大，皇权至高无上，因此思想观念、文化内涵也多趋向于此类内容的弘扬、传颂。

这一时期的统治集团已不再以省俭为本，而是好大喜功，耽于声色享乐。这种风气一方面对赋体文学的创作产生影响，另一方面，由于统治阶级对赋体文学的偏爱，也促使汉赋在这一时期得到蓬勃发展。

班固《汉书·艺文志》中记述：西汉目录学家刘向在汉成帝时经过审核筛选，论而录之的六十一位有名的赋家和九百三十篇赋作统计，这一时期占据绝大多数。此时的赋又以枚乘《七发》所代表的散体大赋为主流，并将其发展到定型的极致。

【朗诵】

龙门之桐，高百尺而无枝。

中郁结之轮菌，根扶疏以分离。

上有千仞之峰，下临百丈之溪。

湍流溯波，又澹淡之。其根半死半生。

冬则烈风、漂霰、飞雪之所激也，夏则雷霆、霹雳之所感也。

……

枚乘写的这篇《七发》，是一篇讽谕性的赋作。这篇作品中假设楚太子有病，吴客前去探望，通过互相问答，铺叙为七大段文字。吴客认为楚太子的病因在于贪欲过度，享乐无时，于是分别描述音乐、饮食、乘车、游宴、田猎、观涛等六件事的乐趣，一步步诱导太子改变生活方式；最后要向太子引见"方术之士"，"论天下之精微，理万物之是非"，太子乃霍然而愈。

生活在现代社会的年轻人，从这篇文章当中获得了哪些感受和启示？香港浸会大学学生邓诗颖：

邓诗颖：看完《七发》这篇文章，觉得气氛很沉重，感觉到这是一篇特别具有讽刺性的文章。汉朝鼎盛时期，许多人都会喜欢去玩，去浪费，去好大喜功等，这样的气氛很浓厚。但文章却可以理直气壮地告知太子你的错在哪里。

香港理工大学学生郭淑敏：

郭淑敏：在了解《七发》的故事背景后，觉得枚乘这个人很有胆量，也很爱国。枚乘这篇《七发》的出现，在当时很重要，可以让皇帝还有一众的大臣反省自己。整篇的作品利用互相问答的方式，劝谕他们应该改变他们的生活方式，国家才能够继续的繁荣。而且《七发》当中的问答形式，相比以往，更要生动活泼，所以难怪会成为当时赋作的主流。

作为汉代文学的研究者，北京师范大学文学院教授李山为我们这样解读汉大赋的开端之作的作品《七发》：

李山：的确，从文章写作讲，《七发》提供了一种特别像汉大赋，铺张扬厉的，呈现才学的艺术。它凭借《战国策》游说人，讲技巧，讲煽动性，但它也带有汉代色彩。七，要从七个方面，后来"七体"形成一种独特的文类，像嵇康、曹植等人，都有相关作品，从七个方面谈论问题，讨论问题。

最终实际上是思想病，思想解决，实际上就是太子生活太奢侈，比如游猎，他腻烦，说音乐，他腻烦，说吃，他也腻烦。最后谈到了思想，包括孔孟思想，太子的病便由此迎刃而解。

像这种对话方式，比较深刻地影响了汉赋作者，在才学方面，在语言表现方面。但是《七发》却缺一种谲谏，与汉大赋秉承的儒家精神略有差别，例如司马相如写《大人赋》，就是敲打"求仙行为"，像《上林》、《子虚》，都是通过一种描写，夸张，实际上暗含着对与不对，这就是儒家文化暗含的谲谏。

延伸到汉大赋，体式是作为儒臣，怎样向帝王表现批评，此时要考虑到君臣的关系，考虑到自身安全，考虑到自身体面，在这样一种思考下，最终形成曲终奏雅，劝百讽一的矛盾。

【歌曲　《离别赋》片段】

远山眉双瞳水，放下了这许多因缘颠倒折磨，割舍了这一切阴晴悲欢离合，不是你不是我……

这首歌，是流行音乐人周华健与知名作家张大春共同创作的，名为《离别赋》，歌词以赋之名，如泣如诉地描绘不舍情谊，宛若散文般悠扬，而这种写作方式可以上溯到汉代。

汉赋从形式上看，或可认为这种文学体裁长于“铺采摛文”；从内容上说，它更侧重“体物写志”，大致可归纳为：渲染宫殿城市；描写帝王游猎；叙述旅行经历；抒发不遇之情；杂谈禽兽草木等。

作为汉代文学的重要样式，汉赋的创作形式、内容演变，与时代的变迁有着鲜明的，密不可分的联系，如果用一荣俱荣，一损俱损进行评价，从某种意义而言，也并不为过。扬雄的《逐贫赋》便是其中范例：

【朗诵】

扬子遁居，离俗独处。左邻崇山，右接旷野，邻垣乞儿，终贫且窭。礼薄义弊，相与群聚，惆怅失志，呼贫与语：“汝在六极，投弃荒遐……”

《逐贫赋》是西汉末年汉赋的代表作品之一，是别具一格的小赋，作者在这篇作品中发泄了他在贫困生活中的牢骚，多用四字句，笔调诙谐，却蕴含着一股深沉不平之气。这与当时的时代背景有着颇为深的渊源。

西汉后期近六十年间，国力日颓，王朝日衰，汉赋也开始经历鼎盛期后的一次重要转变。曾作为汉赋主体的散体大赋，经过一百多年的岁月洗礼，随着王朝的衰颓，呈现出创作的疲态。这一时期的汉王朝，既难觅可被称颂的功勋、大业，在上德的弘扬、宣传上又鲜有建树，即成讽喻性作品更是仅仅起到类似蜻蜓点水的效果。加上汉赋本身庞大臃肿的体量结构，以及被大量使用的奇词僻字，都成为其作为文学样式进一步发展的制约因素。而重在抒情言志的骚体赋，则在自身变革中，顽强地表现出继续发展的态势。

香港科技大学人文学部教授吕宗力，通过结合汉代历史，为我们分析了汉赋由大赋向小赋的转变：

吕宗力：西汉后期到东汉赋上面有很大变化，这个我想可能是第一汉代从西汉这样一个非常壮观的帝国，到后来慢慢衰落，版图受到压缩，财力慢慢枯竭，政治上面斗争宦官外戚不断，大家对宫廷的信任对皇室的信任也就减弱，那么对于个人的命运与前途产生不安定这些都影响到这些文学的创造的意愿，那么慢慢个人的关注增加以后，文学描写的对象就不再是为皇帝为宫廷来发声，而更多阐发个人的心声。这是一个。再一个就是官宦这个知识分子群体和统治者产生一个很大的裂痕，这个是党锢之祸，就是知识分子群体普遍受到外戚集团和宦官集团的打压，而皇帝也基本上不站在他们这一边，令他们受到很大的挫折，所以在这种情况下面，他们一个是对政治权威失去信任，再一个就是对儒家的传统观念他们产生怀疑，国家大事你上面都干不好为什么让我们来承担后果？这种倾向慢慢变成那种个人主义强烈，为艺术而艺术的文化思潮。

汉赋家扬雄的代表作《甘泉》、《河东》等作品都千古留名。这些赋在思想、题材和写法上，都与司马相如的《子虚》、《上林》相似，不过赋中的讽谏成分明显增加，这恰恰与时代的脉搏产生同样的律动。此外，在艺术造诣上，扬雄与司马相如不相伯仲，后世常以“扬马”并称。

本来在汉光武帝建武时期，散体大赋已然衰歇，骚体赋活跃发展；但到了汉明帝永平年间时，天下安平，百姓殷富，牛羊被野，一派繁荣局面。当时的社会状况，反馈到当时文学主要样式赋的创作中，就使得一个时期之内，散体大赋犹如回光返照，再度复燃。但毕竟时过境迁，免不了旧瓶装新酒的不相称，这时的散体大赋整体上已失去了往日的光华。

不过值得一提的是，不少为后世所津津乐道的文学经典，皆可溯源至此，足见这一时期在文学星空中也曾绽放过炫目的焰火。

左思的《三都赋》与东汉末期张衡所著《二京赋》并称为“京

都大赋”，都受到东汉初期班固《两都赋》的影响，在《两都赋》中有这样的描写：

乔之上古则如彼，考之汉室又如此。斯事虽细，然先臣之旧式，国家之遗美，不可阙也。臣窃见海内清平，朝廷无事，京师修宫室，浚城隍，起苑囿，以备制度。西土耆老，咸怀怨思，冀上之眷顾，而盛称长安旧制……

作为东汉初期的重要代表作品，《两都赋》这篇大赋分《西都赋》、《东都赋》两篇。《西都赋》由假想人物西都宾叙述长安形势险要、物产富庶、宫廷华丽等情况，以暗示建都长安的优越性；《东都赋》则由另一假想人物东都主人对东汉建都洛阳后的各种政治措施进行美化和歌颂，暗示洛阳当日的盛况，已远远超过了西汉国都长安。

班固《两都赋》在体例和手法上模仿司马相如，是西汉大赋的继续，但他把描写对象扩展为整个帝都的形势、布局和气象，并较多地运用了长安、洛阳的实际史地材料，因而较之司马相如、扬雄等人的赋作，有更为实在的现实内容。

公元88年，由于汉章帝驾崩，宦官干政，东汉王朝进入了由盛入衰的后期。这样的时代环境，使正直的文学家无论是抒下情而通讽谕，还是宣上德而尽忠孝，都随时面临受排挤、迫害甚至杀戮的危险，他们经常陷于忧思感愤之中，因此他们在作品里强烈地注入自己的情绪和思索。

由于其他文学形式的变革、演变，文苑已经不再是赋体一统天下的局面。赋的创作因此也受到深刻的影响，促使其革故更新，从热衷于脱离实际地聚事征材、淡化主观情志的抒发，转变为灵动自由，短小精悍，在对客观事物的生动描绘中抒情述志的新体制。

这一时期，恰恰是汉赋完成了自身转化获得新生的重要时期，张衡堪称这一时期辞赋作者的杰出代表。

游都邑以永久，无明略以佐时；徒临川以羡鱼，俟河清乎未期。感蔡子之慷慨，从唐生以决疑。谅天道之微昧，追渔父以同嬉；超埃尘以遐逝，与世事乎长辞……

这篇《归田赋》实现了汉赋主体从铺采摛文、闳衍巨侈、重体物而淹情志，向清新爽丽、短小精练、情境相生的转变，掀开了抒情小赋的创作时代。

在张衡的赋作中，较全面地继承了前代赋家的赋心与表现手法。后世有人评述说：张衡大赋则远绍司马相如《子虚》，近取班固《两都》；骚赋则上追屈原《离骚》，下踪班固《幽通》；七体则步枚乘《七发》；文赋则承袭东方朔《答客难》。所举虽皆属模拟，成就又有高下之分，但也都确实不同程度地显现出了艺术上的创意。

汉赋是两汉四百年间文人创作的主要文学样式。随着社会的变革，汉赋由极盛而转向衰途。西晋的挚虞批评说："今之赋，以事形为本，以义正为助。"指的就是汉代兴起的大赋。而"假象过大，则与类相远；辩言过理，则与义相失"这类对汉赋某些根本缺陷所作的批评，也点明了汉赋衰落的要害。北京师范大学李山教授：

李山：汉赋的没落，和汉帝国逐渐随时间，生活越来越复杂，生活中的矛盾越来越多，人们的情感方式也发生变化有直接关系。后来也有人写汉大赋，例如左思写《三都赋》，但却已经不代表那个时代的文学主流。所谓精神变化，一定找到最适合自己的腔调。文学就像声音表现你的身体状况一样直接。

尽管如今谈及汉赋，恍如隔世，却仍然拥有不可替代的历史地位和价值。

那些描写宫苑、田猎、都邑的大赋，大都是对国土的广阔、水陆物产的丰盛、宫苑建筑的华美、都市的繁荣，以及汉帝国的文治武功的描写和颂扬，这在当时并不是毫无意义的。汉赋中劝慰、讽谏的内容虽然委婉，却是纳言、献策方式的历史呈现；纵然汉赋炫博耀奇，堆垛词藻，但在丰富文学词汇、锤炼辞句等方面，都取得可观成就。建安以后的很多诗文，在语言、辞藻和叙事状物的手法上，从汉赋得到众多启发。

从文学发展史上看，两汉辞赋的繁兴，对中国文学观念的形成，也起到一定促进作用。中国的韵文从先秦时代的《诗经》、楚辞开始，经过西汉以来辞赋的发展，到东汉开始初步把文学与一般学术区分开来。

如今，虽然汉赋在流传过程中多有散佚，仅存二百余篇，但其煦韵韶光仍旧闪耀于中国文学长河，溢彩流光。

第五集　乐府清流

好莱坞的动画电影《花木兰》，这个取材于中国的故事，一经推出，就受到了世界各地大小朋友的欢迎。多年来，《木兰辞》被各种不同的艺术形式搬上了舞台。舞蹈家黄豆豆曾在舞剧《木兰》中反串了花木兰一角。他对这个角色深爱有加：

黄豆豆：在中国古典的题材当中，花木兰是难得的忠孝两全的人物。她替父从军，体现的是对国家的忠，其实也是对父亲的孝。

花木兰替父从军的故事在中国几乎家喻户晓，故事最早的原型出自于乐府诗歌《木兰辞》。《木兰辞》是古乐府民歌中代表作之一，与《孔雀东南飞》合称为“乐府双璧”。香港科技大学人文学部教授吕宗力：

吕宗力：《木兰辞》不属于汉代，但风格是从汉代的乐府民歌一脉相承。它的语言很活泼，用五言、七言这种表达形式，这是文人辞赋所没有的，这个只有乐府民歌里面才出现。

乐府一词究竟指的是什么呢？乐府本是指上古时期的音乐行政机关，到了秦代，特指朝廷设立的管理音乐的官署。简言之，它是一个音乐管理机构的名称。在倡导“以乐治国”的封建社会，它的社会功效远远不只是娱乐大众那么简单，而担负着安邦治国、凝聚人心的政治使命。

著名文史学家萧涤非曾说：“乐在先秦，乃所以为治，而非以为娱。乃将以启发人之善心，使百姓同归于和，而非以满足个人耳目之欲望。”一句话，“乐”是封建统治者统治人民的重要工具之一。

当秦王朝终被历史的尘埃掩埋，刘邦以胜利者的姿态拉开了汉代的大幕。战马嘶鸣的岁月已成过去，开疆拓土的时期暂告结束。如何让战后的人心高度凝聚？如何让新兴的政权长治久安？这是摆在统治者眼前迫切的问题。刘邦和他的继承者们想到了礼、政、刑。当然，还有一个重要的手段：乐！

礼乐是指礼节和音乐。礼乐文明本是中国古代的一种文明特征，利用“礼”教与“乐”教，形成一套完善的礼乐制度，维护封建等级秩序。对后来历代都产生重大而深远的影响 。古代帝王常用兴礼乐为手段以求达到尊卑有序、远近和合的统治目的。

东周时代，仍是诸侯争霸，战火频仍的乱世，礼乐制度逐步失去了生存的土壤，而被列国纷纷弃之如弊履，史称“礼坏乐崩”。但，正是在这一“礼坏乐崩”的时代，礼乐作为一项基本政治制度的价值得到了包括孔子在内的各类有识之士的思考和重新认识，基于此，礼乐制度才能在汉初重登政治舞台，并绵延两千多年而不衰。

公元前112年，汉王朝在汉武帝时扩大和明确了乐府的任务：编制乐曲，收集乐曲和收集歌诗。着力发展乐府，这因为作为帝国的统治者，汉武帝有着更深层次的考虑。著名文化学者苏叔阳：

苏叔阳：汉武帝虽然叫“武帝”，但是文治武功都很好。汉武帝来了以后文修武备。文修武备的目的就是要有汉朝的灵魂。一个民族没有这一点是根本错误的。他是一个伟大的皇帝。他从哪儿开始做呢？他把古代的民谣、古诗搜集起来。

北京师范大学文学院教授李山：

李山：汉武帝设立乐府是以独尊儒术为大背景的。所谓独尊儒术是指以王道治理天下，要采诗观风。采诗观风就是要把民间疾苦反映上来，然后王者检讨自己，纠正自己。

今天我们熟悉的成语“倾国倾城、绝世佳人”就产生于一个和汉武帝、和汉乐府有关的故事。

【歌曲 《佳人曲》】

北方有佳人，绝世而独立。一顾倾人城，再顾倾人国。宁不知倾城与倾国，佳人难再得。

这在2004年香港与内地演员共同演绎的电影《十面埋伏》中，章子怡所扮演的小妹演唱的这首《佳人曲》，便是一首著名的汉乐府。两汉文学研究专家、《说乐府》一书作者王一娟：

王一娟：李延年是汉武帝任用的协律都尉，就是乐府机构的负责人。李延年经常创作乐府的歌诗，听到他歌唱的人都特别受感动，最著名的就是《李延年歌》。

在你的生活中，你怎样描写美人？李延年是这样写的：在辽阔的北方有很多的美人，但是这位美人却不同。孤傲而独立。有人为了她愿意放弃一座城市，有人愿意放弃一个国家。但是即使这样，你也不见得能见到她。

李延年通过这样一种手法把对女人的赞美推到极致。汉武帝本身有很好的音乐和文化的修养，听后非常感动。感叹：去哪里找这样的佳人呢？有人这时趁机推荐：李延年有个妹妹，和此佳人有一比。汉武帝召见了李延年的妹妹，就是李夫人，这个作品就流传到了今天。

《佳人曲》这首作品不仅改变了李延年和李夫人的命运，也由此拉开了汉乐府兴起的序幕。从这时起，“乐府”一词慢慢褪去了机构的含义，逐渐演变成了一种文学体裁的名称，一种能唱的文学。

正是因为与音乐有着天然的血缘，乐府的吟唱在汉代一度成为流行风尚，无论是在高高的庙堂，还是在辽阔的乡野；无论是在北风卷地的沙场，还是在情思旖旎的闺房，都回荡着乐府的音响。作为一种文学体裁的乐府有着怎样的含义？王一娟女士作了这样的解读：

王一娟：乐府其实是一种文学体裁，就像唐诗宋词，而汉代就是乐府。乐府的含义有广义和狭义之分。狭义的乐府是指能入乐的歌诗，它有曲谱能歌唱，就相当于现在的歌曲。而广义的乐府是指有的歌诗虽然不能入乐歌唱，但是有乐府诗歌的特点，还有一些直接或者间接模仿乐府的作品，都可以称之为乐府。

“感于哀乐，缘事而发”是乐府最大的特点。正是因为如此，我们能从不同的乐府种类中，组合出一幅徐徐展开的汉代社会风情画。汉乐府中有描写社会现状泪与痛的《十五从军征》，抒发两性情感爱与恨的《白头吟》，感叹家庭生活的苦与悲的《孔雀东南飞》，记录汉代文人行与思的《长歌行》。

【朗诵】

十五从军征，八十始得归。道逢乡里人：家中有阿谁？遥看是君家，松柏冢累累。兔从狗窦入，雉从梁上飞。中庭生旅谷，井上生旅葵。舂谷持作饭，采葵持作羹。羹饭一时熟，不知贻阿谁！出门东向看，泪落沾我衣。

《十五从军征》描绘了一个在外征战的老兵返乡途中与到家之后的种种场景，抒发了老兵“少小离家老大回”的情感，全诗只字不提还乡老兵在数十年从军生涯中所经历的征戍情景，而仅截取他归乡后亲人皆亡、家园荒芜，一个人孤苦伶仃地苟延残喘、生不如死的悲惨生活遭遇，加以集中描写，短短八十个字，蕴含的社会人生内容极其丰富。社会的黑暗不公，统治者的冷酷无情，战乱的连绵不断，以及一幕幕生离死别、家破人亡的惨剧，尽在其中，任凭读者去体会、去联想。

汉乐府取材广泛，除了鞭笞战争，也讴歌爱情。秉承《诗经》的创作风格，融合汉代先民的性格，乐府中的爱情作品更大胆，更直白，更情真意切。

【歌曲 《上邪》】

上邪！我欲与君相知，长命无绝衰。山无陵，江水为竭，冬雷震震，夏雨雪，天地合，乃敢与君绝！

《上邪》是一首情歌，是女主人公忠贞爱情的自誓之词。女主人公自“山无陵”一句以下连用五种绝无可能的景象来表明自己生死不渝的爱，深情炽烈，想象奇绝。《上邪》情感真挚，气势豪放，表达了想要突破封建礼教的女性的真实情感，被誉为“短章中神品”。

【朗诵】

皑如山上雪，皎若云间月。闻君有两意，故来相决绝。今日斗酒会，明旦沟水头。躞蹀御沟上，沟水东西流。

汉乐府《白头吟》讲述的是蜀地巨商卓王孙的女儿卓文君，聪明美丽，有文采，通音乐。孀居在家时，与司马相如相爱，私奔。相如因生计艰难，曾得到卓王孙的资助。司马相如得势后，准备娶茂陵的一个女子为妾，卓文君得知就写了一首《白头吟》给他，表达自己的哀怨之情，相如因此打消了娶妾的念头。后世多用此调写妇女的被遗弃。

封建社会男尊女卑、家长为核心的婚姻制度，催生了不少的悲剧。因此婚姻家庭生活也是汉乐府重要的素材。

【朗诵】

孔雀东南飞，五里一徘徊。十三能织素，十四学裁衣。十五弹箜篌，十六诵诗书。十七为君妇，心中常苦悲。君既为府吏，守节情不移。贱妾留空房，相见常日稀。鸡鸣入机织，夜夜不得息。

这一首堪称汉乐府的巅峰之作。胡适在他的《国语文学史》中写到："汉朝民间文学的最大杰作自然是《孔雀东南飞》一篇。这一篇写的是汉末庐江小吏焦仲卿夫妇的悲剧，是中国文学史上一首最伟大的诗。"

《孔雀东南飞》讲述的是东汉建安年间，才貌双全的刘兰芝和庐江小吏焦仲卿真诚相爱。可婆婆焦母因种种原因对刘兰芝百般刁难，兰芝毅然请归，仲卿向母求情无效，夫妻只得话别，双双"誓天不相负"。兰芝回到娘家，慕名求婚者接踵而来，先是县令替子求婚，后是太守遣丞为媒。兰芝因与仲卿有约，断然拒绝。然而其兄恶言相向，兰芝不得已应允太守家婚事。仲卿闻变赶来，夫妻约定"在天愿作比翼鸟，在地愿为连理枝"。兰芝出嫁的喜庆之日，刘焦二人双双命赴黄泉，成为千古绝唱。

《孔雀东南飞》以它现实主义的表现方法，记录了一千七百年前人民的真实的感情。而它的故事原型素材，就是通过"采风"从民间得来。

通过有个性的人物对话塑造了鲜明的人物形象，是《孔雀东南飞》最大的艺术成就。《古诗源》卷四，沈德潜说："此乃古今第一首长诗也。淋淋漓漓，反反复复，杂述十数人口中语，而各肖其声音面目，岂非化工之笔。"《孔雀东南飞》中出现的人物群像，更是各各肖其声情。刘兰芝的刚强、焦仲卿的忠厚、焦母的蛮横、刘兄的势利眼，以及太守府求婚使者的傲慢，无不刻画得惟妙惟肖，入木三分。诗人在塑造人物形象时，运用了个性化的对话，注意细节描写，善于利用环境或景物来作衬托。香港科技大学人文学部教授吕宗力：

吕宗力：以前我在美国念书有一位老师他说过，中国正规的诗词是不讲夫妻感情的，如果讲男女往往是拿男女作为一种象征，实际上是谈政治，像屈原他讲的男女之爱是表达他跟楚怀王之间的关系，真正讲爱情，讲男女之间的感情的，是在乐府民歌里面，从汉代出现。像《孔雀东南飞》讲夫妻之间的，这些都是汉乐府之后包括古诗词慢慢地流传出来的。

2001年，中国大百科全书出版社出版的《不列颠百科全书》，将《孔雀东南飞》作为一个词条收入该书第九卷。书中称：“《孔雀东南飞》英语作Southeast the Peacock Flies，中国东汉乐府民歌中的长篇叙事诗，原题《古诗为焦仲卿妻作》。后人多用原诗首句拟题，作《孔雀东南飞》。通过这幕悲剧，抨击封建礼教对纯真爱情的扼杀，歌颂忠贞的爱情。故事后来改编为各种剧本，传颂不衰。”

除了婚姻爱情，我们还能在汉乐府里找到汉代文人的所思所想。如果说文人们在“汉大赋”里多是铺陈他们治国平天下的政治理想，那么他们在“汉乐府”里则是抒发自己的世俗情怀。

【朗诵】

青青园中葵，朝露待日晞。阳春布德泽，万物生光辉。常恐秋节至，焜黄华叶衰。百川东到海，何时复西归？少壮不努力，老大徒伤悲。

在为数不少的乐府民歌中，表现了汉代文人对生命短促、人生无常的悲叹。这是珍爱美好生命而发出的由衷感慨。《长歌行》用朝露易晞，花叶秋落，流水东去比喻生命的短暂和一去不返，由此咏出“少壮不努力，老大徒伤悲”的千古绝唱；而《怨歌行》、《西门行》则流露出及时行乐的消极思想。这些由伤感悲愁而抒发出的不同人生态度，不能不引起我们对生命价值的喟叹和沉思。

数目众多、种类丰富的汉乐府佳作为我们还原了一幅栩栩如生的汉代生活图景。在这里，我们能看到徐徐走来的采桑女子，能听到痴情儿女火辣辣的爱情告白，能闻到古战场的弥漫硝烟，也能感受到文人雅士的内心独白。

乐府民歌采自民间，源于生活，不事雕饰，浑然天成。诵之为诗，唱之为歌，言之则为口语，洋溢着浓郁的生活气息，以其语浅意不浅，言近而能远，无意于工而自工，为历代诗家所倾倒。明朝著名学者胡应麟赞曰："惟汉乐府歌谣，采摭闾阎，非由润色，然质而不俚，浅而能深，近而能远，天下至文，靡以过之……矢口成言，绝无文饰，故浑朴真至，独擅古今。"

纵观两汉，从公元前202年刘邦建立汉朝到公元220年汉献帝禅位于曹丕。历时400多年，大一统的汉代文化深刻地影响了汉乐府诗歌的思想文化内涵。与此相辅相成的是，在汉乐府中也保留着很多汉代的文化印记。洛阳博物馆宣教部副主任胡寅：

胡寅：在四川博物院曾经做过一个展览，就叫永恒的微笑，为什么叫这个名，你会发现所有的两汉时期的陶俑全部都是在笑，一直到西晋时期都是这样，所以这个人的这个面部的表情，也可以反映在当时社会背景，首先人们肯定是富足，就意味着当时经济应该是比较稳定的。

中国古典文学专家余冠英先生编写的《乐府诗选》一书的序言中有精当论述："中国诗歌史有两个突出的时代，一是建安到黄初，二是天宝到元和。中国文学的现实主义精神虽然早就表现在《诗经》，但是发展成为一个延续不断的，更丰富，更有力的现实主义传统，却不能不归功于汉乐府。"

民国诗歌评论家曲滢生在《汉代乐府笺注》中说："一代有一代之文学，汉则以乐府而著，盖其语调清新，辞藻古朴，《郊祀》曲外，多出自民间之手，情真语挚，出乎自然，诚文学中之杰著也。"

如果把乐府比作一股奔涌前行的清流，它流过秦朝富丽的宫殿，经过汉代无际的阡陌，穿过魏晋南北朝动荡的岁月，绕过盛唐丰美的原野和两宋的小楼风雨，最终在元明清时期转入一个新的发展历程。以源头之水的姿态孕育后世诗歌文化。

"问渠那得清如许，为有源头活水来。"在这个源头，有汉高祖振臂一呼，豪迈高唱《大风歌》：

大风起兮云飞扬。

威加海内兮归故乡。

安得猛士兮守四方。

大风起兮云飞扬。

威加海内兮归故乡。

刀剑狂，显锋芒，渡长江。

逐鹿天下，胸怀四海骄阳。

在这个源头，有汉武帝在人生最后阶段悲情吟诵《秋风辞》：

秋风起兮白云飞，草木黄落兮雁南归。

兰有秀兮菊有芳，怀佳人兮不能忘。

泛楼船兮济汾河，横中流兮扬素波……

同为一国之君，一个是马上打天下，一个是宫中守城池，气势和心态不同，但是乐府诗，同样承载了帝王的万千情思和心中乾坤。

文学是生命的一种存在形式，诗之所以能激发人们丰富的生命体验，是因为诗总是发乎心灵，又诉诸心灵。而汉乐府正是我们了解那个时代的民族精神、喜怒哀乐的清晰脉动。尽管，那个时代早已走远，我们之间相隔的是无数朝代的更迭与历史的风云变幻。

无论何时，当我们听到“孔雀东南飞，五里一徘徊”，听到“少壮不努力，老大徒伤悲”，听到“山无陵，天地合，乃敢与君绝”的诗句，属于那个时代的画卷就会在我们心中徐徐展开，让我们从中再次感受那源头溪流的清澈甘冽！

第六集　积厚流光

香港艺人李彩桦：我记得我在掖庭做待招的时候那套衣服是粉蓝色的、米白色的那种，穿起来的感觉特别素的感觉，有的时候不一定穿得很艳丽的那种才会突出人物的感觉，有的时候素的感觉突出人的感觉。我记得袖子比较大一点的 ，应该是汉代的特点。还有领比较高一点，穿起来很挺的那种，让人感觉很精神的那种，所以我感觉汉朝的衣服对我来说真的很喜欢。

李彩桦，香港艺人，2006年出演了电视连续剧《昭君出塞》。和很多香港人一样，李彩桦对于汉代不是非常了解，但是在饰演中国古代四大美人之一的王昭君时，对于汉代的人和事有了更多的感悟，尤其是喜欢长袖宽衣的汉服。其实，在所有炎黄子孙的文化记忆里，都对“汉”这个文字图腾饱含敬意，它穿越了2000多年的时光，无比清晰地映照在我们的生活和语言里。今天，当我们拂去历史的尘埃，把目光再次投射到那个以“汉”为名的历史年代，便会发现，它是如此鲜活，如此顽强地活在中国的文化血脉里，一旦激起，再难平息。

汉代以前，中国历史经历了夏、商、周等历史阶段，中国的文化在春秋战国时代通过“百家争鸣”到达了第一个巅峰。

回溯那个时代，文人士大夫不仅在学术上可以自由地发表言论，在政治地位上也得到了空前的尊重。君主、大臣求贤若渴，养士成风；诸子百家周游列国，进言劝谏。后来西汉思想家董仲舒提出了“诸不在六艺之科孔子之术者，皆绝其道，勿使并进”，这个观点被后人概括为“罢黜百家，独尊儒术”，汉武帝付诸实施以后，“罢黜百家，独尊儒术”就成了一项思想统治政策，整顿改革礼乐，建立乐府官署，事实上，礼仪制度本身就属于文化的一种表现形式，儒家并不是礼仪制度的唯一诠释者。那么，汉朝的礼仪制度对后世有哪些重要的遗存和体现呢？香港科技大学人文学部教授吕宗力：

吕宗力：我们知道西汉初年，汉高祖并不在乎礼仪制度，那么后来当皇帝以后觉得朝廷里面没有一个制度，没有一个规矩，所以后来就让叔孙通出来帮他整理一套礼仪制度，叔孙通并不是真正的儒家正统的代表人物，应该是到董仲舒确立以后，儒家就立五经博士，那么立五经里面其中礼是其中一家，那么这个情况下汉代的儒学者里面有一批人是专门研究礼仪，他们就整理了先秦的文献，那么这样流传下来我们所谓三礼，《仪礼》、《礼记》、《周礼》，那《周礼》我们现在没有整理或者是后来重新编辑，变成看来比较早的原貌的是《仪礼》，然后经过春秋战国进行了调整到汉代也做了调整，慢慢地归纳出来。所以它讲的是先秦的制度，实际上这些文本都是汉代形成的。我们没有别的参考，我们就得参考这一套东西，甚至包括宋代的新儒家他们重新整理的礼仪制度也是根据这个东西。像到明清，南方很多的大家族，他们都有一些的家规，都有一些的祭祀的仪式也是根据这个里面的内容，所以从这个角度来讲，汉代形成的这一套礼仪制度对儒家影响很大，对中国传统文化影响也非常大。

坐落在汉文化重要发源地今天徐州市的江苏师范大学，在国内首次举办了“着汉服硕士毕业典礼”，这也正是汉朝礼仪制度的一种延续。

【朗诵】

巍巍中华，浩浩其行。负笈聆教，为学持恒。鸿儒传道，精益求精。星移斗转，校以我荣……

在编钟、笛子、威风八面鼓等充满古风汉韵的10多种乐器伴奏下，800多名硕士研究生身着汉式深衣汉服，走过学位门，宣告即将离开母校，迈进社会。穿汉服，奏汉乐，行汉礼，这种别出心裁的形式正是借鉴传统儒学的精华部分，弘扬传统文化。

身着汉服，重拾传统，类似于这样的活动如今在香港大学生中也是热度不减，一位来自香港理工大学的时尚女孩郭淑敏就对汉代文化十分感兴趣。对于汉服与汉朝的关系，她有着这样的疑问：

郭淑敏：我们看到的汉服都是起源于汉朝吗？

香港科技大学人文学部教授吕宗力：

吕宗力：我们现在所说的汉服实际上是比较笼统的说法，就是指汉族的服饰、风格，不是严格意义上的汉代的服饰，汉代的服饰男性是穿深衣的，就是上下连体，然后是绕一圈的，边上用绳子绑住。袍服以前是作为内衣，到唐代以后才开始作为外衣来穿的，现在穿深衣和穿袍服的可以同时出现，包括女性在汉代也是穿深衣，在唐代穿高裙，在宋代是襦和短裙，明代都不一样，我的理解是指汉族的服饰。所以说汉服，或者说我们汉族人，其实古人没有这种说法，他到唐就是唐人，到了宋就是宋人，到了明就是明人，没有都说是汉人，这个应该是民国以后的说法。

博大精深、浩瀚无垠的两汉文化是一个集萃八方百族文化的整体，两汉文化的发展，从某种意义上说就是代表着中华民族文化的发展，它所形成的影响渗透到中华民族发展的方方面面。一个历史悠久的文明古国，经过长期积淀而形成的灿烂的文化中，文学是最重要的组成部分之一。

【贾谊《吊屈原赋》】

恭承嘉惠兮，俟罪长沙。侧闻屈原兮，自沉汨罗。造托湘流兮，敬吊先生……

我们听到的这首由汉代文学家贾谊创作的《吊屈原赋》，它是汉初文坛的一颗璀璨明珠，这首以骚体写成的抒怀之作也是汉代人最早的吊屈之作，开汉代辞赋家追怀屈原的先例。“辞清而理哀”，南北朝时期文学家刘勰对《吊屈原赋》的这一评价的确是中肯之语，也道出了贾谊这篇短赋被历代文人心慕手追的原因。

如果说先秦文学是中国文学的发端，那么两汉文学则以汉赋、乐府诗及史传文学等在古代文学史上留下了灿烂光辉的一页。人们常说歌随时变，随着音乐的兴衰，诗的体裁也发生了变化。赋就是继《诗经》、楚辞之后，在中国文坛上兴起的一种新的文体，汉大赋虽然炫博耀奇，堆垛词藻，以至好用生词僻字，但在丰富文学作品的词汇、锻炼语言辞句、描写技巧等方面都取得了一定的成就。建安以后的很多诗文，往往在语言、辞藻和叙事状物的手法方面，从汉赋得到不少启发。从文学发展史来看，两汉辞赋的繁兴，对中国文学观念的形成也起到一定促进作用。北京师范大学文学院教授李山做了这样的解读：

李山：汉代赋的文学，是士大夫自觉自为的，是自愿的。在《诗经》里面我们知道，分风、雅、颂，“风”反映民间生活；“雅、颂”，班固在写《两都赋序》里说“润色鸿业”。人们所认为的大雅、小雅的文学作品在西周的整个礼乐文明建构当中，实际上把西周的王道精神传达出来了，所以在汉大赋的创作过程中，文人努力的是“润色鸿业”，当然不是一味地赞美，这是我们写文学的一个基本宗旨。中国后来所有的唐诗宋词的作者实际上都在遵循着跟汉大赋一样的精神，都是要为这个国家，为生命负责任。《诗经》的那个时代诗人作家还不突出，但是从汉代司马相如出现之后，就有一种“润色鸿业”，为伟大时代歌唱的精神。当然这种作品的审美价值不如后来抒情诗那么高，那是因为有诸多的主客观条件造成的。汉代文学的观念比较稚拙，比较质朴，比如我们现在看汉代的一些器物，不如像唐宋时候人们想问题那么灵动，它有一种敦敦实实的感觉，这恰恰是那个时代的特征。所以汉大赋是一种时代精神的表现形式，它在很多方面就表现了那个时代我们中国人对生活的理解是什么样子的。

汉赋作为“一代之文学”在国力空前强大的武帝时代走向鼎盛。生活在武帝时代的司马迁，以史学家的智慧和眼光，敏锐地捕捉到了汉赋这种艺术形式所体现的文化精神，因而对其格外推崇。鲁迅先生曾谈到司马迁这种爱赋的情结：“迁雄于文，而亦爱赋，颇喜纳之列传中。于《贾谊传》录其《吊屈原赋》及《服赋》，而《汉书》则全载《治安策》，赋无一也。”毫无疑问，《史记》在史学和文学方面的价值成为后世的不朽典范，它是中国第一部纪传体通史，同时也是一部非常优秀的文学作品，被鲁迅先生称为“史家之绝唱，无韵之离骚”是当之无愧的。

司马迁从历史纵深处一路走来，令无数后人敬仰，也穿越茫茫时空感动着千里之外研读他著作的学生，来自香港理工大学的郭淑敏同学不知多少次翻阅过《史记》，对于其中的经典篇目她都烂熟于心，当她穿梭在文学的海洋中，一个问题始终盘踞在她的心里：

郭淑敏：《史记》这样一部规模宏大的中国通史距离我们千年，后世的文学作品中还能找到《史记》的影子吗？对于后世在文学上具有哪些重要影响呢？

香港科技大学人文学部教授吕宗力：

吕宗力：《史记》的影响是多方面的，从史学，从文学，从政治，从哲学各方面都有影响。如果是从文学角度讲，就是叙事文学，一般就是所谓的唐诗、宋词、汉文章，中国文学这三个是大家认为是代表性的，汉文章的代表就是《史记》。后来所谓的古文运动，要扫除六朝的靡靡之风，要恢复雄浑阔大的气魄也是以《史记》为榜样，所以《史记》对中国的叙事文学可以说是一个奠基的影响。以前人写小说是按照历史来写，讲故事都是假装是写历史，哪怕是编的，他也是按历史题材来写，所以你像魏晋的志怪小说，唐宋传奇小说都是按照《史记》的叙事办法来写。

汉朝为考察民情并为政治所用，专门设置了乐府，收集各地民谣，相比产生于战国时期有韵的散文汉赋来说，五言的乐府诗是继《诗经》、楚辞之后古代民歌的又一次大汇集，它成为中国古代诗歌史上又一壮丽的景观。作为一种新的诗体，呈现出旺盛的生命力，它用通俗的语言构造贴近生活的作品，由杂言逐渐趋向五言。无疑，这种由文人创作，采自民间，并经文人加工而成的乐府民歌对后世诗歌的健康发展产生了极为深远的巨大影响。文化学者苏叔阳这样说：

苏叔阳：其实乐府对于元曲的影响都是很大的，对宋词的影响也很大。自从汉赋实行以来，唐以后就出现了一个庞大的诗人群体。

可以说，两汉文学在统治者的大力支持下蓬勃发展，无论是作家的文学素养，还是作品的数量和种类、思想深度和艺术水平都有极大的成就，为后世的文学在价值取向、审美风尚、文学样式等诸多方面树立了典范，很多时候，这种影响表现在感于哀乐，直面人生。

同样，起源于秦朝，由程邈形理而成，在东汉时期达到顶峰的隶书的出现，是书法史乃至文字史上的一次重大变革，从此，书法告别了延续三千多年的古文字而开端了今文字，字的结构不再有古文字那种象形的含义，而完全符号化了。它作为书法艺术，打破了原来篆书单一用笔的局限，而有了十分丰富的变化。汉代书法的雄强朴茂之风与当时的社会风气有关，汉代隶书蕴含着一种博大的气势，承上启下，上承篆书，下启楷书，是一个质的转变和过渡。

【董仲舒《公羊传·隐公元年》】

何言乎王正月？大一统也。

王者受命，制正月以统天下，令万物无不一一皆奉之以为始，故言大一统也。

这正是以董仲舒为代表的西汉主流学派《公羊传·隐公元年》中对于“大一统”的诠释，但作为一种“定于一”的政治文化理念和追求，它是一种拥有无限向心力的心声，一种积极开拓奋发向上的气魄，一种兼收并蓄包容一切的胸怀。“大一统”，让我们的民族从分散归至凝聚，就算经历再多劫难，心中仍有一个祖国的轮廓。为什么偏偏是中国人创造了中华大一统的奇迹？凡是存在的现象，必然有其存在的缘由。

“大一统”体现了中华民族文化的心理，是融合和汲取了各种类型文化精髓的“大一统”文化。对于“大一统”文化对后世中国人产生的根深蒂固的影响，北京师范大学文学院教授李山做了如此的解读：

李山：整个从西周王朝实际上是一个相对统一的，这个统一比较松散，但是它是有机的。结果这个破碎了以后，诸侯兼并，七国争雄，干了五百多年，秦朝总算把大家统一下来了，之后仁义不施，马上变攻势为守势，迅速地垮台，所以汉帝国实际上用了一个郡县制的方式，它遵循了秦代的模式，但是比秦国做得要好，最终形成统一，用儒家和法家相结合的一种方式把整个的中国大片地统一起来，从此再也没有战乱了。一个王朝就开始休养生息，变得强大，这个后来就变成了中国人的一个理想。看中国的历史，只要是没有异族入侵，中国不会分裂，中国后来的分裂都是因为北朝有些人群向中原进取，他们在文化上要向中原看齐，所以就会出现一种民族融合之前暂时的分裂，实际上每一次暂时的分裂都是为下一次民族的大融合、大一统准备力量，历史就像一呼一吸，一呼一吸，中国的历史方向永远取汉朝的大一统，这是中国到今天永远没有放弃的一个民族方式，只有这样我们才能强盛，这是一个文化的需求。

中国的大一统思想由来已久，两汉文化在汲取了华夏八方百族文化精髓的基础上逐渐形成雏形，这些文化的产生与形成都是与其所处的地域及政治环境密切相关的，比如荆楚文化，它是汉文化形成与发展的最基础的文化类型之一，是当时刘邦诞育地区的本土文化；再如齐鲁文化，也就是儒学文化，这一地区主要从事农业和蚕丝织业，并因临海而富于鱼盐之利，故而形成了这一地域的文化和习俗特征。确切地说，汉文化的很大成分来源于齐鲁文化，即儒学文化。

除此之外，中原文化、关中文化、北方文化、巴蜀文化、吴越文化等都曾对汉文化的形成产生过一定的影响。同时更多的则是受后来汉文化的影响，形成了全国一统的“大一统的汉文化”。对于“大一统的汉文化”对今天中国所产生的重要影响，香港科技大学人文学部教授吕宗力有着很深的体会：

吕宗力：在我看来，“大一统”首先是社会政治的需要，这个社会政治需要源自于中国的地理环境和经济生产方式，从而建立起一种政治制度，也就是统一的中央集权的倾向，那么在这样的社会政治环境下面，意识形态、思想观念相应的配合。之所以有大一统的观念和文化，是因为有实际的社会经济、自然环境和政治的需要。“大一统”有不同的方式，但是真正的中央集权式的，比较有效的“大一统”架构是从秦代开始的（从秦始皇开始的），但是秦因为短命，所以由汉更完整地发展了这套体系，这套体系当然对后来无论从政治制度、意识形态、文化、地理环境都有很大影响，最后还是分久必合，走到统一的中央集权控制下的大的共同体。从隋唐以后除了短暂的分裂以外，中国一直能够长时间地维持比较统一的大王朝，这个在世界其他地方是比较少见的。

大一统在中国之所以一成不变，一个重要的原因是，从古至今，一直有许多中国人热爱、推崇大一统。唐朝大诗人李白曾赞叹道："秦皇扫六合，虎视何雄哉！"明朝文学家李贽在《藏书》中尊始皇为"千古一帝"。随着时间的推移，大一统的逻辑中派生出来的许多观念使得大一统在中国人的心灵中扎下根来，中国人对大一统形成了精神上的依赖。而此后中国的政治思想发展，进入了一个新的纪元！

汉字、汉语、汉文化在悠悠历史岁月中，交流融合，去粗取精，去伪存真，进而形成一种新的文化类型。特别是经历了秦始皇、汉高祖两次"大一统"的荡涤之后，基本上形成了一种新的文化雏形。经过汉代文、景、武帝的实践锤炼，使之成为较为稳定的民族文化。

风云变幻、日月交替。正如一些专家学者所说，今天的我们越是远离两汉时期，越发觉得历史的珍贵，从历史中汲取精华，古为今用。风云两汉，积厚流光！

盛世大唐

第一集　建基立业

陕西历史博物馆讲解员：首先我们看到的是当时唐代都城长安城的平面图，当时的长安城可以说是世界上规模最大、最繁华的都市，整个占地是83.1平方公里，是我们现在西安城的7.5倍左右……

西安，陕西历史博物馆，随着讲解员的讲述，唐长安城的恢弘气象渐渐在人们的脑海中浮现出来。

陕西历史博物馆讲解员：外面这个部分外廓城，官吏百姓居住，由108坊和两市组成，是以朱雀大街为中轴线的，它就将外廓城划分成东西两个部分，东边有东市，西边有西市，人们进行国内外贸易交易的场所。唐代都城人口多少呢？达到上百万，而且百分之五是外国人，名副其实的国际性大都市啊！

唐长安城，是当时世界上规模最大的城市，《全唐诗》开篇第一首唐太宗的《帝京篇》，足以描绘这座当时世界上首屈一指的大都会的宏伟气魄：

秦川雄帝宅，函谷壮皇居。绮殿千寻起，离宫百雉余。连甍遥接汉，飞观迥凌虚。云日隐层阙，风烟出绮疏。

公元626年，李世民登上帝位。瓦岗军狼烟烽火的余温犹在，空气中还弥散着玄武门之变的血腥，历史几乎没有给这个在血与火的淬炼中成长的帝王喘息的机会，一个泱泱大国亟待他施展胆略和铁腕。中国人民大学国学院教授孟宪实：

孟宪实：这个时候的历史总结，对于唐朝的统治者来讲，不是个历史学的问题，是一个典型的政治问题。那么隋朝是怎么灭亡的呢？简单地说，隋朝就是因为富强而灭亡的。贞观十几年的时候，唐太宗跟大臣们讨论一个问题，特别可笑，讨论隋朝留下来的粮食还能吃多少年。有人说四十年，有人说六十年，你说隋朝多富有啊！可是那时候隋朝已经灭亡好多年了。这么富有，这么强盛的一个朝代，它怎么这么快的就嘎嘣了呢？因为富强的不是社会。隋朝的问题就是两极分化过于严重，国富民穷。所以富强应该是人民富，国家强，这才安全。可是隋朝灭亡这件事对唐朝来讲也是个重大问题，决不能重蹈覆辙，这也是政治理性的一个表现。

公元632年11月的一天，李世民兴致勃勃地回到长安以西武功县的庆善宫，这里是他的出生地。不过，此行的目的不是为了寻找儿时的回忆，而是要模仿汉高祖和光武帝回到故乡，召集当地父老飨宴的故事，在庆善宫设宴招待德高望重的父老。纵然是贵为天子，也免不了有一份荣归故里的情怀。在欢宴中，太宗创作了这首《功成庆善乐》来庆贺新王朝的伟大功绩：

寿丘惟旧迹，酆邑乃前基。粤予承累圣，悬弧亦在兹。弱龄逢运改，提剑郁匡时。指麾八荒定，怀柔万国夷。

太宗诗中承继百王之末的崇高使命感与循躬励己的现实危机感复杂地交织在一起，为我们展示出一位杰出帝王纷繁的内心世界。强国需要理想，更需要智慧。在前朝的基础上重建新的政权，最简单的选择就是不破不立。然而，唐朝政权的建构，并没有全盘否定隋朝的统治。孟宪实：

孟宪实：所以回顾历史的话，我们就看到唐朝的统治者在发兵之初已经设置好如何转型。如何转型？一个在政治上的标志，就是承认当初的敌人也有合理存在的理由。这也很不容易的。

隋朝建立了一套以三省六部制为核心的中央官僚体制。唐朝建立后，承袭隋制，虽略有所改，但基本上没有摒弃隋代模式。可以说，面对隋朝留下的政治遗产，唐朝并没有刻意地去破旧立新，而是兴利除弊。

“会当凌绝顶，一览众山小。”杜甫的《望岳》诗写尽了泰山俯瞰天下的气韵与魂魄。毋庸置疑，唐代是中国古代历史群山中的泰岳、文明星河中的北斗，也只有在这样伟大的时代，诗歌才会展现如此的胸怀与视野。尽管唐代离我们已经非常遥远，但是每个中国人心中都有一个盛唐的情结。唐代究竟有着怎样的魔力，让今天的我们有着如此多美好的遐想？

记者：唐朝给你印象最深刻的是什么？

香港青年1：唐朝啊，应该是一个很辉煌的时代吧，文化传得挺远的，别人称我们为唐人嘛，影响力很深。

香港青年2：我对于唐朝的印象就是一个相当发达的国家，甚至好多日本的文化都是和唐朝的文化有关系。

香港青年3：女人都很丰满……

香港青年4：在我的印象中就是盛唐啊，很繁华，然后……国力强大，是中华文化的顶峰吧，可以这么讲……

一组对香港青少年的随机采访，为我们粗略地勾勒出今人对唐代的印象：昌隆、丰满、繁荣的文化、华彩的艺术，几乎囊括了一个盛世具备的所有软实力。而这一切的基础，是唐代经济的崛起。

自孙吴、东晋等六朝发展的江南经济持续提升，已经显出超越黄河流域的趋势。唐朝开始的经济重心南移，使得国家的物质生产有了新的更为强劲的动力。以至于安史之乱后，尽管北方战乱不休，但仍然可以依赖江南的经济而持续复苏，中国经济进入了更高的发展阶段。而沟通南北的正是隋唐大运河。这条贯通中国南北方主要经济区域的人工水道，曾经因为杨广的暴政而成为葬送隋朝的洪流，也因为唐朝适度合理地开发而成为财源滚滚的经济动脉。中国京杭大运河博物馆研究员石永民：

石永民：唐初，一个是吸取了他的教训，就是“劳民太甚”，“用民太急”。所以唐代吸取了教训以后，在这个运河的管理上，使用上花了很多工夫，唐太宗李世民很注意“与民休息”（的政策），后来就达到了贞观之治了，国家就很富强了，这条河也发挥了很大的作用：沟通了南北，北方的先进的耕作技术、铁器铸造技术都能够传到南方，那么南方的丝绸啊，茶叶啊，特产啊也能够往京城送。整个天下的财富一半以上是通过这条河运过来的。江南、江浙、江淮、两广、湖广……这些稻米源源不断地（运往北方）。国家有米，手中有粮就不慌，整个国家就富强起来了。有了粮食你也可以开疆扩土啊，整个的国家治理啊，国家性工程啊都可以开展起来。到了一个地方，经常要住宿啊，要怎么怎么，一个地方就繁盛起来了，城镇因河而兴。

扬州博物馆，讲解员在复原的唐代扬州夜市景观前为我们描绘着扬州曾经的繁华：

讲解员：这个是仿唐一条街的夜景，做的是唐代夜市。因为当时全国都是要宵禁的，朝开夜闭，商店统一开门，统一打烊，都是扬州经济好，所以打破了这个政策，就有这种夜景了。也是因为全国只有扬州有这种夜市嘛，所以吸引了很多诗人过来和商人过来。商人过来扬州经济就更好了，诗人来的话扬州的诗就多了，最有名的就是“二十四桥明月夜，玉人何处教吹箫”，还有《春江花月夜》……

如果唐朝的诗人心中有一个城市魅力排行榜，扬州排在第一，也许是实至名归的。唐代，是这座城市荣光的记忆，这是一座和着唐诗的平仄而气韵生动的城市，虽不是政治中心，却成为了重要的经济文化中心。

一座城市的兴衰有很多偶然性，但扬州在唐代走进黄金时代却有着某种必然：作为运河的交通枢纽，以扬州为代表的沿线城市逐渐崛起。在扬州南门遗址，扬州市文物考古所研究员薛炳宏为我们介绍了遗址下所隐藏的唐代扬州城经济繁荣的秘密。

薛炳宏：南门（遗址）发现了，就确定了扬州这个城跟古人写的一些诗是很对应的。就是“春风十里扬州路”啊，它确实有十里。二十四桥就在这个南门遗址西边那个河道一直向北的一个主要的公河上面，总共有二十四座，南门就在这个河的东岸。东岸也是重要的繁华地段，这个呢就是诗里面说的“春风十里扬州路”，就是这条路上，都是街市、里坊，都很多的，都是很繁华的地方。因为在这个河的东岸，据我们一些考古（发现）还有市，还有夜市，就像古诗里面“夜桥灯火连星汉”，夜市就是晚上都营业。扬州是个开放性的城市，就从这些东西都能够看得出来。

【京剧 《贞观盛世》选段】

唐太宗：以铜为镜，可以正衣冠；以人为镜，可以明是非；以史为镜，可以知兴替！

这是京剧《贞观盛世》中的经典唱段，太宗与魏征二人一番推心置腹，唱出了唐朝的为政之道。明君贤臣，堪称典范。

魏　征：君臣莫逆近十载，

唐太宗：争过多少回，

魏　征：红过多少脸，

［合］：却总是雨霁云消现晴天。

唐太宗：前朝事，做镜鉴。

魏　征：情相通，君臣缘。

［合］：共筑盛世社稷安。

太宗一朝，贤臣辈出，仕途坦荡，很大程度上得益于唐朝不断成熟的科举制度，为官吏的选拔和任用提供了大量优秀的人才。科举制度产生于隋朝，发展于唐朝，是我国封建社会中延续时间最长，影响范围最广的人才选拔制度。唐朝的科举制度更加公平，让大量出身贫寒的士人也能够通过科举考试进入官僚阶层，很大程度上推动了社会的发展。不仅如此，在香港树仁大学历史系副主任罗永生看来，科举还进一步削弱了魏晋以来士族门阀集团的势力，巩固了中央集权：

罗永生：李唐王室，他出身不是文化大族，其实社会上还有一些力量，觉得李唐王室出身不太高贵，你只是政治上有话语权，我社会上还有别的价值观可以凌驾于皇权之上。可是李唐皇室比较聪明，他紧紧地掌握了科举用人权。那么高门大族必须要跟统治者合作你才有前途啊，所以科举这个很重要，它把读书人的前途都掌握在他们的手中了。我们现在的管理学来说，人事权是很重要的。

与清朝末年科举考试的积弊沉疴不同，唐代统治者很好地运用了这一工具，优秀人才因此能够崭露头角。中国人民大学国学院教授孟宪实：

孟宪实：科举考试考什么呢？考诗歌的时候啊，它要规定韵脚的。规定一个韵，你按这个韵去押。因为中国方言太多了，所以很多当官的人到了地方，跟地方老百姓对不了话，所以考诗歌对普通话有提高。唐朝的官员都要考试，但考试比较活，它一般是考“判”，给你一个案子，把这案子描述一下，特复杂的那种案子，然后让你用你的专业知识、司法和道德水准去评判，这就是考察你的实践能力。

曾有学者论证中国的科举制对西方制度产生的重大影响，指出1570年至1870年间在西方出版的涉及中国科举的文献超过百种，这些史料说明，英美等国建立的文官考试制度受到中国科举制的启示和影响。科举考试“公平竞争，平等择优”原则的合理性、近代欧美国家政治经济文化发展的现实需要、文官选用方法发展的内在要求，使得西方国家借鉴科举制度建立了现代文官制度。

科举制有利于社会公平公正，也促进了社会稳定。以此为基础，唐朝的吏治也体现出了优越性。在那个空前开放包容的时代，世界文明的火炬再一次传递到了华夏大地。那时的中国更像是一块磁石，吸引着世界各地的人们来此逐梦。西安大唐西市博物馆藏的一对胡人立俑就反映了这样的历史现实：

讲解员：我们看他的五官，高鼻深目大胡子，两个人都是胡人的面貌特征。两个是一对唐代胡人在唐做官的实物资料。研究学者证明是五品以上的高官，那五品的级别就相当于现在的市长。那当时在大唐那样一个社会背景下，统治阶层他们觉得世界都是我大唐的，只要是有才华的都可以来为我大唐服务。

青藏公路，瑰丽壮美的景色难以驱赶长途跋涉的疲惫与寂寥。

一千三百多年前，一个女子肩担着两个王朝和睦友善的托付，也是行进在这条充满艰险的长路上，为闭塞的雪域高原吹来了一股清新的风。

【实景剧　《文成公主》片段】

吐蕃赞普松赞干布遣使者禄东赞大相求婚大唐——

宣文成公主——

宣文成公主——

贞观十五年，唐太宗派江夏王礼部尚书李道宗护送文成公主入吐蕃，唐、蕃和亲。从此200多年间，少有战事，两地使节频繁往来，终于在长安与拉萨之间，踏出了一条3000多公里的唐蕃古道。

位于拉萨市中心的大昭寺，供奉着当年文成公主从中原带来的释迦牟尼等身像，因而在藏传佛教中拥有至高无上的地位。真实的历史融合了信仰与传说，揭示了汉藏文化交流的诸多往事。大昭寺解说员达瓦次仁：

达瓦次仁：松赞干布当时他就了解到当时在中原，佛祖释迦牟尼十二岁的等身像在中国。直接提出要求“这个宝贝送给我”，肯定不行。那他就千方百计想办法，先迎娶一下这些公主。公主嫁过来的条件答应之后，他就给他们提出要求将这些佛像带过来，同时他也答应修建这个寺庙。藏王他建立这个大昭寺的主要目的是（希望）佛法传播到藏区各个地方。但是今天大昭寺的主供佛、镇寺之宝还是文成公主从长安带来的佛祖释迦牟尼十二岁的等身像。

每天清晨，大昭寺门前都会聚集四面八方的信徒。当刻满六字真言的经筒徐徐转动起来，大昭寺门前的一座高大的石碑也笼罩在了袅袅香烟之中。在藏民的心目中，这块碑与庇佑众生的佛像一样，会带来安宁与祥和……

达瓦次仁：唐蕃会盟碑，这个碑，当年唐朝西安也立了一个石碑，藏汉接壤（的地方）也立了一个碑，拉萨这边就是这块石碑，它（的意思）就是世世代代和睦相处，不打仗，尊重辖地，就是这种意思。

唐太宗实行开明的民族政策，从而开创了华夏各族和谐相处、长治久安的贞观盛世，被各少数民族尊为“天可汗”，即天下共主。这是中原王朝在多民族融合中取得的伟大业绩。

如同一个热情昂扬的青年，这样一个气魄雄浑的王朝纵横在自己日渐辽阔的版图上，一路高歌“海内存知己”。然而它似乎并没有满足于此，当唐太宗不断地为新生王朝夯实基础的时候，帝国还在悄悄谱写着一曲气吞万里、俯仰四海的宏大乐章，这个乐章有一个更具国际视野的主题，或许我们可以称之为“天涯若比邻”。于是，一个万国来朝的盛唐即将鹊起于世界的东方。

【歌曲 《唐诗》】

An old sold wine beyond the city,

路遇翁卖酒，

By the road to the moat in the rain,

雨沥城门净。

He said that is named Chang An,

翁言谓长安，

So I believed the poet wound be found.

遂入观其景。

Ah I see great buildings,

楼穷现煌宇，

Ah in them poets drink and sing.

骚客共歌饮。

Ah I pass the palace,

大明宫前过，

Ah flowers bloom around me.

袖畔繁花生。

Ah I see Buddha statue sits,

佛坐莲花落，

Ah I see the Emperor through the street.

帝过千人迎。

第二集　西游东渡

2015年5月，印度总理莫迪踏上了中国西安的土地。现代化的交通运输工具让这种跨国的访问与交流变得便利与迅捷。而在1300多年前，从这个城市出发，中国有一位僧人却开创了载入史册的徒步旅行壮举，跋涉了一年的时间，到了时称天竺的古印度。这段经历，经过后世的不断改编，加入了神话玄幻色彩，成了我们熟知的《西游记》；而这位百折不挠，不到西天绝不回头的玄奘法师也成为了中国与古印度文化交流的亲历者与实践者。

【电视剧　《西游记》片段】

观音菩萨：只是那西天路途遥远，多有虎豹妖魔，只怕有去无回，难保生命。不知法师敢去否？

玄奘：我已发了弘誓大愿，此去定要直至西天，不得真经誓不回还。

《西游记》是被后世改编最多的古典名著，而后人在影视剧里对于玄奘也有着诸多的解读与再现。无论是宝相庄严还是唠叨话多，玄奘的一个韧劲没有人敢否认——就是在漫漫征途中的不放弃。中央民族大学的教授陈楠也曾顺着当年玄奘的西天取经之路到达了印度，她说，只有自己真正走过，才明白玄奘在那个时代的不易以及延续到今天的文化影响力。

陈楠：玄奘法师是我非常崇仰的。我在印度德里大学佛教系留学过一年，寻着玄奘法师的足迹走过了他去过的地方，比如说那兰陀寺他学习过的地方，还有阿旃陀石窟，还有埃洛拉石窟，我都去参访过。我觉得，玄奘在中印文化交流、佛教文化交流等方面，贡献可以说前无古人，就是说在唐玄奘以后达到了一个前所未有的高峰。玄奘他从印度带来很多卷的经典，大家都知道专门修了大雁塔来藏经，唐代中国对于佛教的理解和认知，对于中国文化的一种融合程度达到了一个高度，而后就是陆续地产生了中国自己的佛教教派。

莫迪在西安，与中国国家主席习近平一起登上了位于大慈恩寺内的大雁塔。距今1360余年的大雁塔，在晨曦中，显得素朴端宁，当年它是玄奘法师为保存由天竺经丝绸之路带回长安的经卷和佛像修建而成。历经了岁月的洗礼，大雁塔显得安适从容。每天来到这里参观的人络绎不绝，慕名而来的各地游客到了这里最爱说的一句话就是“这是当年唐僧待过的地方”。

历史人物往往会以脸谱化的形式留存在人们的记忆里，简单却形象凸出；他的历史功绩也以故事的形式在口耳之间发酵。当我们把这位在我们印象里身穿锦蓝袈裟，骑着白龙马的唐三藏还原到历史中的正确坐标，就会看到一个繁盛的古代王朝留给今天的文化遗产。

玄奘是唐朝人。在我们的印象里，唐帝国是一个繁荣富丽的帝国，创造了中国历史发展当中的一个极盛时期。

“山河千里国，城阙九重门，不睹皇居壮，安知天子尊。”骆宾王的《帝京篇》，充分描绘了规模宏大的京城长安的雄浑气派。唐代的长安是一个国际大都会，区域划分明确的规整街道上胡姬开的酒馆里葡萄美酒醇香醉人，高眉深目的波斯人在这里忙着生意与交往，偶尔还可以看到来自西域的胡僧停下来潜心清修……而这个城市的主人对此司空见惯。陕西师范大学历史文化学院教授沙武田说，唐代统治者鼓励胡人来到中原，鼓励他们在这里定居，还给他们户口：

沙武田：长安城里不是有西市嘛，有着各种各样的胡人。唐代对于胡人的态度就是，来了之后有些人就直接进入到了部队，胡人打仗比较厉害，慢慢通过军功就进入到官僚体系了。还有一类人是和汉人通婚，通过攀附大姓也是跻身上层社会。因为这些胡人来长安之前大部分是这样几类：一类是商人，这是最多的；另外一类就是各种手工业者，胡人最善于手工业；还有一种就是技术人员，比如说跳舞的，表演幻术的，驯狮的等等专业技术人员。

当时的长安城里，各种文化状态和谐相处，在高度的文化自信中，长安或者说唐帝国正以一种海纳百川的姿态吸收融合着这些文化的内核与外在。长安城里，胡风盛行，不管是饮食还是服饰、音乐都有着鲜明的西域特征。

“南山截竹为觱篥，此乐本自龟兹出。流传汉地曲转奇，凉州胡人为我吹。”诗人李颀品味胡乐之余没有忘了用汉民族的诗歌加以描摹，音乐的熏陶淬炼出了文字的美妙。

“帐前跪作本音语，拾襟搅袖为君舞。安西旧牧收泪看，洛下词人抄曲与。扬眉动目踏花毡，红汗交流珠帽偏。醉却东倾又西倒，双靴柔弱满灯前。”诗人李端笔下的胡腾儿先以汉民族的习惯行跪，再以本民族的习惯施礼，其友好之情可知；诗人也不管艺人能否读懂并演出自己的创作，真情相赠；各民族之间的感情，在这里得到了充分的交流。

“胡音胡骑与胡妆，五十年来竞纷泊。”元稹一言，足以说明外来文化为唐人所带来的精神滋养与多彩的生活内容。在不同文化的交融面前，唐人很少感到过不妥或者是威胁，他们自觉或不自觉地认为，不同国家的文化交流是生活的常态。也许，这与他们的统治者本身有关。北京大学中国古代史研究中心主任荣新江：

荣新江：唐代的统治者是不是胡人，放在学术层面上去争论是可以说的，但是这只是一种说法，还有另外一种说法，就是唐朝的祖上可能是赵郡李氏的破落户，河北那地方人。不能说唐朝皇帝就是胡族出身，但是他们有很多胡化的倾向，就是说他们不太尊重中原的儒家伦理，因为他们都是西魏，就是从鲜卑的时代来的人，就是唐朝前期的那些皇帝都是受鲜卑化的影响，笼统地说都是受胡化影响。

中国古代中原王朝与外界的交往，论其渊源，可以追溯到先秦时期。儒家文化中夷夏观念的最初确立，也是在此时。自秦汉直至魏晋南北朝，虽然统治者也屡有向外拓展的设想与实践，而且取得一定成效，但总体来看，仍显原始与单一。接近现代意义上的民族关系形态、国家关系形态的真正确立，则是到了隋唐时期，不仅中原王朝的国家制度体系日趋完善，周边诸政权也逐渐建章立制，进入具有稳定的行政组织形式的文明历史发展时期。在此基础上，与此前各代相比，唐代外交呈现出官民互动、双向多层、持续深入的良好态势。与此同时，安史之乱之前的唐帝国登上了中国乃至世界古代文明史上的一个绝对高度。这个高度有多高？中国人民大学国学院副院长孟宪实给我们讲了这样一个例子：

孟宪实：这个高度是需要我们努力才能理解的。每年正月初一的时候，大臣都要向皇帝拜年，拜年的时候文一队，武一队，大臣够四品以上都会见皇上，为皇上拜年。这时候各国的使者和各国的国君，有的是使者有的是国君，也会来给中国的皇帝拜年，也是要站成两队。那么哪一个国家站到哪个位置上是有讲究的，其实是根据他的国际地位来排队。开元天宝唐玄宗的时候，日本的使者就表示了不同意，因为他被排到新罗的后面，他要向中国提出不同的意见，说什么？他说我们不能站在新罗的后面，我们的地位不能低于新罗。为什么？因为历史上新罗曾经向日本称臣，虽然后来新罗统一了朝鲜半岛，但是它毕竟向我们称过臣，我们怎么可以站在它的后面呢？唐朝政府还要认真对待，最后调整队伍，让日本站到另外一个队伍中，不在新罗后面了，在另外一个队伍里，跟新罗平起平坐，这样日本就感到满意了。这种排队，就像做游戏一样，这个队由谁排？在东亚是由中国来安排的。

中原王朝与外界的交往在唐代盛行的诗歌中也屡有反映。

【李白《哭晁卿衡》】

日本晁卿辞帝都，征帆一片绕蓬壶。明月不归沉碧海，白云愁色满苍梧。

李白在这首诗里悼念的日本晁卿就是阿倍仲麻吕。唐开元五年，也就是公元717年，阿倍仲麻吕随日本第九次遣唐使团来中国求学，学成后留在唐朝廷内做官。与当时著名诗人李白、王维等友谊深厚，曾有诗篇唱和。在唐代的对外文化交往中，日本与新罗都派遣了大量的人员来学习。首都师范大学历史学院院长郝春文：

郝春文：对当时日本和新罗的影响是很大的，这些影响就是说很多方面：因为唐代是个法制社会，日本大化改新基本上是借鉴唐代律令制度建立自己的制度；另外就是建筑，我们现在去京都，到它的古都奈良去看，那些建筑都是仿唐代建筑来建的。其次就是对新罗，因为当时有大量的日本和新罗的留学生在长安这个地方，应该说对东亚的影响非常大。所以我们就说，当时有个汉文化圈，而且就像新罗，后来就是朝鲜，他们一直到咸丰的时候，他还是用中国的名号。

【影视剧片段】

这些是我在大唐的所见所闻，详细记录下来呈现给天皇陛下。

哦，原来是这样。

我还有一个愿望，不知道能否实现？

什么愿望？也许我能帮得上忙。

大唐的建筑瑰丽雄伟，不是我们国家所能比的。不知道能否向你们要一些建筑的图纸，我们回国之后也好模仿。

嗯，这个并不难，我会派人安排的。

在宁波博物馆，保留着一件唐代的通关文牒，也就是现代意义上的护照，同时还具备了签证的功能。宁波博物馆宣教部副主任黄勉免：

黄勉免：当时日本有个僧人最澄，就是在宁波登陆，然后前往天台山学习佛教。他当时就带了两个非常珍贵的文物，就是在通过关卡时的通关文牒和所带器物的一个目录登记。

记者：这个就是那个通关文牒？这么大？

黄勉免：对，我们现在的签证都很小。你别看这个通关文牒大，它记录得非常详细，名字、身份、国籍、来的时候带了什么东西、随从有几个、他们的身份是什么、他回去的时候随身都带了什么器物，都要经过仔细的登记。

手持着通关文牒，日本和新罗的遣唐使一批又一批来到大唐帝国，学习这里的制度、文化，回去之后复制到自己的国家。日本东京农业大学农学部主任山部能宜：

山部能宜：我原来研究的就是法相宗，在奈良还有兴福寺和药师寺，都是很大的寺庙，他们的宗派就是法相宗，这个就是来自于唐代玄奘法师从印度带回去的佛教经典。这样的传统还在日本活着呢。

韩国又石大学孔子学院教授辛炯禹：

辛炯禹：唐朝的时候在韩国各个地区发现的陶瓷，陶瓷里面是唐三彩，这个挺多的。特别是在清州，或者我们在韩国说的湖南地区发现的也挺多的。

扬州在唐时就是繁华富丽的地方，“腰缠十万贯，骑鹤下扬州”，大运河和海上丝绸之路的畅通共同缔造了扬州的繁华。跨越海浪而来的是不同国家的商人，追逐利润的天性让他们来到了富庶的唐帝国，也让不同国家的文化在这里交织、共存。扬州博物馆的馆藏文物里就有很多的例证：

讲解员：这对耳环这个一看感觉上就不是我们唐朝的，我们唐朝不用这种耳饰的。当时扬州有个官河，官河两旁边都是手工业的商铺、店铺，比如说胡人在那边做生意，平常他身上佩戴的一些首饰。当时珍珠是产自波斯湾的，这个跟我们本土的珍珠不太一样，从整体造型来看，有很浓郁的西亚风格。

记者：这些珠宝都是从西域过来的吧？

讲解员：应该是的。有可能就是他自己带过来，自己佩戴的。

记者：这个挺漂亮的。

讲解员：这个有好几个，除了有这种样子的，还有其他的，还有戴的戒指，唐代人戴的戒指，应该也是胡人佩戴的戒指，还有其他风格的耳环。

这些精美的器物直到今天依然会让来扬州博物馆参观的观众惊叹不已，巧夺天工的手艺后面是文化交融带来的互相借鉴与学习。如果说商人的追逐利润是天然的自发过程，那么唐帝国海纳百川的气度则是给这种往来以最强烈的引导。足够的自信才不会恐惧外来文化的侵扰，宽阔的眼光才能将视野放诸海外。

在唐代对外文化交流的历史上，有两个人物是突出代表，他们都是佛家弟子，一位是西游的玄奘法师，另一位就是东渡的鉴真法师。鉴真法师在东渡日本之前，曾经在扬州的大明寺担任住持。由我国著名建筑专家梁思成先生设计的鉴真纪念堂就坐落在大明寺里。在鉴真纪念堂，任永法师指着鉴真法师当年东渡日本的航船模型说：

任永法师：鉴真大师东渡日本的时候已经是55岁了，55岁在当时来说，应该来说也是一个比较大的岁数。他当时从55岁发愿去东渡，一直到66岁，前后经历了12年的时间，然后才最终到达日本，所以这个遣唐使的官船放在这边呢，就是来纪念这个鉴真大师。六次可以说是九死一生，但是这一切艰难险阻没有对鉴真大师造成心理上或者其他的一些障碍，他最终还是成功地最后到达日本，把中国的盛唐的文化传到日本。

佛教自汉代传入中国之后，经历了不同朝代崇佛、灭佛的起起伏伏之后，到了唐代已经经过中国文化的改造，成了中国人精神世界的一部分。作为世界级的宗教之一，佛教也在中外文化交往中扮演了重要角色，无论是佛教徒还是佛教艺术成果都是历史与文化的记录与传承。如果说，在唐代对外文化交流中，玄奘与鉴真是代表人物；那么，敦煌莫高窟中的众多雕塑与壁画则是丰硕成果的代表了。在敦煌莫高窟，讲解员正向参观者做着介绍：

讲解员：大家来看这些飞天，在唐代，飞天是女子的形象。在莫高窟，所有的飞天表现形式是不会用大朵的云彩来作为依托的，全部是用丝带飘舞的程度来展现她飞舞的身姿。每一位飞天的手中是拿着不同的乐器的，有口子型的乐器，这叫方响，这叫鼓琴，这是箜篌，这是反弹琵琶……

莫高窟，俗称千佛洞。它始建于十六国的前秦时期，历经十六国、北朝、隋、唐、五代、西夏、元等历代的兴建，形成巨大的规模，有洞窟735个，壁画4.5万平方米，泥质彩塑2415尊，是世界上现存规模最大，内容最丰富的佛教艺术地，也是中外文化交流的艺术结晶。作为研究莫高窟长达50年的专家，在说起唐代中外文化的交流时，樊锦诗滔滔不绝：

樊锦诗：敦煌的洞窟里有两个经变，一个叫维摩诘经变，维摩诘在和文殊菩萨论道，辩论的时候很多中国的皇帝跑去听了，外国的皇帝或者说多民族的国王、使臣都跑去听了。画面下方留下了很多深目高鼻，卷头发，穿了各种款式的衣服（的人）。中原有个大画家叫阎立本，他画过一个皇帝接见各国使臣的《职贡图》，画了好多外国人，隋朝以前都没有画过。还有就是158窟的大卧佛，他的脚丫子那边画了好多亚洲各国的国王，有中国的，也有东亚的……

一千多年前的唐代，陆上和海上两条丝绸之路在这个蔚蓝的星球上画出了两条美丽的曲线，它们连接了不同国家、不同种族的文化成果，风浪的袭击与风沙的粗砺都无法阻挡人们互相了解与交往的步伐，怀着对于未知世界的好奇，古人们以生命为代价迈出了坚实的步伐，也为今天的我们留下了历久而弥新的璀璨华章。

第三集　唐诗诗唐

【电视音响】

大型文化益智类电视节目《唐诗风云会》座谈会今天在西安召开。《唐诗风云会》是陕西自主研发的大型文化益智类节目……

2015年3月，内地一档以唐诗为主题的大型益智节目《唐诗风云会》火热开播。

【电视音响】

主持人：这是诗的王朝，这是诗的海洋……

这档以选手比赛形式邀观众一起品唐诗，忆唐人，煮酒论剑，诗梦大唐的节目一经推出，反响巨大。

【电视音响】

选手1：锄禾日当午，汗滴禾下土。

选手2：我来自大唐长安。长安，是唐诗的家园。

选手3：欲渡黄河冰塞川。

选手4：天子呼来不上船。

选手5：穿花蛱蝶深深见。

选手6：轻舟已过万重山……

在娱乐节目占据荧屏半壁江山的今天，一档传统文化节目何

以有着如此强大的生命力?《唐诗风云会》主持人、北京师范大学文学院教授康震:

康震:所以我就发现这个高手在民间,热爱在民间。我是研究唐诗的,那我肯定对唐诗感兴趣。但我接触到的选手绝大部分他不是职业者。摆摊儿的、民警,甚至是退休大妈。但是他们对于唐诗的执着和热爱是超乎我的想象的。唐诗呢它有一个特点,总的来讲,语言是比较简明的,她所使用的意向都是我们熟悉的,传递的意蕴确实非常深远的。所以虽然隔了一千多年,但我们今天这些现代人、当代人读起来,就感觉像昨天才写的,跟我们之间没有隔阂的。

中国是一个以诗为歌的国度。千百年来,一代代的诗歌佳作滋养了无数或欢愉,或孤寂的灵魂。而中国的古典诗歌又以唐诗为最。

北宋诗人王安石说:“世间好语言,已被老杜道尽。世间俗语言,已被乐天道尽。”台湾学者蒋勋常常用“花季”来形容这个时期。他说:“在这个朝代让我们感觉到生命的整个精神完全绽放开来,好像忽然之间全部的花都开了。”西南民族大学文学与新闻传播学院院长徐希平对诗歌为什么能在唐代繁盛作了这样的概括:

徐希平:外部的原因,首先它的国家非常强大,版图非常辽阔,经济非常富裕,政治上和平清明,知识分子是敢于发出(声)的。发出(声)也不会遭到什么迫害。宁静的环境,人们就愿意出去交流,这样的话让唐人的心胸非常豁达,对自己充满自信的。这对唐诗繁荣有一个很大的积极影响。

内部原因呢,唐诗诗歌的体裁,我们的古体诗、近体诗所有的诗歌形式在唐代就达到了一个完善。另外还有它的科举制对唐代有很大的影响。比如汉代好像有些条件也相似,但是那个时候它没有科举制度,文人没有晋身之阶。

“朝为田舍郎,暮登天子堂”,是科举进仕的准确写照。中国人民大学国学院教授孟宪实：

孟宪实：古代的考试制度很重要的，这西方人就不理解，这怎么可能呢？写诗写的好不好，跟他当官理政有什么关系呢？其实这是不理解中国制度。中国制度是什么？你要证明你有一定的文化水准。考试考什么？不考是最高的，是考最低的，你要达到这个最低标准。为什么写诗啊？写诗写什么？考试要考什么呀？因为你要懂得典故，你就得读书，会押韵。而更重要的是什么呢：科举考试是平民社会的特点。唐朝的时候，日本广泛全面地向中国学习，但有一条它没有学，科举考试它没有学。其实是，因为日本是贵族社会，贵族社会，贵族成员当国家的干部，成为国家官员没有门槛。

用科举选拔国家官员，让平民有了实现抱负，改变命运的途径。由此可见唐朝最高统治者对于科举的重视。因此唐朝诗人的社会地位极高。

闻一多说："一般人爱说唐诗，我却要讲诗唐，诗唐者，诗的唐朝也。"唐代诗歌，随着时代的潮起潮落，云卷云舒，形成了初唐、盛唐、中唐和晚唐四个不同期的风格特点。

初唐，唐太宗力革浮华文风，提倡务实精神，在此背景下，四位俊朗的年轻人拉开了唐朝诗歌的大幕：王勃、杨炯、卢照邻、骆宾王，人称"初唐四杰"。

【朗诵】

豫章故郡，洪都新府。星分翼轸，地接衡庐。襟三江而带五湖，控蛮荆而引瓯越。物华天宝，龙光射牛斗之墟……

王勃二十六岁参加宴会时即兴写下的《滕王阁序》已是传诵千古的名篇。当王勃写到"落霞与孤鹜齐飞，秋水共长天一色"时，宴会主人阎某大为惊服："此乃天才！此句必将流传万代！"

以王勃为首的"四杰"在初唐诗坛的地位很重要。因四人均才高而位卑，所以他们比较接近社会现实。从他们开始，初唐的诗歌开始告别齐梁以来的绮丽余习，走向了清新典雅。更重要的是，在文学形式上，“四杰”为五言律诗奠定了基础，并且使七言古诗发展成熟。

那唐诗为什么会有不同的格律？为什么会产生五言和七言，而不是其他的形式呢？四川大学文学教院授周啸天：

周啸天：《诗经》时代是四言，但四言到唐代以后就没人写了。也就是基本到唐代定型的就是五言诗和七言诗。这两种诗成为主流的诗体，近代，一直到现代这个趋势都没有改变过。

五言诗这种形式它更加适合汉语的文言的那种特点。就是它有两个字一顿，也可以一个字一顿：“春眠、不觉、晓”；“床前、明月、光”。二二一这个节奏。七言诗呢它就是再多一个双音部，“朝辞、白帝、彩云、间”，它有一个单音节的结尾。它不像四言，全是双音节，“关关、雎鸠，在河、之州”比较单调一些。

“四杰”开风气先河，使初唐诗坛清新凛冽，生机勃勃。他们无法知道，在这之后即将到来的是怎样的一个文学巅峰，而他们为这个巅峰的到来，做出过怎样重要的贡献。北京师范大学文学院教授康震：

康震：初唐四杰的任务就是，从一个诗人的角度来讲，他们所写的题材，他们所使用的体裁，他们对于对五言律诗的这种锤炼一步步推向成熟。他们等于是为唐诗全面地走向成熟在奠定一个基础。

唐朝建立不久，经济就从隋末的大破坏中恢复过来，并迅速得到发展，天宝年间上升到顶点。唐太宗贞观四年，唐王朝打败突厥，使得原属东突厥的各属国归属唐朝，它们推尊唐太宗为“天可汗”，唐朝遂取代势力强大的突厥而成为东亚盟主。国力的强大，为文化的发展创造了极为有利的环境。

盛唐诗人王湾有一首《次北固山下》，当时的宰相张说称赞不已，将其中的一联抄在官署的墙上，作为诗歌的楷模。这一联正好恰当地形容那个时代：“海日生残夜，江春入旧年。”

讲解员：欢迎各位来到我们江油的李白纪念馆。我们李白纪念馆呢，是为了纪念唐代伟大的浪漫主义诗人李白而修建的。而前方我们看到的“李白故里”四个大字是由改革开放的总设计师、一代伟人邓小平在1982年的时候所题写的。

位于四川江油的这片仿唐建筑群，是今天的人们与“诗仙”李白进行心灵对话的一处极好所在。

开元十八年，为了踏上仕途，实现自己的理想抱负，李白怀揣“大鹏一日同风起，扶摇直上九万里”的希望来到了唐王朝的政治中心长安。这时候的唐朝处于开元盛世的图景，一片繁荣，李白也处于旭日东升的生命阶段。他豪放飘逸的个性，促使他写下了《长相思》、《将进酒》等浪漫主义巨作，为他赢得“诗仙”美誉。余光中形容李白：“酒入豪肠，七分酿成了月光，剩下的三分啸成剑气。绣口一吐，就是半个盛唐。”

盛世大唐催生了以李白为首的众多诗人。又因诗人诗作众多，催生了诗歌流派的成熟。田园诗派，起于陶渊明，发展于张说、张九龄，直到盛唐的王维、孟浩然才真正开宗立派。四川大学文学院周啸天教授这样概括了田园诗派能在盛唐诞生的原因：

周啸天：国内的生活比较和平，那么也有很多文人一个为了读书他必须要到自然环境好的山林里面去或者到农村，有一些人为了提高自己的知名度，他要去追求隐居，所以说那个文人跟农村，跟田园他也比较密切。

盛唐社会的富庶繁荣，使很多士大夫文人有足够的闲暇寄情山水，仗剑去国，辞亲远游。此时“由隐入仕”是社会风尚，被视为“终南捷径”，再加上佛教的兴盛和禅宗的兴起，又为隐逸山林的文人提供了借山水悟道明志的思维方法和表现手段，因此田园诗大量产生。

与田园诗派的惬意恬淡不同，边塞诗派以其大漠孤烟、黄河落日的辽阔豪迈，吟诵出唐人的气度胸襟、壮志豪情。边塞诗之所以繁荣，一是现实状况所致。二是从军赴边，建功立业是当时文人的时尚，正像杨炯所云“宁为百夫长，胜作一书生”。周啸天教授也给出了这样的解读：

周啸天：盛唐的时候，社会生活已经安定了一百多年，文人基本上都有这样的阅历，一个就是说，寻找发展机会嘛，边地需要人才；另一个就是说观光嘛，走万里路，到边地去开阔了他们的眼界，还有唐代的国防力量比较强大，所以当时的人都有一种很强的自信心、自豪感。有一种从军光荣的那种感觉。所以这时候自然大量的文士它都写这个题材。所以它最后形成了一个大类，因为大家写的人多了，最后就形成了一个派。

盛唐时期，能跟李白齐名的另一位代表诗人，就是比李白年少十一岁的知己，被后人称为“诗圣”的杜甫。杜甫出生于唐玄宗登基的712年，他见证了大唐开元盛世，又遭逢八年安史之乱。他的人生与唐朝由盛而衰的剧烈转折重重相叠。

翻译家、诗人屠岸是常州吟诵的传承人，平时他最喜欢吟诵的就是杜甫《春望》。

屠岸：为什么喜欢杜甫呢？在小学面就里发生了“九一八”，全面抗战爆发。那时候家乡被日本人侵占。所以说家破人亡嘛，家破了，这个亡字，可以指逃亡的意思，我们这个时候就对杜甫的诗感到特别亲切，就好像在说我们自己要说的话。国破山河在，城春草木深，感时花溅泪，恨别鸟惊心。

公元756年6月，叛军攻破潼关，大军压境，长安已完全失去最后一道屏障。与此同时，玄宗皇帝惊慌逃往西蜀成都。这一时期杜甫最著名的诗篇，莫过于“三吏”、“三别”。诗中描述的兵荒马乱年代官府征兵、亲人别离、共赴国难、共克时艰的惨烈民生力透纸背，催人泪下。杜甫纪念馆副馆长王飞：

王飞：能够成为诗圣，我感觉有两个原因：一个是确实是他诗歌的艺术性达到了一个集大成的程度，还有杜甫他的这种忧国忧民的情怀，对后世影响很大。我们称之为杜甫精神。

安史之乱给唐代的历史划了一条界线，给文学带来了前后不同的特色，大多文人转向了对国家命运、黎民百姓的关心，他们的诗作如长空伟翼、九天骄影，铭记了一个时代的兴衰。而这个文学上的巅峰，在杜甫去世后宣告结束。

安史之乱使唐王朝由强转衰，社会内忧外患，中唐的诗人们对盛唐诗艺做出全新的改变，具有了承先启后的意义，清代诗论家叶燮指出，中唐不只是唐诗之中，而且是“百代之中”。北京师范大学文学院教授康震：

康震：中唐的特点跟盛唐不一样，盛唐的不管李白、杜甫、高适、岑参，这些诗人写的不同的题材总的风格，都是昂扬向上的，是青春派的。而中唐的特点是什么呢？是非常多元化的风格、非常多元化的情怀、非常多元化的创作这种体裁和题材。换句话说，韩孟诗派、元白诗派、柳宗元、刘禹锡、李贺他们写的诗的风格各有特色。因为在盛唐这个伟大诗歌业绩面前，他们要求新求变。同时他们的社会生活已经于盛唐人完全不同。所以中唐诗歌整体创作风格，我们可以概括为多元化，风格的多元化、人生经历的多元化、创造的多元化。

此时烽烟已散，浊浪已平。诗人们开始反思：究竟什么原因导致了这场家破人亡、白骨累累的浩劫。元稹、白居易就是其中的代表。元白提倡现实主义的创作方法，主张“文章合为时而著，歌诗合为事而作”，用新题写时事，反对无病呻吟，也不以能否入乐作为衡量标准，因此形成了新乐府派。

中唐诗歌在穆宗长庆年间开始逐渐衰落。这种衰世之象使士人的心态发生了变化，从而也对晚唐诗歌产生了重要的影响。西南民族大学文学与新闻传播学院院长徐希平：

徐希平：晚唐的时代呢，整个的国力已经发生了大的变化，我们都知道，国内经历了安史之乱、藩镇割据、宦官当权，后来还有农民起义，所以后来唐朝已经是江河日下。

晚唐诗歌很少再现开阔而超越的精神气局和富于理想气质的激情，更多地转向了对日常人情、男女情爱这些精神世界的一般内容的表现，诗歌常流露出浓郁的伤感情调，形成了独具特色的绮丽深婉的艺术取向。徐希平：

徐希平：杜牧和李商隐，骨子里边还是有前代的那种志向，想要反映现实还想实现自己的理想，但大势如此，环境压抑人才，所以他们是心有余而力不足，只能是用一种咏史的方法来表达自己的那种志向和伤痛。屈原以来用香草美人以喻君子的手法含蓄表达自己的伤痛。例如梁启超说："李商隐的诗很美，但一句我都读不懂。"晚唐诗衰讽的，一种悲剧的一种美。

【朗诵】

向晚意不适，驱车登古原。夕阳无限好，只是近黄昏。

《登乐游原》只有二十个字，但一下就能让人感觉到岁月已经走到了晚唐。诗人好像走到庙里抽了一支与他命运有关的签，签的第一句就是"向晚"。"向晚"就是已经快入夜了。安史之乱之后，唐代盛世的故事全部变成了流传在民间的传奇，李商隐笔下的繁华是对逝去繁华的追忆，他自己已然不在繁华中了。

当李商隐、杜牧在9世纪50年代相继去世后，唐代就再没有出过大诗人了。从60年代起农民暴动不断发生。80年代中期，以黄巢为首的农民大暴动平息后，唐王朝奄奄一息，只等着彻底崩溃。唐王朝这幢摩天大厦坍塌的前夕，诗人韦庄写过一首《台城》来哀悼六朝的沦亡：

江雨霏霏江草齐，六朝如梦鸟空啼。无情依旧台城柳，依旧烟笼十里堤。

一个诗歌盛世时代画上了句号，但它创造的美却长久地留存下来。《全唐诗》收录四万九千多首诗作，作者达两千八百余人。而这远远不是唐诗的全部，却也足以让人叹为观止。

学者余秋雨说："唐诗确实是一种大美，不管在什么情况下一读，都能把心灵提升到清醇而又高迈的境界。回头一想，这种清醇、高迈本来就属于自己，或属于祖先秘传，只不过平时被大量琐事掩埋着。这个自己，看似俗务缠身，居然也能与高山共俯仰，与白云同翻卷，与沧海齐阴晴。唐诗，在中国却成了非常普及的常态存在。我怎么也舍不得离开产生唐诗的土地，甚至愿意下辈子还投生中国。"

【歌曲 《海上升明月》】

舍南舍北皆春水，四海皆兄弟；心有灵犀一点通，婵娟共千里……

在整个唐代，诗歌的发展一步不停滞，一步不重复，一路繁花，一路云霓。唐诗，诗中有画，诗中有情，诗中有史，诗中有魂。正是这个诗歌的巅峰已无法超越，紧随而来的宋人只能在词这种文学体裁上另起高度。法国当代著名汉学家戴密微用"汉诗"统称中国诗歌，他曾说："汉诗为中国文化之最高成就或中国天才之最高表现。"

唐诗以自己独特的艺术魅力，自始至终向历史散发着绵绵不绝的体温。

第四集　绝艺流金

2015年，一位名叫帕特里克·德巴纳的德国舞蹈家，用最新锐的舞蹈，把中国古代唐明皇和杨贵妃的故事，改编成一出跟白居易的长诗同名的现代芭蕾舞剧《长恨歌》。

这部舞剧的上演，离唐明皇在骊山脚下、皇宫高处深深陶醉在他宠爱的杨贵妃率领众胡旋舞女华丽丽舞出的胡风劲舞中已经过去了一千多年。

胡旋舞是唐代最有特色的健舞，此舞的传入，史书中多有记载，是主要通过西域的康国、史国和米国等传来的旋转性舞种。胡旋舞节拍鲜明奔腾欢快，多旋转和蹬踏动作，这就需要富有节奏感、音量大、音色亮的乐器伴奏。因此胡旋舞的伴奏音乐以打击乐为主，这是与它快速的节奏、刚劲的风格相适应的。昭陵陪葬墓徐懋功墓和太宗德妃燕氏墓中就出土了有关胡旋舞的壁画。

【朗诵　《胡旋女》】

胡旋女，胡旋女，心应弦，手应鼓。弦鼓一声双袖举，回雪飘摇转蓬舞。左旋右转不知疲，千匝万周无已时。人间物类无可比，奔车轮缓旋风迟。曲终再拜谢天子，天子为之微启齿。胡旋女，出康居，徒劳东来万里余。中原自有胡旋者，斗妙争能尔不如。

胡旋女的姿态神情在白居易的长诗《胡旋女》中跃然纸上。诗中说，胡旋女在鼓乐声中急速起舞，像雪花空中飘摇，像蓬草迎风飞舞，左旋右旋不知疲倦，千圈万周转个不停。转得那么快，观众几乎不能看出她的脸和背，这种描写正突出了胡旋舞的特点。胡旋舞传入中原后，风靡一时，在宫廷尤为流行，为男女最为喜爱的交际舞。长安人人学旋转，学胡舞成了一时的风尚，大约五十年的时间盛行不衰。唐玄宗李隆基对于胡旋舞十分偏爱，他的宠妃杨玉环和宠臣安禄山，为了取悦于他，也常常在宫廷上眉飞色舞地跳胡旋舞。陕西师范大学历史文化学院教授王双怀：

王双怀：唐玄宗时代特别重视乐舞，特别重视音乐的创作和舞蹈的编排。重视乐舞人才的培养。唐玄宗本人就是个音乐家，精通多种乐器，会吹笛子，尤其擅长创作，唐代很多著名的乐曲就是他创作的。

唐代的统治阶层，普遍喜爱歌舞，擅长诗文，这也成为他们自我完善的重要组成部分，唐太宗李世民亲自把歌颂政权建立又体现“居安思危”的《秦王破阵乐》改编成舞蹈；而唐玄宗李隆基本人则精通音乐酷爱法曲，并擅长演奏羯鼓；他的爱妃杨玉环则演绎出具有划时代意义的《霓裳羽衣舞》，糅合了汉族和少数民族，中国和域外的不同风格和不同形式，场面壮观而富丽堂皇，气氛热烈而又不失轻柔，是中国古代最著名，最具感染力的歌舞作品。电视剧《杨贵妃秘史》里就有这样一个片段：

【电视剧　《杨贵妃秘史》片段】

到如今将士凯旋美女迎迓，玉环阿蛮之舞可以说是乱腾新毯雪朱毛，傍扶轻花下红烛，可以称为霓裳舞。好，我大唐的大曲就叫做《霓裳羽衣曲》，那舞蹈呢，就叫《霓裳羽衣舞》。

唐玄宗、杨贵妃对歌舞的喜爱还体现在他们在长安梨园中亲自教导和培养歌舞人才。也正是从那时起，梨园就成为戏曲界的代名词，甚至跨出国界，影响到朝鲜、日本，而且一直流传至今。

唐代歌舞几乎渗透到社会生活的各个方面。除了在宫廷里有所表演，在寺院里也有一方天地。就参与的阶层而言，上自帝王贵戚、文臣武将，下至平民百姓、乐工歌伎，无论男女老幼，莫不会舞。在举国上下擅长歌舞的人们当中，有一位女舞者表演的剑器舞在内外教坊独享盛名，声名远播，她有个霸气的名字叫作公孙大娘。

【朗诵】

昔有佳人公孙氏，一舞剑器动四方。观者如山色沮丧，天地为之久低昂。㸌如羿射九日落，矫如群帝骖龙翔。来如雷霆收震怒，罢如江海凝清光。绛唇珠袖两寂寞，晚有弟子传芬芳。临颍美人在白帝，妙舞此曲神扬扬。

杜甫这首诗虽然是一首抚今追昔，借乐舞的今昔对比感慨五十年国家之兴衰治乱的诗作，但他在全诗的开头回忆自己儿时观看公孙大娘表演剑器舞的几句，把公孙大娘剑器舞的精彩绝伦出神入化和观众的赞赏痴迷惊讶失色传递得惟妙惟肖。

在为这首诗所作的序的结尾，杜甫还提到了大书法家张旭看公孙剑舞而草书大有长进的故事。张旭从公孙大娘的舞剑中领悟到书法动态美的奥秘和真谛，使得自己的草书书法有了脱胎换骨的进步，由此我们也不难感受到唐代歌舞深层次的价值。

【鼓乐 《圣寿乐》】

西安鼓乐《圣寿乐》始创于唐高宗和武后时期，这是现代人根据唐代流传下来的乐谱复原和改编的。唐玄宗开元年间演出的《圣寿乐》，对作品着意作了“回身换衣，作字如画”的巧妙处理。用舞蹈的行列摆成不同的字样。每变一次队形摆出一个字形，全乐舞总共变化了十六次，摆出了“圣超千古，道泰百王，皇帝万年，宝祚弥昌”十六个字。由此可见，唐代的书法、绘画以及舞蹈艺术都是相互影响，相互借鉴发展的。

纵览唐代书法的发展历程，大致经历了初唐、中唐和晚唐三个阶段。

初唐书法基本上是魏晋南北朝及隋朝书法的延续，楷书“清秀瘦劲”。其总体风格几乎为王羲之书风所覆盖。这种书风的形成，主要是唐太宗李世民倡导的结果。代表人物有虞世南、欧阳询、褚遂良和薛稷，历史上称为“初唐四家”。文物出版社副社长苏士澍先生这样概括了唐代初期书法的风格特点：

苏士澍：如果用一句大白话来比喻欧阳询、虞世南、褚遂良这些书法的风格，欧阳询的字就像钢筋，非常险绝挺拔，给人的效果就像柱子一样，虞世南的字就像一个茶碗，很圆润很厚重，给人很安详的感觉。褚遂良的字就像一个罗绮婵娟，就如同我们穿的绫罗绸缎一样，很华美的感觉。尽管是他们都有个人的风格，但是从总体来讲他们都属于初唐的范围。他们可以说奠定了中国楷书最完善的笔法、结构和章法。

中唐书法真正开始走向兴盛的一个重要标志便是张旭和怀素草书艺术的崛起。张旭的草书继承了张芝草书的特点，又尽情发挥，从而形成了笔势恣肆放纵，线条厚实饱满、连绵回绕、跌宕多姿的书法风格，开创了草书艺术的崭新局面，被誉为“狂草”。

苏士澍：你看他那种点画就如同一个音符一样，这个音符有半拍有一拍有一拍半，张旭这种小点就如同半拍一样，啪啪啪点上去就如同一拍半一样，有时候一部好的草书就是一部好的交响曲。

与张旭不同的是，怀素身居佛门，性情疏放，无论是意识还是行为均表现出一种我行我素桀骜不驯的个性特征。他的书法就整体而言，多是连笔连字，突破了过去章草和“二王”草书不相勾连的格局，使草书气脉更加贯通，更加丰富多彩。

唐人从魏晋南北朝及隋代的书法中大胆吸取精髓丽质，灵活通变，以自我气质性灵和审美理想为其书法的精神内质，创造出形式多样，各具特色的充满个性的作品，也使得唐代书法名家辈出，气象万千。

唐代书法兴盛的另一个原因，就是“书学”的创立，专门以此培养高级书法人才。实际上，中国历史上真正意义上的专门书法教育就是从唐代开始的，书学教授的内容不再是单独技法的训练，而是包括系统完整的书法理论知识。唐翰林院有侍书学士，国子监有书学博士，科举中有书科，吏部又以书定选，书法成为晋升的途径之一 。

书法在唐代这样一个非常有利的政治文化背景下走向兴盛，确实是历史的必然。但是这其中也离不开唐太宗推波助澜的作用。陕西师范大学教授王双怀：

王双怀：唐代书法受到了统治者的大力提倡，唐太宗特别喜欢王羲之，把二王当做偶像，唐初流传着唐太宗借《兰亭序》学习的故事。唐代初期的几个帝王的字都写得非常漂亮，俗话说上有所好下必甚焉，皇帝的提倡，极大地带动了唐代书法的发展。

湘江东岸的长沙望城书堂山，是唐代书法家欧阳询的故里，今天100多名游客和志愿者以拼图形式展现出一个面积1300多平方米的巨型欧体“书”字，临摹欧阳询书法拓本。新修葺的欧阳询文化公园于今年10月向游客开放。

今天的人们以这种独特的方式纪念欧阳询，足见唐代书法家对后世的影响。从欧阳询到褚遂良，从颜真卿到柳公权，从张旭到怀素，都以其独特高超的艺术表现手法和浓重鲜明的个性风格光耀史册，青史流芳。

在法国当地时间2013年6月19日，著名收藏家朱绍良从法国一次拍卖中，拍得一件标明为唐代张萱《唐后行从图》的藏品，画作从1500欧元起拍，最终的成交价达到了375万欧元的天价。

唐代作为中国封建社会最为辉煌的时代之一，也是仕女画的繁荣兴盛阶段。唐代仕女画以其端庄华丽、雍容典雅著称，展示着“回眸一笑百媚生”的唐代美女众生相，其中最杰出的代表莫过于张萱的《虢国夫人游春图》、《捣练图》和周昉的《簪花仕女图》、《挥扇仕女图》以及晚唐的《宫乐图》。2015年，中国邮政就特别发行了一套以《挥扇仕女图》为原本的特种邮票，以邮票为载体，展示了一千多年前的唐代仕女人物画的风采。

唐代绘画是中国封建社会绘画的巅峰，也是书画艺术的黄金时期，其艺术成就大大超过往代。唐人张彦远用“灿烂而求备”一语概括了唐代绘画的气派。陕西师范大学历史文化学院教授王双怀：

王双怀：唐代绘画在289年间每一个时期都有代表性人物，唐代前期的绘画阎立本兄弟、大小尉迟，是长安画派的代表人物，阎立本虽然身为宰相，但是他的主要精力还是在绘画方面，他给我们现在留下很多作品，比如说《步辇图》、《历代帝王像》这些都成为我们研究唐代的最重要最珍贵的资料。如果说唐代前期还保存着一些魏晋南北朝时期的风格讲求细润，讲求世道人物画、佛教道教人物画，那么到了盛唐时期就是山水画就后来居上了，成为了唐代绘画最光彩的亮点，代表人物主要就是大小李将军和王维，以及吴道玄、吴道子。在唐代中后期，在山水画继续发展的情况下，花鸟画也开始崛起，有很多专业的画家有人画牛，有人画马，有人画鹤，有人画花鸟虫鱼。这些画家都是以画画为谋生的手段，后来有个画家说中国的各种画门在唐代都已经形成，都是从唐代那儿衍生出来的，可见唐代绘画像书法那样在中国绘画史上也是占有重要地位的。

值得一提的是，唐人大量吸收了外来文化因素发展了绘画艺术，而且也出现了敦煌莫高窟这样的艺术奇迹。

唐代寺观壁画气势恢宏，色彩灿烂，题材上一反南北朝流行的宣扬以牺牲及苦修为内容的本生故事，而大量盛行歌颂天国的美好和欢乐的经变画。宗教壁画中也出现不少描绘现实生活的场景，神佛形象具有人的气质，甚至菩萨如宫娃，以贵族的姬妾歌伎为模特儿，有的寺庙中还画有高僧肖像。

唐代距今历史久远，历经战乱、流离、岁月变迁，书画存世本就不易，加之赝品鱼龙混杂，让我们今天很难有机会看到唐代美术的真品，流传下来的为数不多的国宝也多为后世临摹之作。不能不说是一种遗憾。值得庆幸的是，唐代贵族墓葬中的壁画，为我们封存了那个文化绚烂的时代精美绝伦的艺术宝藏。

在陕西历史博物馆，讲解员引领观众来到一幅壁画前：

讲解员：我们现在看到的是苏思勖墓的壁画，他是一个宦官，他的墓葬里出土了一组歌舞图，展现了一幅唐代歌舞升平的画面。画面里的这个人跳的就是胡旋舞或者是胡腾舞，扭腰摆胯，杨贵妃就很擅长跳这种舞，胡旋舞旋转跳跃都不能离开脚底的方毯，我们从画面上也能看到他脚底的方毯。下面我们看到的是两组国宝级的壁画，也是现存最大的两组壁画，这组叫做雀楼（阙楼）图。雀（阙）通缺，缺点缺失的缺，文武百官要反思自己的缺点和缺失，逐渐形成一种理性的建筑。在陵墓或者宫殿外围都是有雀楼的，这是一幅建筑作画，与宫女图的风格截然不同。这幅画复原了当时唐代的建筑风格。

唐代，是中国古代绘画全面发展的高峰时期。特别是唐中期的一百多年间，政治稳定，国力强大，经济繁荣，国内各民族关系融洽，对外文化交流也相当活跃，因此这一时期是中国绘画史上最具有跨时代意义的历史阶段。

一段历史创造了一种文化，而文化又延续和突显了那一段历史。繁盛的历史必然迸发出多彩而丰富的文化，唐朝经济繁荣、疆域辽阔、开放包容，是中国古代历史的一座巅峰，它所创造的文化博大精深，溢彩流光。

千年之后，我们很少能够看到唐代遗留下来的文物原貌了，但却可以从流传至今的唐代乐谱，表现歌舞的雕塑和绘画作品，以及精美绝伦的唐代乐器，去对唐代的文化做出全面的理解、想象和判断，触摸这些历经千年仍留有历史余温的文物，我们仿佛依然能够嗅到唐代灿烂文化的缕缕馨香。毋庸置疑，唐代的歌舞、书法、绘画等一系列艺术形式的水平足以代表中国古代相关艺术的最高水平，这种炉火纯青的艺术境界对唐代以后中国的文化发展产生了深刻的影响，也对世界相关文化形式的发展起到了举足轻重的推动作用！

第五集　巾帼芳华

【电视剧 《武媚娘传奇》片段】

天命所归，武周当兴，至德配天，化及草木，陈嫡感佑，玄涤昭告，皇天上帝，后土神祇。

无论是在官方历史上还是在民间传说中，武则天身上的传奇色彩和历史价值都很难用好和坏进行简单的概括。在后世的传说里，则天女皇的登基有了天命的色彩，但事实上，我们会发现，也只有在唐代这个王朝，才有可能冲破男权社会的樊篱，诞生中国古代史上唯一的女皇帝，昭示着女性在此时此刻的重要地位，不仅花团锦簇，更可执政当国。

现代女性已经很难理解封建时代女性所受到的压迫，女性作为男性的从属，很难在社会上留下自己的片语只言。当然，在漫长的历史之河中，也有女性凭借自己超常的智慧与女性特有的坚韧，让史书留下了芳影香踪，但那是经历了多少的痛苦挣扎与智慧考验。无论是才华横溢的文姬清照，还是站在权力巅峰的吕后慈禧，其个人命运都有着被男权社会左右的悲剧成分。而武则天的突破就显得那么振聋发聩，这个女性身上的才华与雄心都让男儿惊叹，而唐王朝的背景与社会风气也为她的政治道路提供了合适的土壤。中央民族大学历史系副教授蒙曼：

蒙曼：第一个应该考虑到的就是北朝背景，因为唐朝之前呢是北朝，北朝之前呢是五胡入华，属于一个北方少数民族在中原地区当政的时代，因为北方的主妇有持家的传统，他们进入中原之后，化家为国，所以主妇当国的现象是比较多的，就拿二圣政治来讲，第一次出现二圣政治绝对不是武则天那个时代，是北魏的冯太后和孝文帝这一对祖孙，当时两个人联合掌权，那时候就有二圣政治。然后到隋朝，隋文帝与独孤皇后又是联合执政，又是二圣制。

唐王朝是在中国经历了十六国至南北朝近三个世纪的大分裂、大动荡及民族大迁徙和大融合之后，在隋代短暂统一的基础上建立起来的，隋唐时期的汉族是以汉族为父系、鲜卑为母系的新汉族，唐文化体现出来的便是一种无所畏惧、无所顾忌的兼容并包的大气派。蒙曼：

蒙曼：唐朝还有一个很重要的社会背景："三教合流"。儒家在男女性别地位上是比较僵硬的，比方说男主外，女主内，牝鸡司晨，唯家之索，女性的活动空间被限制在家庭以内，这是儒学一个很重要的理念，从阴阳秩序这个角度界定下来的。但是恰恰在唐朝的时候，儒学并没有（被）定为一尊。当时老百姓信仰世界由三部分构成：第一个当然是儒家，第二个佛家，第三个道家，儒家是用来治世的，道家用来修身的，佛家是修心的，而佛教对于性别秩序其实没有这么严格，佛教讲轮回，讲转世，你此世为男可能彼世就为女。

社会风气的开放包容都为唐朝的女性参政提供了适宜的土壤和气候，使女性参政的现象显得格外的活跃和普遍。

唐高祖李渊的三女儿平阳公主用自己的马上人生在历史上留下了浓墨重彩的一笔，曾在李渊主力渡过黄河进入关中之时亲率一万精兵为父亲在关中打下大片地盘，与弟弟李世民成功会师渭河北岸助父亲攻克长安，后又继续领兵作战，助父兄打下大唐江山。

长孙皇后用自己的智慧与贤淑化百炼钢为绕指柔，助丈夫在玄武门之变中赢得最终的胜利并辅佐唐太宗坐稳江山，开创贞观之治。《旧唐书》中曾这样称赞长孙皇后："贤哉皇后，长孙何伟。"《贞观政要》中更称赞长孙皇后为太宗"内良佐"。陕西师范大学历史文化学院教授王双怀：

王双怀：唐太宗非常英明，是中国帝王的楷模，但是唐太宗的很多缺失都是长孙皇后给他指正的，你比如说有一天唐太宗他回朝，回来之后呢面红耳赤，很生气，把帽子一甩，说："哼，我一定要杀了这个乡巴佬！"长孙皇后说："你要杀谁呢？"他说："我要杀魏征，魏征老在朝堂上不给我面子，让我下不了台。"长孙皇后就马上换上一套新衣服，后来跪下向他下拜，说"祝贺陛下"，她说："我听说君明则臣直。魏征敢在朝堂上这样，说明你是明君啊。"唐太宗后来就消气了。

女性意识在沉睡了多年之后开始复苏，宛若一颗积极萌芽寻找着向上生长的力量的种子。女性开始走出闺阁，迈向更为广阔的天地。而在这其中，教育成为重要的一环，这是女性得以与男性比肩的支撑力。

武则天出生于商人与宗室贵族女结合的家庭，自小家境富裕，好读文史，这些赋予她个性中的野心与卓越的才华。中央民族大学历史系副教授蒙曼：

蒙曼：武则天对于文学和史学是有比较强烈的爱好的，其实中国经史子集四部要是从现代学科划分来讲应该就是哲学一部分、史学一部分、文学一部分，长孙皇后是比较喜欢经学的，讲规矩，做人的规矩。而武则天你看，喜欢文学和史学，这是一个个人趣味的问题，史学让她有韬略，文学让她有自由。

如果说在武则天封后之前，她的性格和行为尚只是个人层面的话；那么，在册立其为“天下母仪”之后，她的一切行动便具有了高度的政治性。

武氏的英明不仅在于她提高了自己个人的政治地位，还在于她对抬高同性地位所作出的贡献。乾封元年，她奏准高宗，率领了内外命妇参加向来只由男子主持的封禅典礼，在上元元年她上的十二条陈当中，奏请废除“父在为母齐衰期”的古礼，而实行“父在为母齐衰三年”的新礼，她还召集一些文学之士撰《孝女传》二十卷，《古今内范》一百卷，都是要使人知晓妇女有应该被尊敬的价值。陕西师范大学历史文化学院教授王双怀：

王双怀：唐初法律上（规定）在家庭中如果父在子女为母守孝要一年，但是相反如果母在父亡，孩子们要为他的父守孝三年。武则天就认为这不好，不公平，所以她要向唐高宗上书，要求父在为母守孝三年。她说凭啥呢？为什么就给母亲守孝一年呢？她说母亲多伟大啊！十月怀胎，一朝分娩，推燥居湿。所以唐高宗批准了她的建议，所以此后呢在唐代守孝都是三年。

在女性意识的复苏中，有一个重要的标识就是对自己情感与婚姻的把握。父母之命、媒妁之言，让很多女性一生困于婚姻的牢笼，沦为传宗接代的工具，根本没有自己选择的机会。但是由于唐代社会的开放性，使得婚姻这一社会现象也被打上了鲜明的时代烙印，呈现出惊世骇俗的面貌来。

【电视剧　《大明宫词》片段】

请二圣赐女儿一个驸马！女儿以为此事关系重大，它意味着大唐公主的终身大事、今生幸福，女儿在此表白心迹，也是希望父皇母后能分享女儿的欢愉……

电视连续剧《大明宫词》中呈现了唐高宗与武则天之女太平公主于朝堂之上向帝后要驸马的一幕，虽有艺术创作夸张戏说成分，但“公主女扮男装求驸马”的故事据史书记载则是确有其事。

“红楼富家女，金缕绣罗襦，见人不敛手，娇痴二八初，母兄未开口，已嫁不须臾。”白居易在诗中描写的正是诗人在长安的所见所闻。可见，无论是金枝玉叶的公主还是锦衣玉食的富农千金，在追求自己的爱情婚姻方面，都有着一定的自主空间。陕西师范大学历史文化学院教授王双怀：

王双怀：你比如说（宰相）李林甫有好几个女儿，他自己呢也是在择偶方面给他女儿提供方便，他在家里客厅开了几个窗户从里面可以看到外面，然后就把青年才俊请到他家里来玩，让她几个子女自己在里面看，然后给自己选（夫婿）。

唐代的统治者给男女婚姻自主打开了一条缝隙。在作为中华法系代表之作的《唐律疏议》卷十四《户婚》篇中这样规定：“诸卑幼在外，尊长后为定婚，而卑幼自娶妻，已成者，婚如法。”子孙弟侄如果没经长辈许可自主缔结婚约的，视同合法婚姻。法律的认可和保障让唐朝女性自主选择婚配对象的现象并不罕见，也由此产生了许多记录当时女子对美丽爱情的向往与追求的艺术作品。

【豫剧 《西厢记》片段】

在绣楼我奉了我那小姐严命，到书院，去看那先生的病情，上绣楼我要把小姐吓哄，我就说呀，张先生的病情不轻啊……

著名豫剧唱段《西厢记》取材于唐朝《太平广记》中收录的传奇小说《莺莺传》，记录了贫寒书生张生与其表妹没落贵族女崔莺莺一见倾心，经婢女红娘传书，一度私定终身的故事。小说中完美地塑造了敢爱敢恨、娇媚而果敢的崔莺莺和聪明娇俏的小红娘两个典型的唐朝女子形象。

《长干行》 李白

妾发初覆额，折花门前剧。郎骑竹马来，绕床弄青梅。同居长干里，两小无嫌猜。

唐代大诗人李白的这首五言古诗《长干行》以自白的口吻，描写了一位女子对远去经商的丈夫深切的思念之情。诗的开头还回忆了他们从小在一起亲昵的嬉戏场景。在唐朝，女性自小便可以较为自由地与异性接触和交往，进而享有一定的自由恋爱权利。

不仅结婚享有一定的自由，唐代妇女还可以主动提出离婚，与其他朝代对女子“从一而终”的要求不同，唐代对妇女离婚改嫁和夫死再嫁，法律也没有约束和限制，再嫁的社会压力不大，从平民百姓到皇室贵族，莫不如是。皇室公主再嫁并不稀奇，更有宰相宋璟之子就娶寡妇郑氏；书香门第韩愈之女也先适李汉，后嫁樊仲懿。可见官宦人家和读书人家也不禁止再嫁。

在唐朝，妇女在家庭生产、生活中占有不可忽视的地位，为家庭生活提供重要的经济依托。在家庭财务管理上，唐代家庭中仓库及箱柜的钥匙一般由主妇来保管。如《旧唐书·李光进传》中记载：“光颜先娶妻，其母委以家事。母卒，光进始娶，光颜使其妻管钥、家籍、财物，归于其姒。”相反，《新唐书·徐岱传》中记载：“岱吝啬，自持家管钥，世所讥云。”男子婚后掌管自家仓库钥匙甚至要遭到世人讥笑。

法国哲学家阿·法朗士曾说：“假如我死后百年，要想了解未来，还能在书林中挑选，你猜我将选什么?我会直接挑进一本好的时装杂志，看看我身后一个世纪妇女的着装，她们的想象力告诉我的有关未来人类的知识将比所有的哲学家、小说家、传教士或者科学家还多。”的确，服饰所代表的意义远远超过了遮羞与蔽体的功能，唐朝女性的着装大胆而艳丽，不仅体现了女性的身体美，也暗示了女性的自信心。史载清明前后“长安士女，游春野出，遇名花则设席祭草，以红裙递相插挂，以为宴幄”。而史书中记载的红裙则是唐朝女子最盛行的服饰，武则天那首传世诗作《如意娘》更将此裙形象地称之为石榴裙：

看朱成碧思纷纷，憔悴支离为忆君。不信比来常下泪，开箱验取石榴裙。

此诗是武则天入感业寺出家时所作，唐早期女性着装以红色长裙为美，随着经济繁荣，文化发达，社会开放，对外交往水平的不断提升，唐朝女性社会地位的进步也体现在她们着装服饰的悄然变化中。陕西历史博物馆高级讲解员郭玮璐：

郭玮璐：这幅图是出自于我们唐代时期永泰公主墓葬之中的，唐代时期它没有太多的这种所谓束缚，她们可以女子穿男子的服饰，少数民族的胡装服饰，你看第三位就是典型的翻领胡装，然后最后这位就是女扮男装。

唐朝女性的日常穿着多以薄透、简洁为主，据史书记载，唐中期后女性着装多以轻薄衬裙加短小披肩为主，内里甚至不着内衣，轻薄简便的衣饰也为女性的自由活动提供了更方便的条件，年轻女性开始相约踏青、作舞、游玩、运动，女性甚至开始流行结社聚会。她们结成一个社团，不让男人参加，这个社团需要交会费，她们一起吃饭、喝酒、掌灯、念佛。这使得妇女有了家庭之外的空间，她们在一起游戏也互助。这是史料记载中国历史上最早的女性“沙龙”。

唐朝还颁布了许多法令旨在提倡女子参与荡秋千、下围棋、骑马、射箭、打猎、马球、蹴鞠、拔河、赛舟等丰富的体育活动。唐诗《长安清明》中就以“内宫初赐清明火，上相闲分白打钱”描写宫女参加蹴鞠比赛赢得赏钱的场景。温庭筠的《寒食节日寄楚望》中则以“彩索拂庭柯，轻球落邻圃”描写民间女子演球戏的场景。

除社交、体育活动外，唐朝时期上至宫廷，下至民家，通达事理，能作诗文的妇女大有人在。唐代的女性学习诗文成风，仅《全唐诗》中收录的女作者就有100余人。流传后世的唐诗名句“萧萧风雨夜，惊梦复添愁”便出自著名的女诗人鱼玄机。有“巾帼宰相”之名的女官上官婉儿更是主持风雅，代朝廷品评天下诗文，一时词臣多集其门，上官婉儿也就是上官昭容成为中宗时期文坛的标志者和引领者，甚至在武则天的赏识下凭借过人才华入朝为官。中央民族大学历史系副教授蒙曼：

蒙曼：上官婉儿，武则天第一次发现她文章写得很好提拔她的时候让她做的是唐高宗的才人，道理在哪？当时女性官员中最高地位就是六尚，是五品，不是参政的。武则天把她放在才人这个位置，她其实并不是高宗的一个妃嫔、一个姬妾，她（武则天）让她直接参与文件的起草。后来到唐中宗的时候，上官婉儿接着参政，号称“内宰相”，非常多的政治大事是她参与决策的，比方说唐中宗死后，遗嘱是谁写的？遗嘱是上官昭容写的。她仍然不是一个妃嫔的身份，但是她只能以妃嫔的身份升迁，国家在制度层面没有给女性建立起来可以参政的一个制度依托，但是你看上官昭容她是开外宅的，她并不住在宫里，大臣可以去长安她的家里去跟她往来，她是亲身参与了非常非常多的政治决策，以妃嫔的身份执掌宰相的权力。

女性的才华开始彰显，不仅表现在文可以治国，也表现在歌舞创作过程当中。唐代的歌舞也盛极一时，因此音乐教育是唐代女性教育的一个显著特色。无论是官宦之女、普通女性还是倡优妓女都乐此不疲。

“三千宠爱在一身，六宫粉黛无颜色”。《长恨歌》里的唐明皇与杨贵妃有着“在天愿作比翼鸟，在地愿为连理枝”的传奇爱情，而这位美貌的女子也以歌舞著称，被喜好音律的唐明皇引为知己。可叹的是，如此惊艳的女子，却恰恰处在了唐王朝由盛而衰的历史节点，她就如同导火索引燃了唐王朝衰败的火绳，而自己也在马嵬坡结束了自己的生命，一代美人的人生悲欢就此落幕。在杨贵妃的身上，集中了大唐气象中的端贵华丽，她仿若一个符号，在这个符号消失之后，唐代的开放风气也渐次衰微。“安史之乱”的爆发，带给人们的不只是无尽的灾难，而且还有对盛世一去不复返的强烈失落感以及对国家前途信心丧失的颓败感。统治者在内政外交上已从前期对外开放转为“内敛”。与此同时，“安史之乱贵妃祸国”的观点也使得社会对女性的行为规范由宽松而日益严厉，儒学的复兴运动也使得女性开始向唐朝之前的传统角色复归。

但是，毕竟有那么一个时期，中国的女性有了一展自己才华的机会，无论是在诗歌里，还是在绘画作品里，无论是在歌舞中，还是在国家政治生活中，她们都留下了自己的身影。不仅有中国历史上唯一的女皇帝武则天，也有浴血沙场的公主将领;不仅有具有经营头脑的女商人，也有入朝为政才华横溢的女官员;不仅有大胆追求婚姻幸福的自嫁女子，也有不卑不亢、理财有方的掌家主妇。时代成就了她们的绝代芳华，她们也撰写了美丽绽放的巾帼传奇。

第六集　唐韵末了

2014年，参加亚太经济合作组织领导人非正式会议的领导人身着立领、对开襟、连肩袖的唐装在北京雁栖湖留下全家福的情景还历历在目。中国作为东道主为与会领导人提供的唐装，既体现了中国服饰文化的精髓，又与国际化形象相融合。

“立领、对开襟”的创新款式更具有传统正装意味，丰富的层次增添了生动洒脱之感，表达了中国人“有朋自远方来，不亦乐乎”的好客之道。这些直观的表现，传承着千年东方的韵味，又不会显得刻板，显示着自盛世大唐以来中国的独特气质。

服装设计师郭培在谈到唐装的意义和魅力时，这样说：

郭培：其实不仅仅是你自己的那份不一样的美的呈现，其实你还有一个传承民族文化的责任和义务，这是你的国家，代表这个民族。

大唐盛世是中国古代历史中最为辉煌的篇章，政治清明，思想解放，人才济济，疆域辽阔，国防巩固，民族和睦，在国际上拥有无与伦比的美好形象。直到今天，海外华人仍被称为“唐人”。我们熟悉的唐人街最早叫“大唐街”，中国封建社会经历两千多年，数朝数代更迭，为什么只有“唐人”可以成为当之无愧的华人代名词呢？陕西师范大学历史文化学院教授王双怀：

王双怀：世界很多国家和地区都有唐人街，我们知道，最初秦朝影响大的时候，外国人把中国就称作“秦”，所以，“China”实际上是“秦”的音译，有人说是“瓷器”，这个其实是不对的。到后来有了汉朝，强大了，因为汉朝开始走向世界，所以人们把中国人称作“汉”。唐代强大以后呢，唐代的影响完全盖过了秦和汉，唐以后没有哪个朝代盖过唐，现在说唐人街啊，这说明唐代对后世的影响很大的。

【歌曲 《唐人街》】

在唐人街高高的楼上，街道上人们说着熟悉的话语，让你以为自己还身在家乡。你说你仍然记得祖国，在那遥远美丽的东方……

追溯“唐人街”一词的历史源流，你会发现，唐代对于后世的影响不只停留于法律、制度、诗歌文学、文化艺术等等层面，而是大唐气质逐渐凝聚、沉淀为华人的精神内核，融入中国人的灵魂血脉，在世人心中形成了超越任何一个朝代的文化认同。西南民族大学文学与新闻传播学院院长徐希平：

徐希平：唐人街其实是一个载体，它对传播中国文化确实起到了一个非常重要的作用。还有凝聚海外的侨胞，相当于在海外的一个桥头堡，自发地凝聚起来，主要是海外的侨胞在那个地方经商、留学，自然而然大家有一个帮衬，有一个依靠，毗邻而居逐渐形成气候，最后他们在当地遵纪守法，体现了中国人的勤劳、善良，然后逐渐得到当地政府的认可，所以它在体现传播中国人素质的方面起着重要的作用。当然这些年也开始注重多种形式、更高层的精神文化传播，让人家了解。

正是由于唐朝是让中国人为之骄傲的朝代，人们把住在唐人街的唐人穿的中国传统风格的服装称为“唐装”，不仅顺理成章，而且早就在海外成为一种惯称。

于是，当人们提起唐朝，仿佛只有“雍容华贵”、“兼收并蓄”、“气象宏大”，这类词语才足以概括大唐之“大”，这个“大”，是博大，也是大度。香港树仁大学历史系副教授罗永生是研究唐代历史的专家，他这样理解“大唐”的独特韵味：

罗永生：气象万千，蛮有信心的，我觉得尤其是唐前期，很有信心。放眼世界，安史之乱以前，其实那时候唐朝是整个世界文明的核心。

【歌曲　《涛声依旧》】

我们耳畔听到的是一首曾经红遍中国大江南北的歌曲《涛声依旧》。歌声仿佛一阵阵波涛拍打着现代人某种难以言说的心境。“月落乌啼霜满天，江枫渔火对愁眠。姑苏城外寒山寺，夜半钟声到客船。”这是人们很熟悉的唐代诗人张继的作品，抒发了一种暗夜中落寞愁苦的幽深之情。而人类的一些情愫，即便跨越千年，也能在特定的情境中产生共鸣 。

诗歌最宝贵的价值和意义，就在于它具有这种能够穿越时空激发共鸣和感动的力量。著名古典诗词专家叶嘉莹：

叶嘉莹：中国诗歌的最重要的作用就是有一种兴发感动的作用。我觉得诗歌的主要的作用就是能够使读者的心灵有一种感发可以兴起。而什么东西使你感发兴起呢？就是你所看到或经历过眼前的一切事物都可以使你感发兴起，你看到外界的大自然的景物，你可以有一种感动。杜甫的诗说“国破山河在，城春草木深”，他写的是国家的兴衰成败给你的感动，所以诗的第一个作用就是给人感动。《诗品序》上说，春风春鸟、秋月秋蝉，都可以使你感动。至于人，生死离别、喜怒哀乐的感情，你都可以用诗歌来表达，所以诗可以兴。

唐诗离中国人从来就不远，它存在于羌笛孤城里，存在于黄河白云间，存在于空山新雨后，存在于浔阳秋瑟中。只要粗通文墨的中国人一见相关的环境，就会立即释放出潜藏在心中的意象，把眼前的一切卷入诗境。北京师范大学文学院教授康震：

康震：如果你登泰山，自己写不出诗来，你可能脱口就会说：“会当凌绝顶，一览众山小。”你到庐山看瀑布，你想不出来你该怎么形容，你可能会说：“飞流直下三千尺，疑是银河落九天。”唐诗对于我们现代人来讲，一个最直接的作用就是这些古典的唐代诗歌在一定程度上，一定场合下，一定的契机下，甚至内化成了我们的一种表达语汇，潜在地我们把它当成了自己的语言，这当然是最表层的。最深层的来讲，实际这些古典的诗词因为它所具有特别的历史内涵和情感的内涵，它可以成为慰藉我们现代人内心世界的一方良药。当我们痛苦的时候，当我们失意的时候，当我们得意忘形的时候，都会有最恰当的唐诗走出来，走入我们的内心，或者给我们降温，或者给我们表彰，或者激发我们的豪情，所以唐诗作为一种历史的存在，它之所以也能成为一种现实的存在，就在于它依然对于促进我们当代人的精神生活，激发我们现代人的生活的意志和工作的激情，也能起到不可替代的作用。

诗有着典雅的面容，它的内质是生命力的勃发。因此它总能以自己独特的魅力唤起不同肤色，不同种族人们的共鸣。西南民族大学文学与新闻传播学院院长徐希平：

徐希平：很多人理解中国文化，他不是去读哲学著作，读历史，他是通过读唐诗来从中了解中国文化的大概，它里面包括儒释道的精神，多元文化丰富的东西都包含了，所以它也成为了中华文化的一个标杆。

【京剧 《红娘》选段】

这是京剧《红娘》中的一个选段，在民间总是习惯把那些热心促成别人美满姻缘的人冠以“红娘”的美称，但人们未必都知道这“红娘”的来历。红娘是元杂剧《西厢记》女主人公崔莺莺的婢女，是帮助莺莺和张生结合的关键人物。但《西厢记》的故事最初见于中唐元稹的传奇小说《莺莺传》，“红娘”形象的第一次出现正是在著名传奇《莺莺传》中，这也成为了戏曲中久唱不衰的梨园佳话。

而我们经常提到的“梨园”一词，最早见于刘昫的《旧唐书·中宗本纪》，可以看出，梨园在唐中宗时已有，它只不过是皇家园林中与枣园、桃园一样的一个游乐玩赏的园子。到了唐玄宗李隆基时，它才与戏曲结下了不解之缘，后来成为了戏曲界的代名词。

据《旧唐书·玄宗本纪》记载：“玄宗于听政之暇，教太常乐工子弟三百人，为丝竹之戏，号为皇帝弟子，又云梨园弟子，以置院近于禁苑之梨园。”由此可知，到唐玄宗时，梨园的主要职责是训练乐器演奏人员，与专司礼乐的太常寺和充任串演歌舞散乐的内外教坊鼎足而三，梨园由一个单纯的游乐园子变成了乐舞伎子演习歌舞戏曲的场所。

如今我们已经习惯把戏班、剧团称为“梨园”，称戏曲演员为“梨园子弟”，把几代人从事戏曲艺术的家庭称为“梨园世家”，戏曲界称为“梨园界”。

华清宫是唐玄宗与杨贵妃观看演出并召见文武百官的场所，其规模壮观华丽，气势雄伟。陕西歌舞剧院演员的古乐器演奏，为我们还原了唐王朝空前的繁盛气象和泱泱国风。

开元天宝年间，唐朝国力达到顶峰，史称“开元盛世”。宽广、博大、自信的胸襟，宏大、磅礴、洒脱的气质使得唐代文化在诗歌、书画、音乐、舞蹈、散文、宗教、思想方面，都达到发展的高峰，盛极一时。

唐代最著名的舞蹈当属《霓裳羽衣舞》，是唐代歌舞集大成之作，即使到现在。今天很多优秀舞剧的创作灵感都来自于这些唐代舞蹈，在被誉为“中国民族舞剧的典范”的大型舞剧《丝路花雨》中，反弹琵琶、飞天等经典动作都是从唐代舞蹈中演化而来的。

不仅如此，唐代舞对周边国家的影响也直到今天。在日本著名的面具舞中。男舞者戴面具独舞，这与中国唐代的兰陵王舞几乎一模一样。这不仅证实了唐代舞蹈的吸引力和生命力，同时也证明了唐代舞蹈是中国舞蹈史里的一段最辉煌时期。

【电影 《吴道子》片段】

这是2012年上映的电影《吴道子》片段。吴道子是一位全能画家，是中国山水画的祖师之一。他创造了笔简意远的山水“疏体”，使得山水成为独立的画种，从而结束了山水只作为人物画背景的附庸地位。

大唐的开放包容，使中外文化交流活动相当活跃，以吴道子为代表的唐代画家不断吸收外来文化，成就超过了以前各代，影响东方各国，这一时期的中国绘画具有跨时代的历史意义，也使未来的中国画家在他们的基础上再起高楼。画家萧艺：

萧艺：1937年5月，徐悲鸿到香港举办个人画展，在友人处无意中看到了一幅人物白描长卷，顿时眼前一亮。用手头仅有的一万元现金再加上自己的7幅作品，购下了这幅画，可见当时这幅画在徐悲鸿心目中的重要位置。这幅白描人物手卷，深褐色绢面上描绘了87位列队神仙，造型优美，神态各异，当时这张画我上学的时候临过，线条飘逸灵动，每个人物的刻画细节，尤其这种“虬须云鬓，毛根出肉”这种气派表现得淋漓尽致，整幅作品有“天衣飞扬，满壁风动”的艺术感染力，这是后人给他评论的。

全幅作品没有着任何颜色（白描），没有任何款识，但它的风格特点徐悲鸿一眼就看出来了，这是一幅出于唐代名家之手的艺术绝品。之所以能定位绝品就是因为当时的鉴定大家都没有看过唐代的风格。徐悲鸿将其定名为《八十七神仙卷》，并亲手将一方刻有“悲鸿生命”四个字的印章，小心地打在画面上，从此朝夕不离左右，视为铭心绝品，可见这幅画的重要性，也在徐悲鸿心目中留下了重要的地位。

1937年春，徐悲鸿返回南京。与当时著名大师张大千、鉴定大师谢稚柳在一起小聚，展开了收藏的《八十七神仙卷》。张大千见后大吃一惊，叹为观止，称这幅作品当时是国内唯一见到的一幅具有唐代人物画风的“吴带当风”，这“吴”指的是吴道子，认定这是唐代画圣吴道子的粉本，粉本就是有可能是临本、样本。对于张大千这一判断，从判断到现在也没有人反对，众人表示赞同，原因就是这幅作品的风格“唐代”太明显了。其实对于后代尤其宋代、元代、明代人物画影响甚深，所以这幅画的重要性就是大家见证了吴道子的画风，也影响了后世千年的传承。

盛唐时期的中国，国富兵强，通过由国都长安直抵地中海沿岸的丝绸之路，不但将丝绸、茶叶、瓷器等商品源源不断地运往沿途国家，更将古老而灿烂的中华文明传播四海；而通过丝绸之路进入中国的，不但有沿线的香料、珠宝、皮货、药材等琳琅满目的商品，还有纷至沓来的世界各国的国君、使臣、客商、僧侣、学生、工匠和医生。唐代，成就了古代丝绸之路的繁盛时期，为古代东西方之间经济、文化的交流作出了重要贡献。

今天的中国提出了“丝绸之路经济带”与“21世纪海上丝绸之路”的建设构想，这“一带一路”，既是我们站在人类文明发展的高度，瞻望地球村大同境界的豪迈壮举，也是赓续历史长河的新远航。中国工程院院士、香港大学前副校长李焯芬：

李焯芬：唐代让我们印象最深刻的就是它那种开放，当时唐代的国都长安，有很多的胡人，就是从丝绸之路过来的胡人，有些是波斯人，有些是其他地方来的，唐代一种非常能兼容的态度就是无论你来自哪个国家，都让你能在中国定居下来。有很多这些西域来的人，在中国留下来定居，说明它能兼容这些来自西域各国的人。今天我们讲“一带一路”，其实唐代“丝绸之路”的兴起的条件是一种非常包容，和平共同发展。现在也是讲和平共同发展嘛。

如今的“一带一路”，四大文明交汇，四十多亿人共生，不同语言，不同风俗，不同文化，在相互交往中互学互鉴，这是继承的文化旅行。位于中国湖州古村落里的钱山漾遗址被认定为“世界丝绸之源”，中国最早的丝绸织品就是从这里出土的。2015年，从这里选出来的两件精美的丝绸织品沿着古丝绸之路跨越亚欧大陆，抵达了位于世界时尚之都意大利米兰的世博会中国馆。

今天的“丝绸之路”几个字也有了全新变化，而这，代表着“一带一路”的畅想所激发出来的愿景，正在被越来越多的文明关注，也代表着沿线的各个国家即将迎来更紧密的命运交织。中华民族本着“五色交辉，相得益彰；八音合奏，终和且平”的原则，要与各国人民共合作，齐发展，创共赢。

唐人尤爱牡丹，“花开花落二十日，一城之人皆若狂”。而唐朝，恰如中国历史百花园中的牡丹：

开，倾其所有，繁华如梦。大道周边，百方来朝，任何有生命力的文化都主动靠近。

落，惊心动魄，风姿永存。被鼓励的梦想和飞扬蓬勃的诗情永远是后世文人梦回大唐的理由。

巍巍大唐其实从未走远。它气吞日月的声势，海纳百川的胸怀，缔造出中华文明史上光彩夺目的高峰，描绘了一幅中国历史云蒸霞蔚的文化图景。永远流光溢彩，一直余韵袅袅……

静水流深

第一集　文武之道

【考前提示】

今年，我省所有考试科目全部是网上阅卷。语文、外语，每个考生一张答题卡，数学和文科、理科综合，每个考生答题卡是两张……

每年的6月7日，对中国的几百万年轻人和他们的家庭来说，是一个至关重要的日子。从这一天开始，一场持续两到三天的考试，几乎可以决定他们每一个人今后的命运。这场考试，就是高考。

在我们这个古老国家里，用全国性的统一考试来选拔人才，早在一千多年前的隋朝就开始了，它就是科举。虽然和今天的高考在意义上并不完全等同，但毫无疑问的是同理同源，都是带有至高权威的人才选拔方式。

【考前提示】

考生有下列行为之一的，取消该科目的考试成绩：一、以其他方式在答卷上标记信息的；二，将试卷、答卷、答题卡、答题纸、草稿纸等带出考场的……

不过，今天的考试还算不得是最严的。中国历史上有一个朝代，不仅考生的名字要被死死地装订起来，甚至还要由专人将所有考卷誊抄一遍，以确保连笔迹都无法辨认。这样的严苛是因为：

在那个朝代，考试第一次成为选拔官员的主要方式，一旦考中直接为官，国家兴亡马虎不得。而这也使得读书人有史以来第一次取代武夫悍将，上升为一个王朝的政治中坚力量。

而在短暂的几百年中，这个王朝在经济、文化、科技和艺术领域创造了领先世界的光辉灿烂，更被许多学者评价为“中国历史上最光辉的朝代”。

它，就是宋朝。

尹祖涛：赵匡胤在马上，你看这个脸色啊，有一种什么味道在里面，什么味道啊？“不好意思”那个味道：昨天晚上还是个将军呢，现在回去黄袍一加身，回去当皇帝了，感觉有点不好意思这个感觉，很窘！有点不好意思！你看他弯着个腰啊，不是那个趾高气扬的样子……

正在讲解的，是河南省新乡市封丘县委外宣办主任尹祖涛。他正在讲解的这块石碑，刻画了中国历史上一场意义非凡的兵变——陈桥兵变。

陈桥镇位于今天河南开封北行三十多公里，因为那场著名的兵变而闻名遐迩。与寻常兵变不同的是，陈桥兵变兵不血刃，便完成了一个朝代的更替。新登基的皇帝叫赵匡胤，而石碑上刻画的他脸上的窘迫，在后世看来，更像是一场“作秀”。

唐灭亡后，中原大地政权不断更迭，历经后梁、后唐、后晋、后汉与后周五代。最后一个政权后周刚刚建都，皇帝就在征战北方强敌契丹的途中染病驾崩。新皇帝年仅7岁，难以服众。

这年的正月初一，探子突然报来一条消息：契丹兵大举南下，朝京城杀来。大敌当前，小皇帝急忙召来朝中颇有威望的一员大将赵匡胤北上御敌。

赵匡胤是河南洛阳人，生于后唐，后来投奔后周，是后周的开国功臣之一。行军一日后，大军到达汴梁北面十几里的陈桥驿，在此安营扎寨。几杯酒下肚，赵匡胤称醉，入帐休息。

夜里，军中开始弥漫一种议论："皇帝幼弱，不能亲政，我们为国效力，有谁知晓？不如先拥戴赵匡胤为皇帝，然后再出发北征。"

第二天，赵匡胤一起床，将士们就将一件事先准备好的黄袍披在他的身上，拜于庭下，山呼万岁。此时，探子又恰到好处地传来消息：契丹入侵是误报。赵匡胤于是顺理成章，班师回朝。

到达开封，守城的将领都是赵匡胤的亲信，早准备好敞开大门，迎接新天子——一切都完美而恰到好处。然而，以这种方式上位的赵匡胤，心里却很不踏实。这一点，也直接为宋朝将来一以贯之的国策——"崇文抑武"埋下了伏笔。西北大学历史学院院长、中国宋史研究会副会长陈峰：

陈峰：唐末，加上五代几十年，连在一起超过一百年，应该说是中国历史上又一个统治秩序破坏的时期。可以说是类似后世的北洋时期，北洋军阀时期经常改朝换代尤其是兵变。所以这个时候手握重兵的一些藩镇，还有大小军阀、武将们，都横行霸道。五代时期就有大军阀很自豪地说："天子者，兵强马壮者当为之，宁有种焉！"就是谁手里有实权，谁有兵，有枪，强，谁就可以当天子。赵匡胤他本人就是靠兵权起来的，所以他要汲取经验教训，防止兵变，收将帅的兵权。比如杯酒释兵权的故事……

杯酒释兵权，是宋朝很有名的一件事。登基第二年的一个晚上，皇帝赵匡胤热情地邀请几个禁军高级将领到宫中饮酒。酒兴正浓时，赵匡胤突然屏退侍从，说："我若不是靠你们出力，是到不了这个地位的。对你们的功德，我甚为感念。不过，这做皇帝也太难了，还不如做节度使快乐，我整个夜晚都不敢安枕而卧啊！"

石守信等人听了，知道话里有话，忙不迭地叩头表明并无异心。皇帝冷笑一声，说："你们虽无异心，可一旦你们的部下想要富贵，把黄袍加在你们身上，即使你们不想做皇帝，只怕到时也身不由己了。人生苦短，不过是想多聚金钱，多多娱乐，使子孙富贵。你们不如放弃兵权，到地方颐养天年，朕再同你们结为婚姻，君臣之间，永无猜忌，上下相安，这样不是很好吗？”

大将们磕头谢恩，第二天就纷纷称病，请求辞去禁军职务。皇帝欣然同意，另派一些资历浅、个人威望不高、容易控制的人掌管军队，并频繁地调换武将，使得兵不识将，将不识兵。到了后来，则直接派不懂军事、没有威胁的文官掌管军队。

【电视剧 《包青天》片段】

开铡——

中国人对戏曲舞台上或古装影视剧里横在包公乌纱帽后面的那两根长条状的翅翎并不陌生，在人们的印象中，那是宋代官帽的一种独特标志。而实际上，这种帽子竟是起源于宋太祖赵匡胤极度的疑心。

尹祖涛：这个帽子是宋朝独有的帽子。赵匡胤后来当了皇帝以后呢，他很多疑，他怕别人叽叽咕咕叽叽咕咕经常议论这议论那啊，说他皇帝不是正规的皇帝啊，是通过篡权过来的皇帝啊——他很忌讳这个。最忌讳的是什么呀？最忌讳的是在上朝的时候，这些大臣们相互交头接耳。

他就想了一个法子，什么法子啊？在帽子两边各加一尺半到二尺的一个棍儿，加了之后呢，你们交头接耳的时候，你扭头的时候，棍儿之间都相互碰撞了，所以叫你自己把这个距离拉长，拉长以后呢，小声说话你就都听不见了，你就得声音大了，声音大了他就可以听到了。周边的这些人员呢就可以打探到消息。这就叫做“翅帽”。

而文臣的力量真正壮大起来，是在宋代的第二个皇帝——宋太宗时期。这位皇帝对科举的极力推崇，让文臣真正成为了官僚队伍的主体。

科举制，是中国古代通过考试选拔官吏的制度。由于采用分科取士的办法，所以叫做科举。它打破出身的垄断，使社会中下层的人才得以进入上层，施展才智。科举制起源于隋唐，并非宋代首创，但却在宋代达到了空前的辉煌。南京师范大学文学研究所所长、中国宋代文学学会副会长钟振振：

钟振振：唐代进士考试的合格者并不能够立刻给官做，只是取得了做官的资格。要想真正做官，还要去参加吏部的考试。这个吏部就相当于我们现在的组织部、干部部了。宋代呢，可是一考中进士，立刻就给官做。

按照唐代官员的构成来讲，进士考试不是做官的唯一通道，更大的一个通道是"门荫"。比如说五品以上官员，就是一到五品的官员，他们的子弟，就是我们今天讲的"官二代"、"官三代"、"官N代"，他们有资格不通过考试直接进入仕途。但是宋代就不一样了：宋代也有"门荫"，但是数量相对来说就少多了。而且这样的官员进入官场以后是被人瞧不起的，给他们安排的工作也多是打杂的。所以凡是有志气的官员子弟，觉得自己学习成绩好，就报名参加进士考试，希望通过正当正常的途径进入仕途。

在考试内容上，宋代的侧重点也发生了变化。唐代科举考试的主要内容是诗赋，考文学创作、文化素质。而到了宋代，不仅要考诗赋，还要考策论：让考生对当前国家面临的问题提出对策。这使得宋代的很多官员都有很强的实务精神，比如一位科举出身，变法改革的宰相、文人：王安石。

"远色入江湖，烟波古临川。"江西临川是中国历史上有名的才子之乡。直到今天，临川一中依旧声震全国，从这里考入北大、清华、中科大少年班的学生数量居全国前列。

这里也是王安石的故乡。二十岁那年，他从这里考中进士，后来成为宰相。王安石变法又称"熙宁变法"，是在宋朝第六位皇帝宋神宗的大力支持下，以发展生产、富国强兵为目的的一次规模巨大的社会变革运动，涉及政治、经济、军事、文化各个方面，产生了深远的影响。但是，变法触动了大地主阶级的根本利益，遭到强烈反对。最终，随着支持变法的宋神宗的去世，变法也以失败告终。然而，宋代君主对文臣的赏识和重用却不曾动摇。

军事和武力重要性的不断下降，还与宋代"守内虚外"的国防政策密切相关。在宋代，一统天下的梦想逐渐被放弃，国家军事的重点目标由开疆拓土变为对付内部乱臣贼子的寻常任务，很明显，这直接导致了武将地位的降低。而这样的国防政策，很大程度上是由宋代国防的先天不足决定的。

五代时期，北方燕云十六州逐渐为少数民族夺取，这使得宋代的北部边境缺乏天险，国防长期处于忧惧之中。直到今天，我们依旧可以从建筑上发现一些蛛丝马迹。

记者：这是从什么时候开始挖的？

葛奇峰：2012年。

记者：2012年？就是说前四年才挖出来这些？

葛奇峰：考古是非常慢的。我们要一层一层地截取，每一层截取完了还要信息提取……

今天的开封城西，有一座特别的博物馆——城摞城博物馆。开封市文物考古研究所副研究员葛奇峰是城摞城遗址发掘考古队队长。跟着他进入馆内，我们不禁惊叹出声。

记者：这边是还没有开放吗？

葛奇峰：还没有，我们还正在发掘。

记者：哇！好壮观啊！真的很壮观……这个地方有一个足球场那么大吗？

葛奇峰：这是3000平方米啊！南侧还有1000平方米。我们将来准备在这个棚子里面挖4000平方米。想把这个新郑门完全挖出来。（指点）这个地方是清代的院落，这个地方有明代的东西，看那下面！有一层黄色的东西，那一层，看到没有？黄色的，往下面，那几层，都是宋代的堆积……

开封有一句民谚：“开封城，城摞城。”历史上，穿城而过的黄河时常泛滥，曾将这里七次完全淹没。而水患退去后，人们在原地重建家园，城市一层摞着一层。今天的开封，地面之下摞着七个不同的朝代。

城摞城博物馆的垂直下方是北宋时开封城的一道主要城门——新郑门。考古发现，这间城门加上了一道叫做“瓮城”的“二城门”。专家认为，这也反映了宋代在国防上的忧惧。

由此，经过宋初两朝君主，宋朝的文武关系出现了前所未有的变化，不仅扭转了以往朝代文卑武尊的状况，甚至形成了反转性的文尊武卑的局面。而到了第三位皇帝宋真宗时，因为历史上一次有名的盟约，文治的治国方略最终定型，这就是著名的“澶渊之盟”。

公元1004年秋，辽军率大军南下，一路打到离宋都开封不过几百里的澶州城下。宋真宗想弃城南逃，无奈宰相寇准等人坚持，只好硬着头皮御驾亲征。幸运的是，辽军主将被宋军一箭射死，士气一落千丈，向宋求和。

其实就当时形势分析，辽军处于危地，宋军只要敢于反击，完全可以取得威慑性的战果，在和议中占据上风。但一贯怀柔的倾向让宋朝不假思索地接受了和议，还答应每年向辽进贡银十万两，绢二十万匹，这就是著名的“澶渊之盟”。

而“澶渊之盟”之后，宋朝统治者片面地获得了一种启示：通过破财的方法也能轻易消除战争。从此国策更加怀柔，军事的地位继续下降。至此，朝中上下已形成浓烈的“崇文抑武”之风，从中央到地方，甚至在最高的军事决策机关内，科举出身的文官都成为政治的中心力量。到了后来几朝，抑制武臣走向极端。南宋时期，甚至不惜通过杀害岳飞的方式收取兵权。杭州社科院南宋史研究中心主任何忠礼：

何忠礼：南宋抑制武臣是一贯的，与北宋一样。宋高宗赵构对武臣势力在战争中的崛起心存疑虑：一方面他急于与金人议和；另一方面，他又怕武臣势力在战争当中增强以后，发生"尾大不掉"的情况。那么岳飞非要打，你怎么好不听我（皇帝）的话呢？所以岳飞还有一点：他不懂得政治规矩，就是"武臣干政"了，宋高宗很不痛快。当然另外一方面，杀岳飞也是给其他将领看的——杀鸡给猴看。

在三百多年的时间里，抑武修文深入地渗透到宋代社会的方方面面，产生了经久不绝的历史回响。从政治上来讲，形成了独特的政治文明：社会秩序相对稳定，没有地方割据；宋代不杀"上书言事者"，文人士大夫勇于承担政治责任，具有强烈的国家认同感，造就了"先天下之忧而忧，后天下之乐而乐"的高尚情怀。

文化上，创造了领先世界的光辉灿烂：四大发明中有三大发明诞生于宋朝；百姓的文化素养大为提高，尊师重教蔚然成风；官员和皇帝也多是有才之人，譬如创造了"瘦金体"的宋徽宗：这种字体骨格清丽，具有很高的审美价值，在我们生活的今天依旧流行。

经济上，相对宽松稳定的社会环境滋养了工商业的发展，才有了《清明上河图》中描绘的繁荣图景。

另一方面，以文治国也有难以忽略的消极影响。譬如：以科举为背景的文官往往务实不足，行政系统效率低下。官员普遍欠缺军事才能，在抵御外敌上，国家长期怀柔，被动挨打。

著名史学家陈寅恪曾有这样的评价："华夏民族之文化，历数千载之演进，造极于赵宋之世。"在中国历史的长河中，宋朝独特的政治文明，使其成为中国历史上经济、文化、教育最繁荣的时代，达到了封建社会的巅峰，不仅让无数文人志士有如繁星点点，闪烁昊天，更在历史长河的澎湃波涛中，激荡出恢弘雄壮的不绝回响。

第二集　四时书香

身世朦胧，大概来自一股历史悲情。回避，是忘记悲情的良方。如果我们说香港人没有历史感，这句话不一定包含贬斥的意思。路过宋皇台公园，看见那块有点呆头呆脑的方块石，很难想象七百多年前，那大得可以站上几个人的巨石样子，自然更无法联想宋朝末代小皇帝，站在那儿临海饮泣的故事了。

这是香港作家、学者小思在《香港故事》当中的一段文字。小思，1939年生于香港，本名卢玮銮，她一直埋首于香港文学的口述历史，以香港文坛的“擎灯使者”获得了2015香港艺术发展奖的终身成就奖。沉潜敦厚、谦恭坚毅，小思携书香而来，穿越了斑驳的时光印痕而没有褪色。

小思：我去内地旅行，哇，看见那些地名，就好像是我小学的时候念过的历史，经过一个一个地方，哇，什么洛阳啊，什么西安……这些都是历史嘛。但是我是从哪里学的？我是从文学里头学的。

现代的香港，摩登而梦幻，在香港市民的急促步伐之间，大概没有人能够在宋皇台前再去凭吊千年前这位历史人物的命运。而小思却用自己的文字，用《香港文学散步》、《香港家书》等书册将香港朦胧的身世变清晰。

人类发展的图志当中，书籍的作用无法回避。小思用书籍记录着香港的文脉，而世人则通过书籍来了解一段历史，知晓一个故事，感受一种力量。对于文人来说，宋朝会是他们向往的时代。因为大宋王朝崇尚文治，科举制度的推行、士大夫阶层的崛起、朝廷对教育的重视以及图书印刷业的发达，使得这一朝代书香弥漫。

“为学之道，莫先于穷理；穷理之要，必先于读书。”宋代大儒朱熹在朱子哲学之中说，读书是格物的最主要的工夫，对读书作为工夫的肯定以及以读书为背景的哲学建构，是朱熹对孔子“学”的思想的重要发展。

【朱子家训】

诗书不可不读，礼仪不可不知。子孙不可不教，童仆不可不恤。斯文不可不经，患难不可不扶……

朱人求，朱熹第二十七代裔孙，现在在厦门大学国学研究院担任副院长。他说，在朱子的祭祀礼上，朱家的后人都要齐声背诵朱子家训，继承朱子的格物致知精神。

朱人求：“格物致知”就是即物穷理，就是通过接受事物，去穷究事物背后它的根本的规律、最后的天理。“格物致知”实际上就是让你去读书，要学习，终生去学习，这个都是朱子哲学里面非常宝贵的东西。

2015年5月21日，全球首座实质运行的朱子书院在厦门同安开院，作为同安的文史专家，颜立水给来这里参观的人讲解着朱熹与同安和福建的渊源。

颜立水：比方说这个讲学啊，还有办学的风气都是从朱熹那时候开始学来。因为原来这边闽南特别同安这一带的民风不好，民风强悍，素称难治，不好治理的，也不讲礼貌，反正就是民风不好。但是他来了以后，一个要从教育入手，所以要办学校，要讲学，要来宣传孔孟之道这套理论。

很多时候，我们会说朱熹是哲学家、思想家，但实际上，他也是一个教育家。南宋书院有267所，跟朱子相关的就有67所，占比超过四分之一。在宋代，得益于统治者的鼓励和科学技术的发展，教育突破了贵族的把控，更多的平民阶层有了受教育的机会，宋代人民整体文化水平的提升成效显著。香港树仁大学历史系教授张伟国：

张伟国：宋朝因为有这个教育的普及，印刷的那个发展，所以一般老百姓读书能力比较强了。另外一方面，五代以来，世家大族也没法子再维持他们那个崇高的、至高无上的地位了。好了，到了赵匡胤起来的时候，由赵匡胤开始，开科取士，考科举。唐朝科举已经有了嘛，隋朝也有，唐朝的科举每一科录取的人几十个人，少的时候几个人而已，对整个推动那个民间的教育，帮助不大。而且很多唐的大官都是明经科出身，就是经学，儒家经学出身，进士科出身的人不太多。到宋朝以后，宋太宗的时候把那个科举，名额大大扩大，几百人，一科几百人，而且考中进士以后都能当官，那人人都读书，宋朝人开始各种各样的科目都有了。

尽管造福宋代教育向市民阶层普及的是雕版印刷，但是文化水平的提高也为"印刷术2.0版本"的发明造就了基础，在沈括影响世界的科学著作《梦溪笔谈》中，用不到三百字的篇幅记录下了中国古代四大发明之一的活字印刷术及其发明者毕昇。毕昇纪念馆讲解员：

讲解员：对于毕昇这位伟大的发明家，唯一的文献记载，就是沈括的《梦溪笔谈》第十八卷，作者一共是用了274个字做介绍，然而谈到毕昇的也仅仅只有12个字，就是我们看到的"庆历中，有布衣毕昇，又为活板"。所以对于其他的毕昇整个家族，他的生卒年月日均语焉不详，所以他的身世是给我们很多人带来了一个千古之谜。

湖北省黄冈市英山县——毕昇故里，一座群山环绕之中的小城，因为武英高速的开通而让更多的人了解了这里漫山遍野的杜鹃花。被杜鹃花海吸引来的游客会在大街小巷看到毕昇的影子——毕昇大道、毕昇饭店、毕昇森林公园。人们用这样的一种方式纪念毕昇，纪念这位改变了世界的北宋布衣。

冯成仁：你看2002年我断断续续十年时间把《梦溪笔谈》记载的毕昇以往，以纯胶泥加工，什么成分都不掺，制成了五千多个泥模，这是四千多个，还有外面博物馆还有。一百多枚印章，五十多幅版画，还印出效果都比较好，这是印出来的，这个对联。

记者：而且还能控制字体，大小也可以。比我们想象的要清楚很多。

以“毕昇”命名街道和建筑大抵是纪念一方先贤最常用的方式，而冯成仁老人对毕昇的纪念则是体现在了复活泥活字印刷的行动上。老人用泥活字印制了书页、画页，都非常清晰，他也觉得很自豪。

冯成仁：关键是发明，做事容易，发明不容易，我学都学不会。毕昇这个活字是一种很复杂，高层次的科学。没有一定文化程度，没有一定耐力做不到。

宋代是我国雕版印刷术发展的鼎盛时期。两宋所刻的书籍在数量、字体、版印、用纸、规模、发行等方面都达到了历史上的最高水平。同时，宋代又发明了活字印刷术，这是印刷史上的重大革命，为我国四大发明之一，被誉为世界文明之母。开封科技局副局长刘伟引用马克思的话总结了宋代的科技发展：

刘伟：火药、指南针、印刷术——这是预告资产阶级到来的三大发明。火药把骑士阶级炸得粉碎，指南针打开了世界市场，并建立了殖民地，而印刷术则变成了新教育的工具和科学复兴的手段，变成对精神发展创造必要前提的强大杠杆。这是马克思对宋代的三大发明的高度概括。

高光满：看到那个时刻，出，午出，然后一个时辰它有午时、午出、午正，像我们说午时的话，12点就是午出，一点就是午正，下来你对准那个时辰之后，它对应下面有个刻，一刻就是我们现在的15分钟，一样的。

厦门同安科技馆馆长高光满介绍的是宋代一个伟大的科技发明——水运仪象台，发明者是被称为宋代创客的苏颂，他被研究者认为是钟表的鼻祖。

高光满：我们在前面看，然后这162个小木人的话都是各司其职，什么时候哪个小木人出来，原来就把这些小木人固定在你该在什么位置就在什么位置，已经固定好。他靠什么，靠水利驱动带动这么一个大盘，哪个时辰是几点，对应下来几刻就大概是，一刻一千年前就能够精确到15分钟了。

两宋时代与北宋并存的是辽和西夏，与南宋对峙的是金，中原王朝的科学技术达到了中国古代历史上的最高峰。而总结了中国古代，特别是北宋时期科学成就的著作《梦溪笔谈》更被评价为“中国科学史上的里程碑”。英国著名科技史学家李约瑟说过：“对于科学史学家来说，唐代却不如后来的宋代那么有意义。这两个朝代的气氛完全不同。唐代是人文主义的，而宋代则着重于科学技术方面……每当人们在中国文献中查找任何一种具体的科学技术史料时，往往会发现它的焦点就在宋代。不管在应用科学方面或是纯粹科学方面都是如此。”

书籍是知识的象征，科技的发展为教育提供了条件，而教育的广泛普及大大提高了人民群众文化素质，推动了整个社会的文明发展，为宋代科学技术的普及和发展打下了良好的基础。宋代教育十分突出务实精神，讲实效，求实功，即便是名山之中大儒坐镇的书院也从来没有孤芳自赏，断了与尘世的往来。河南省登封市文物管理局副局长宫嵩涛：

宫嵩涛：你来看这个碑，上面写着：北宋的时候，司马光、程颐、程颢、李纲啊这些人来嵩阳书院讲学。他们为什么会来这里讲学呢？王安石变法时候，意见不合，然后至此。

宋朝是中国历史上士大夫阶层的黄金时代，宋太祖立国后，为了避免北宋成为五代之后第六个短命王朝，积极推行“重文轻武”政策，防止军人夺权或割据。而读书人即使出身低微，只要通过科举考试，也就进身士大夫阶层，获得较高的社会及政治地位，于是弃武习文成为社会风尚。加以宋代中央王朝大力兴办各级官学，带动了重视教育的社会风气。但人口的增长和官府财政能力的限制，使得教育的社会需求远不能满足，于是私人兴办的讲学书院应运而发展起来。

宫嵩涛：嵩阳书院在五代的时候，就已经云集一大批专家学者在这里边讲学，有些人是为了专一地讲学，更多的人是为了躲避战乱。到北宋的时候，赵宋朝廷把他的家庙设在嵩山，这个家庙的名字就叫崇福宫，就在嵩阳书院东边不远的地方。当时凡是到崇福宫主祀的这些官员，必须都是向朝廷立请而后授，就是往往自己申请多次才得到皇帝的批准以后，从开封到嵩山，管理崇福宫。在管理崇福宫期间，因为嵩阳书院毗邻崇福宫，来到崇福宫主事的这些人，往往又都是当时比较有名的学问家，他们这些人在管理崇福宫之余，往往也到书院里面讲学，阐明自己的学术观点，来扩大影响力。往往因为这个在政治因素的影响下，有一大批这些专家学者到嵩阳书院讲学，有范仲淹、司马光、程颐、程颢这些人来到嵩山。嵩阳书院出现了很兴盛的讲学场面，古人在这个文献里边形容当时是“摩肩接踵”，参加讲学者数百之多。

书院，最早见于唐代。唐玄宗以后，官办的书院只是藏书与修书的场所。书院作为与官学不同的社会文化力量，与理学发展结下了不解之缘。

宫嵩涛：因为二程学说形成以后，首先向外传播的是嵩阳书院一个有名的学生，叫杨时。杨时在20岁的时候到嵩阳书院来跟随程颐学习，40岁的时候，第二次到嵩阳书院来跟随程颢学习，深受二程的真传，对新儒学的核心内容都掌握起来。然后到江南以后，他广泛对二程的新儒学内容进行了传播。所以到朱熹的时候，又把二程学说进一步丰富完善以后，形成了咱们现在所说的程朱理学。

宋代是春秋战国以后中国哲学思想另一个繁荣的时代。理学是宋代哲学思想的最大成就。理学作为儒家士大夫的文化，对民众生活有其引导的作用。南宋晚期，理学成为中国的正统思想，自此支配中国文化数百年之久。香港树仁大学历史系教授张伟国：

张伟国：中国的小孩学习的时候，学《千字文》，《千字文》头一句就是“天地玄黄，宇宙洪荒”。第一个字是“天”，我们要尊敬“天”。但是宋以后，小孩学那些东西，用《三字经》，《三字经》第一句是怎么讲？“人之初，性本善”，对吗？第一个字是“人”字。我们怎么能做人，怎么样做好我们的人，刚才我们讲了，尊天、君，然后尊敬父母，尊敬老师，为我们的底下子孙万代做好我们的本分。

著名学者陈寅恪曾评论：“华夏民族之文化，历数千载之演进，造极于赵宋之世。”宋代的科技、教育和理学研究，不仅影响了此后近千年中国社会的发展，也影响了整个世界的历史文明进程。

【朗诵】

蹉跎莫遣韶光老，人生唯有读书好。读书之乐乐何如？绿满窗前草不除。

宋人翁森曾作《四时读书乐》，用四首诗来咏叹不同时节读书的乐趣。宋代的书香堆起了那个时代的文化高度，而今天的我们，在日益多元化的信息接收渠道面前，香港作家、学者小思说，也不要辜负了四时书香：

小思：我觉得慢慢来有一个转机啊，我相信他们看很快很快的东西，慢慢老了以后就觉得还是不能追。我等一等，有些时候，历史还是需要等一等……

第三集　词情画意

宋词，标志着宋代文学的最高成就。

词，起源于隋，滋养于盛唐，定型于五代，盛于宋。

这种文学样式，作为古代的“歌词”，集文艺、浪漫、雅致多种气质于一身。

【歌曲　《白石道人歌曲》】

我们此时听到的旋律，是南宋姜夔《白石道人歌曲》的音乐作品，能够很大程度上反映宋代关于词和曲的意涵。

曲调上，燕乐影响了后世词的发展。作为北周和隋以来的一种音乐，燕乐主要用于娱乐和宴会的演奏。词的创作，正是被用来配合这种旋律。

由于燕曲的流行，文人雅士也就萌生了依附韵律重新填词的创作欲望，他们借有韵律的长短句抒发自己内心的思绪，又称“倚声填词”。而随着时间的推移，这种为配合乐音而诞生的词，更简称为“曲子词”。

白居易的《忆江南》等属于最早的文人词作，它们标志着词体形成的萌芽状态。这些词中继承并发扬了民间曲子词清新流畅、情真意挚的传统，不仅增加了其底蕴和表现力，沉郁雄放的词风也对后世有着深远的影响。

如果说诗言志，是与盛唐的气韵一脉相承，那么词，侧重表达内心情感，与其源自燕乐、民间曲子词不无关联。如果认为前者注重抒发内心抱负，后者则可以理解成因朝代更迭，使压抑已久的内心情愫，随着社会阶层的变化，逐渐翻露波澜。

在晚唐诗人的作品中，这种情绪的线索，也可以窥见：

夜夜相思更漏残，伤心明月凭阑干，想君思我锦衾寒。　咫尺画堂深似海，忆来惟把旧书看，几时携手入长安？

这是韦庄的词作《浣溪沙》，与之相比，晚唐词家韩偓的《五更》虽形式有异，格调却惊人地相似：

往年曾约郁金床，半夜潜身入洞房。怀里不知金钿落，暗中唯觉绣鞋香。此时欲别魂俱断，自后相逢眼更狂。光景旋消惆怅在，一生赢得是凄凉。

有观点认为这首《五更》是韩偓以诗的形式，写出颇具情物品质的词意。诗为心声，词乃情物。

随着唐代的结束，词的创作中被赋予了更丰富的内涵和普遍的情感，并逐渐发展起来。山东大学文学院教授王小舒：

王小舒：词，是一种音乐文学，在隋唐时期，称为曲子，后来又叫曲子词，到了宋朝出现一种空前的兴盛，规模大大超越唐朝，成为了人们所说的一代之文学。我个人的观点，既是音乐文学，是演唱的；也是都市文学，是歌词，借助着宋代都市的发达和文化消费的需要，在这样的环境中发展、发达起来，在雅俗两道之间。

宋词，一方面是不同于古体诗的文学体裁，另一方面可以被视为“歌词”，作为一种音乐文学，附和着旋律，走进千家万户。

宋词的产生、发展，以及创作、流传都与音乐有直接关系。并可简单地以长和短予以划分。

例如小令、中调和长调，差别在于字数的多少。另一方面，只有一段的词，称为单调；分为两段的，称双调；分为三段或四段的，称三叠或四叠。

而依照音乐性质，词又分为令、引、慢、三台、序子、法曲、大曲、缠令、诸宫调九种。

若依据拍节，则分类更为简洁，又可分为令、引、近、慢。

所以大家耳熟能详的《如梦令》、《声声慢》等作品也可由此代入分类。

【歌曲 《但愿人长久》】

明月几时有，把酒问青天。不知天上宫阙，今夕是何年……

王菲演唱的这首《但愿人长久》，源自苏轼的名作《水调歌头·明月几时有》，宋代的音律，也是如此吗？北京师范大学文学院教授康震：

康震：古代的旋律与现代不同，古代没有这么丰富的音阶。例如姜夔记录词用工尺谱，但对当代人来说，像天书一样，极为难懂。那个时候文人雅士的欣赏与我们不同。第一，其中有情感。第二，在当时宋代欧阳修、苏轼这样的三品以上大员能写这样乡间小词，柳永这样职业的词人也能来一套。我们喜欢听王菲唱的宋词，是重新谱过曲的，符合我们的需要。但很幸运的是，文字的变化，具有强大延续性和稳定性。它变成U盘，存储着巨大的情感空间，我们可以阅读它。

宋词不仅可以依据长短、音律窥见差异，还可从词牌的名字上展开遐想。

词牌，可以理解为当时的固定曲调或者说词的格式，其名字产生，大致分为三种情况：

一是乐曲的本名。例如《菩萨蛮》，据说是女蛮国派使者进贡，她们梳着高髻，戴着金冠，满身璎珞，像菩萨，当时教坊就因此制成《菩萨蛮曲》，于是后来《菩萨蛮》成了词牌名。再如《西江月》、《蝶恋花》等，都属同一类型。

二是摘取一首词中的几个字作为词牌。例如《忆秦娥》，开头两句是“箫声咽，秦娥梦断秦楼月”。

三是词原本的题目。例如《踏歌词》咏的是舞蹈，《舞马词》咏的是舞马，《渔歌子》咏的是打鱼，《浪淘沙》咏的是浪淘沙，词牌同时也是词题。

词作为一种文学风格，又可概括为婉约派、豪放派两类。

这种观点最早见于明代词曲家张綖的《诗余图谱》：“词体大略有二：一体婉约，一体豪放。婉约者欲其辞情蕴藉，豪放者欲其气象恢弘。”

被归类于婉约派的宋词，其内容更侧重儿女风情，结构深细缜密，音律婉转和谐，语言圆润清丽，有一种柔婉之美。

由于长期以来词多趋于宛转柔美，人们便形成了以婉约为正宗的观念。如王世贞的《弇州山人词评》以李煜、柳永、周邦彦等词家为“词之正宗”，正代表了这种看法。婉约词风长期支配词坛，直到南宋，姜夔、吴文英、张炎等大批词家，无不受其影响。

【朗诵】

一曲新词酒一杯，去年天气旧亭台。夕阳西下几时回？　无可奈何花落去，似曾相识燕归来，小园香径独徘徊。

这首《浣溪沙》，是开创北宋婉约词风、被称为“北宋倚声家之初祖”的晏殊的名作。比照杜甫，并结合词中描写的意境，北京师范大学文学院教授康震解读出一种新的意蕴：

康震：有一天傍晚，宰相在家后花园，夕阳西下，看见燕子飞来，看见小鹿，看见天气挺好，就写下来。这与杜甫的深忧不同，忧国忧民忧君。北宋初期，他（晏殊）做的是太平宰相，词有富贵气，也许什么也没说，透露出一种安闲，一种可能的淡淡的忧伤。

晏殊的词，写艳情而不纤佻，写景重其精神，在伤春怨别情绪中，也能表现出一种理性之反省及操持，透露出一种圆融旷达，形成了自己的特色。

作为宋代婉约派词作家的代表，有两个名字是不能不提的。一个是柳永，另一个是李清照。

柳永的词，在生活与情趣间带来了前无古人的新鲜，康震认为：

康震：柳永是音乐家，对词的重大的贡献有两条，第一，他把词从士大夫吟咏的高端的云里，拽了下来，写丰富的城市生活，写乡间的城市的角落的生活，这以前从没有人写过。第二，他创作了慢词，柳永以后的词人之所以能够把词的创作极大地丰富，很大的原因是柳永在体制上进行了创新，在题材上拓展了新的领域。

柳永的词流传极广，“凡有井水饮处，皆能歌柳词”。这种流传也对后继者的创作产生了极大的影响。

而李清照的作品，则可由她的故居，窥见风采。山东省济南市李清照纪念馆讲解员孙文珺：

孙文珺：我们现在来到的小院，种着很多植物，芭蕉、海棠、桂花，这些都是李清照喜欢的，也是出现过在她作品中。比如芭蕉：窗前谁种芭蕉树，阴满中庭，阴满中庭，叶叶心心，舒卷有余情。海棠，就是我们最熟悉的那首《如梦令》了：昨夜雨疏风骤，浓睡不消残酒。试问卷帘人，却道海棠依旧。知否？知否？应是绿肥红瘦。

李清照的词，善于把口语锤炼得浅切平易、活泼动人，富于表现力，用于塑造鲜明的艺术形象。像她十八岁结婚前写的词，语言就已经锤炼得很见功力了：

薄雾浓云愁永昼，瑞脑消金兽。佳节又重阳，玉枕纱厨，半夜凉初透。　东篱把酒黄昏后，有暗香盈袖。莫道不销魂，帘卷西风，人比黄花瘦。

重阳节，时过秋分，已经昼短夜长，“薄雾浓云愁永昼”并非描绘天气，而是丈夫不在，空房独守，表达无以消遣的内心感受。

公元1126年靖康之变发生，四十三岁的李清照，由温馨的夫妻梦中被惊醒，带着十五车书，远赴江南。三年后丈夫去世了，时时处处都受着灾难的窥伺。而在她的词中，早年那种清脆可口的闲愁再也找不回来了，剩下的只是凄厉和苦涩。

【歌曲 《声声慢》】

寻寻觅觅，冷冷清清，凄凄惨惨戚戚。乍暖还寒时候，最难将息。三杯两盏淡酒，怎敌他，晚来风急。雁过也，正伤心，却是旧时相识……

这是由高晓松重新作曲，刘欢演唱的李清照的名作《声声慢》。后人的旋律，让李清照的词焕发出新的韵味。

宋词中豪放派的特点，则倾向于创作视野较为广阔，气象恢弘雄放，喜用诗文的手法、句法写词，语词宏博，用事较多，不拘守音律，然而有时失之平直。

苏轼，是豪放派的重要代表人物。

公元1082年，四十六岁的苏轼，在黄州赤壁酹江亭写下了震古烁今的名词《念奴娇·赤壁怀古》：

大江东去，浪淘尽，千古风流人物。故垒西边，人道是，三国周郎赤壁。乱石穿空，惊涛拍岸，卷起千堆雪。江山如画，一时多少豪杰。　遥想公瑾当年，小乔初嫁了，雄姿英发。羽扇纶巾，谈笑间，樯橹灰飞烟灭。故国神游，多情应笑我，早生华发。

“大江东去，浪淘尽，千古风流人物。”起首两句就像长江的巨浪，滚滚而下，气势磅礴。“故垒西边，人道是，三国周郎赤壁。”点出赤壁怀古的题旨。

用词来凸现英雄人物，在词坛开辟豪放一派，苏轼当之无愧。范仲淹、王安石，都曾写过豪放风格的词，但仅是兴起为之，对宋代词坛并没有形成扭转风气的作用。从苏轼起，词才从歌楼酒馆里唱着玩儿的风流小曲，开始变得讲究身份，有了与诗相提并论的资本。北京师范大学文学院教授康震：

康震：苏轼对词的贡献很大，第一次用词来完整地写士大夫的完整的精神世界，此前欧阳修们用词写艳情，柳永用词来写民间的男欢女爱，还没有一个士大夫把词像诗一样书写自己完整的情感，把词提到了和诗一样的地位。

【卜算子·黄州定慧院寓居作】

缺月挂疏桐，漏断人初静。谁见幽人独往来，缥缈孤鸿影。惊起却回头，有恨无人省。拣尽寒枝不肯栖，寂寞沙洲冷。

这首词是苏轼被贬到黄州时所作，“拣尽寒枝不肯栖”的孤鸿，也许便是他无处依托的投影，而“有恨无人省”则道出了这位高傲不羁的词坛奇才在人生沉浮中无法与人言说的内心悲苦。

【歌曲 《辛弃疾》】

醉里挑灯看剑，梦回吹角连营。

弓如霹雳惊弦，风流总被雨打风吹而去。

怎见气吞万里如虎，一笑人间万事。

春风不染白发，怎忘寒冬冰秋？

醉里且贪欢笑，廉颇未老乐悠悠……

这首歌，是羽泉组合创作的流行音乐《辛弃疾》，单从歌词的角度看，融汇了辛弃疾许多名篇的佳句。

辛弃疾的词极大地继承了豪放词风，以大开大合的结构呈现作品，大起大落的情绪抒发情怀，辛弃疾与苏轼并称“苏辛”，都是豪放词派的代表人物。但与苏轼不同，宋代社会的变迁，成了辛弃疾创作的苦泉。山东大学文学院教授王小舒：

王小舒：辛弃疾，爱国，又处在一个志不得申的状态。知识面广博，经史子集，在他的词里涵盖了中国文化的诸多方面，又表达了深厚的、悲壮的情怀，这种精神在中国文化史上具有特殊的意义。

公元1161年，金朝大军南侵，想一举消灭南宋，二十岁出头的辛弃疾在山东济南拉起一支两千人的队伍誓死抗金，阻止了金军的进程。第二年，辛弃疾从南宋回来复命时，又奇袭叛徒张安国的营寨。

但保家卫国的赤子忠心，却无法实现。一代豪杰辛弃疾只好用词，来表达胸中的义愤：

郁孤台下清江水，中间多少行人泪。西北望长安，可怜无数山。青山遮不住，毕竟东流去。江晚正愁予，深山闻鹧鸪。

这首容量有限的小令，用比兴手法借景抒怀，把作者满腔的悲郁和怨愤，浓缩在词句的字里行间。北望长安，怀念故土失地，发出壮志难酬的慨叹。山东省济南市辛弃疾纪念馆副馆长孟庆燕：

孟庆燕：辛弃疾，22岁在故里聚义抗金，南归后，上《十论》，进《九议》，全面论述治国、恢复方略，政绩显著，却屡遭诬陷，赋闲二十余载。由于南宋朝廷腐朽、偏安，致使他报国无门，满腔悲愤化作辞章，以横绝六合扫空万古之势，写下长短句600余首，在词坛产生巨大影响。

在辛弃疾之前，李清照提出“别是一家”的词论，指出词是不同于诗的一种独立的抒情文体，从本体角度进一步确立词独立的文学地位。

此外，这一时期也涌现出越来越多的爱国词人，他们看到国破家亡、民不聊生，希望保护自己的国家。除了刚刚提到的辛弃疾、李清照，还有朱敦儒、张元幹、叶梦得、岳飞等耳熟能详的名字。宋词也在相应时期，由反映文人积极入世、感时伤怀的忧患意识，转向爱国主义这一重大的社会主题。

陆游，虽然他那首描写相思之苦、凄楚痴情的词作《钗头凤·红酥手》作为名篇佳作世代流传，但为后人称道最多的，还是他在家国情怀方向的创作。作为“辛派词人”的中坚人物，陆游的词作存世共约一百四十余首，创造出了稼轩词所没有的另一种艺术境界。

陆游词境的特点是将理想化成梦境而与现实的悲凉构成强烈的对比，如《诉衷情·当年万里觅封侯》，回想当年，满腹怆然。陆游晚年的作品《卜算子·咏梅》，上阕写景，下阕表志，借咏梅以表达其坚定不移的爱国立场和政治节操：

驿外断桥边，寂寞开无主。已是黄昏独自愁，更着风和雨。　无意苦争春，一任群芳妒。零落成泥碾作尘，只有香如故。

《满江红·怒发冲冠》是抗金民族英雄岳飞的经典作品，抒发了精忠报国的英雄之志，表现出一种浩然正气，是爱国主义词作的又一代表。

上片描绘悲愤中原重陷敌手，痛惜前功尽弃的局面，也表达自己继续努力，争取壮年立功的心愿。下片运转笔端，抒写词人对于民族敌人的深仇大恨，统一祖国的殷切愿望，忠于朝廷即忠于祖国的赤诚之心。

怒发冲冠，凭栏处，潇潇雨歇。抬望眼，仰天长啸，壮怀激烈。三十功名尘与土，八千里路云和月。莫等闲，白了少年头，空悲切……

从宋朝建立到灭亡，王朝兴衰，时代更迭。文人们以享乐之情、溢美之念，令词由俚俗浅显变得典雅文丽；用去国怀乡的愤然之感，抵御外敌、光复河山的悲壮之志，使词愈发恢弘。这种集语言、文字、音律的文学样式，也伴随历史进程，有了更多的承载。

宋词，作为中国文学一个阶段的高峰，不但是文明的印记，也用富于“美”的意涵，将不朽的精神内核，应和时代，激荡文化与文明。

第四集　诗文言志

眉州三苏祠是北宋文坛苏洵、苏轼、苏辙三父子的故居。2013年芦山地震发生时，三苏祠受到影响。当年8月，开始闭馆维修。历时近三年，历史上最大规模的一次维修工程全部结束，重新开放准备的工作正在展开，预计将于近期开馆……

2016年4月19日，四川眉州三苏祠博物馆经维修后重新开馆，受到各方热烈关注。

三苏祠位于四川省西南眉山市中心城区纱縠巷南街，距成都80公里，是北宋著名文学家苏洵、苏轼、苏辙的故居，也是蜀中最负盛名的人文景观。文化学者王晋川：

王晋川：今年的4月19号重新维修完毕以后对公众开放，老百姓的反响是非常强烈的。这和世界的一种对中国传统优秀文化再认识潮流有关系。

三苏父子在中国文坛所取得的成就无可替代。然而有时势才能造英雄，源起于唐中，由韩愈和柳宗元倡导的“古文运动”声势浩大，薪火鼎盛。唐虽亡，但精神气度延绵至两宋，诞生了中国文学史上光耀史册的“唐宋八大家”。

唐宋八大家，又称唐宋古文八大家，是唐代韩愈、柳宗元和宋代苏轼、苏洵、苏辙、欧阳修、王安石、曾巩八位散文家的合称。其中韩愈、柳宗元是唐代古文运动的领袖，欧阳修、苏轼是宋代古文运动的核心人物。

导游：我们来说一下这副对联，这是清雍正年间的武英殿大学士张鹏翮撰，然后到了清宣统二年，当时的四川盐察史赵藩书的一副对联："一门父子三词客"，三词客，他指的三苏父子；而"千古文章四大家"，他特指的是唐宋八大家中最有名的四个人：唐朝的时候韩愈和柳宗元开启了中国的古文运动，到了宋代的时候欧阳修是承前启后，苏轼完成了古文运动。

韩愈最早提出"古文"一词。他把六朝以来讲求声律及辞藻、排偶的骈文视为俗下文字，认为自己的散文继承了两汉文章的传统，所以称"古文"。他提出"载道"、"明道"是文章的重任。中南大学文学院教授杨雨：

杨雨：从南北朝到初唐、盛唐时期，唐朝文坛主要的文章形式，流行的是骈文，特别追求文章的华美、对仗的工整、声律的漂亮。然后在这样的追求这种纯粹的审美的骈文，如果发展到一种极端，就可能过于偏重形式而忽视了内容。而我们知道，我们儒家的文艺批评思想就要求是"文质彬彬"，就是文章的形式和内容能够达到一种平衡，或者是一种完美的融合。其实他们是用他们的古文运动来倡导质，这个质在韩愈看来其实就是儒家所推崇的一种"道"。

公元960年，陈桥兵变，赵匡胤开封称帝。这位倡导文人政治的君主，开创了中国的文治盛世。文人此时获得了前所未有的重视和地位，而这样的社会风尚直接带来佳作频现、大家辈出的两宋文学盛况。

北宋之初，诗文革新运动蓬勃，部分文人极力推崇韩愈、柳宗元，强调文道统一，道先于文的观点，使散文走上了平易畅达、反映现实生活的道路。这其中的代表当属欧阳修。他是宋代古文的先行者也是宋代文学之父，创作影响巨大。

在宋代，文人尽得时代之幸，朝廷“崇文抑武”的基本国策，“士大夫治天下”的文官制度，使得他们在政治和生活上享有极高的待遇，与前相比，不像魏晋文人须依附强权且命在旦夕，也不似乱离的唐末五代，须仰武人鼻息；与后相比，更不像明清文人那般动辄遭受文字狱、血光之灾。宋代文人在实现人生理想与政治抱负的同时，还能满足个人的现实欲望，满足身体与灵魂的多层次需求，享受丰富醇美的人生乐趣。

因此，宋代文人在家国危难之际总能虎虎生威，口诛笔伐，力挽狂澜；而在风清月朗之时，总能揽天地大美入怀，留下让后人读来唇齿留香的佳作。

欧阳修笔下的醉翁亭下，直到今天依旧流水潺潺。

导游：这边就是醉翁亭，那“醉翁亭”亭匾上三个字是苏轼题写的，那醉翁亭目前在中国是与北京陶然亭、长沙爱晚亭还有杭州西湖的湖心亭被誉为中国的四大名亭。所以在当时呢，整个山当然没有现在的这个场景，肯定是荒芜的时候就有这个山泉水。所以他就经常过来，所以山上的和尚就为他修建了这个亭子供他休息所用。所以他文中写到：山行六七里，渐闻水声潺潺……就是我们今天听到的这个声音。而泻出于两峰之间者，酿泉也。

而宋代的文人往往有双重身份，他们不仅仅是文人，在重文轻武的大时代背景下，大文豪往往也都是朝廷要臣。因此他们对文坛有着分量极重的话语权。欧阳修对苏轼等后辈的赞赏提携就是流传至今的佳话。这是欧阳修的修为，更是宋人的胸襟。中南大学文学院教授杨雨：

杨雨：唐宋八大家唐朝只有两个嘛，其他六位都在宋朝，这六位当中欧阳修是当之无愧的领袖，他可以说是他们师长级的人物，比如说曾巩就直接是他的弟子，苏轼和苏辙两兄弟当年考进士的时候欧阳修是主考官。而且欧阳修还有一个很重要的特点或者说优点，特别愿意去提拔和奖掖后进，所以他对曾巩啊，对于苏轼苏辙的这种提拔、奖掖和这种宣扬是不遗余力的。其实欧阳修当他开始主考发现苏轼这样一个才子的时候，他就曾经说过这句话嘛：二十年后，老夫当让这个人一头地，将让位给他。

国学大师林语堂在《苏东坡传》序言中写道："我写苏东坡的传记没有别的理由，只是想写罢了。多年来我脑中一直存着为他作传的念头。1936年我携家赴美，身边还带了几本苏东坡所作或者和他有关的古刊善本书。我希望出国期间他能陪在我身边。书架上列着一位有魅力、有创意、有正义感、旷达任性、独具卓见的人士所写的作品，真是灵魂的一大补剂。"

苏轼是继欧阳修之后宋代古文运动的领袖，散文作品留存至今约四千余篇。他的重大贡献在于和欧阳修一起，建了一种稳定成熟的散文风格，世人将他与欧阳修并称为"欧苏"。北京师范大学文学院教授康震：

康震：后人经常说"欧文如潮，苏文如海"。欧阳修的文章写得像潮水一样，波光潋滟，内涵深厚。苏轼的文章像大海一样看不到边际，像龙的变化一样看不清他的踪迹。当然苏轼也是豪放词的开创者，也是宋调的开创者，宋诗的开创者。

【《饮湖上初晴后雨二首》其二】

水光潋滟晴方好，山色空蒙雨亦奇。欲把西湖比西子，淡妆浓抹总相宜。

这些都是我们耳熟能详的苏轼经典诗作。他的诗清新自然，逢源自始，似信手拈来，亦庄亦谐，大巧若拙，题材广阔，内容丰富，风格多样化，是宋诗走向成熟的标志。

宋代诗人除了在创作中形成"以文字为诗，以议论入诗，以才学为诗"的倾向外，还形成了以彻悟人生而思虑深远的创作特点。

宋代诗人对内在生命精神的珍惜，对情感性灵的省思品味和感悟，形成一种精神超越的品质。

【童声古曲新唱　王安石《梅花》】

墙角数枝梅，凌寒独自开。遥知不是雪，为有暗香来。

从先秦开始，世人便钟情百草花木。先秦之人爱香草，晋人爱菊，唐人爱牡丹，宋人爱梅花。

梅的凌寒傲骨，自姿高洁或许最能贴合宋代文人的心境。在宋代，这样的文人有很多：如墨梅般清清朗朗，不浊浊于世的范仲淹；如腊梅般纵死犹闻侠骨香的陆游；如白梅般清澈透底，气节高远的文天祥；也有如红梅般丹心一片，寄希望于国之强大的王安石。

这首童声版演唱的《梅花》是王安石的代表作。王安石是政治上大胆的改革者，也是文坛上笔锋清丽的文学家。他的诗对当代和后世都有影响，观察细致、立意新颖、精工巧丽、意境幽远清新，充满着情感和丰富的想象，表达了对大自然美的歌颂和热爱，历来为人们所传诵。由于王安石曾被封为荆国公，所以他的诗体被称为“王荆公体”。

导游：欢迎两位来到岳阳楼，首先看到进园的第一个景点，它分别展示的就是唐、宋、元、明、清五个朝代建造的岳阳楼的模型。而这些模型呢都是根据古代历书的记载，或画家描绘的岳阳楼图打造而成的。

岳阳楼位于湖南省岳阳市古城西门城墙之上，因北宋著名的文学家范仲淹的一篇《岳阳楼记》名满天下。与湖北武昌黄鹤楼、江西南昌滕王阁并称为“江南三大名楼”。

【朗诵】

庆历四年春，滕子京谪守巴陵郡。越明年，政通人和，百废俱兴，乃重修岳阳楼，增其旧制，刻唐贤今人诗赋于上，属予作文以记之……

“先天下之忧而忧，后天下之乐而乐”，是范仲淹的千古名句，更是突破了“穷则独善其身，达则兼济天下”的儒家传统文人观念的限制，令人高山仰止。无论是“居庙堂之高”，还是“处江湖之远”，都心系百姓，胸怀天下。文化学者陈湘源：

陈湘源：范仲淹这个精神，我认为他是把儒家的思想从《岳阳楼记》这篇文章把它升华到了一个最高的高度。所以从他以后，写岳阳楼的人就不多了。他把“先忧后乐”浸透到岳阳楼的整个文化发展的每一个细胞中去了，你看每一副对联都是围绕先忧后乐来做文章，你到里面看也是一样。这就是宋代文化的影响，这就是最典型的例子。

而“先天下之忧而忧”与“位卑未敢忘忧国”同样是文人以天下为己任的家国情怀。

【《病起书怀》】

病骨支离纱帽宽，孤臣万里客江干。位卑未敢忘忧国，事定犹须待阖棺。

陆游一生笔耕不辍，诗词文都有很高成就，兼具李白的雄奇与杜甫的沉郁悲凉，更因为其作品中饱含爱国热情而对后世影响深远。

无论是唐宋八大家，还是范仲淹、陆游、文天祥，他们都以诗文展现着自己的情怀与担当。用思想家黄宗羲的话说，这些文字都是天地间的“至文”，是用血泪甚至生命写出来的。香港理工大学中国文化学系教授、中国宋史学会副会长何冠环：

何冠环：他们都是儒家的信徒，儒家在宋代复兴。他们自己觉得他们有儒家的责任，食君之禄，担君之忧。而且“天下兴亡，匹夫有责”，我不是匹夫更应该担责任。“我们是士”的意识很强，他们有强烈的责任感。宋朝一位宰相公开讲，天下是士大夫跟皇帝共同的，所以他们有气节。

诗、文、词都是文人的心声，文人肩负道义，借文字诉说情怀。无论是风起云涌的古文革新运动，还是流传至今的诗文名篇，两宋诗文对中国文坛的发展都起到了举足轻重的作用。

第五集　都城梦华

夏日的一个周末，林家樱没有像一般香港女孩那样出去逛街，而是沉浸在一款名叫《天涯明月刀》的网络游戏中。

林家樱：古龙出的那个小说竟然有这个《天涯明月刀》的游戏，都蛮好玩的啊……

这款由香港导演陈可辛监制的网络游戏，以北宋为时代背景，取材于古龙的代表作《天涯明月刀》。

林家樱：那些画面啊，街上的人啊，商店啊，都取材于《清明上河图》，就感觉好像我们香港一样。

如果不是《天涯明月刀》，林家樱也许想不到今天的生活和久远的宋代竟如此相似。每天穿行于喧闹的铜锣湾，林家樱也不会想到，香港的城市格局与宋代在某种气质上一脉相承。

林家樱：你看！香港就是这样子咯，两边都是商铺，上面都是住人的。虽然人好多，车多，好难有安静，但我还是很中意。

今天的香港，绚丽的光影，繁荣的贸易，摩肩接踵的大楼，无不展现着现代的文明。置身其中，细细体味，不难发现，点点滴滴的类似于《清明上河图》中描绘的一千多年前东京汴梁的市井文化。

东京汴梁是北宋的都城，就是六大古都之一的河南开封。以

《清明上河图》为蓝本建造的“清明上河园”内，东京汴梁的市井生活气息扑面而来。一朝步入画卷，一梦回望千年。街上人头攒动，店铺生意兴隆，百姓安居乐业。

中国城市的面貌在宋代发生了由“坊市制”向“街巷制”的革命，促成了商业文明的崛起。在开封博物馆复原的东京汴梁城沙盘前，讲解员王晓玲为我们介绍了唐代坊墙消失之后，宋代城市的新格局、新气象：

王晓玲：咱们知道唐以前，城市都是四四方方的，就是住宅是在一个固定的区域，消费就是在另外一个区域。北宋就是因为咱们这个经济、文化我们说比较繁盛，老百姓的这个生活比较富足了，咱们这个商业文化慢慢发展起来，就是消费变得繁盛，这个购物的需求量就比较大一些，慢慢就融合在一块儿，就形成了咱们今天说的“坊市合一”，住宅和消费离得是非常非常近，就是由此形成了这样一个状况，就是您出了门就能看到各种各样的小店啊，小超市。北宋的话就开创了这样一个格局，并且就是店铺已经在大街小巷可以临街而开了，就是在宋代之前是完全不可能的。

变幻的霓虹、流动的车厢、闪烁的电子屏，香港这样一个商业文明高度发达的社会，广告无处不在。

而想要在中世纪世界上最大的都市汴梁做一份好生意，如果仅凭吆喝，注定只能像《水浒传》里的武大郎那样弄一点走街串巷的小营生。商业的繁荣带来了激烈的竞争，该拿什么来引人注意呢？在开封博物馆，我们就见到了一块宋代印刷针铺广告的铜版，这是迄今为止发现的世界最早的商标广告实物。

王晓玲：这个是最早的商业广告，是做衣服的针铺的广告：一块铜板，上面刷上墨汁，白纸平拓，您这一页广告就给印成了。那我们说有文字说明，有我们家针铺的说明，“认门前白兔为记，收买上等钢条，造功夫细针，不误宅院使用，转卖兴贩，别有加饶，谓记白”，就是说我的店铺名称“济南刘家功夫针铺”，你要想找到我的店铺，你就要识我的商标，就是“认门前白兔为记”。

宋人萌生了强烈的广告意识，庄绰《鸡肋编》说：“京师凡卖熟食者，必为诡异标表语言，然后所售益广。”欧阳修《归田录》载，京师食店，“皆大书牌榜于通衢”。仅《清明上河图》中的广告就有几十条，包括广告幌子、广告招牌、灯箱广告、印刷广告、插图广告，甚至像彩楼欢门这样的大型广告装饰。

美食天堂香港，再寻常的街巷里都可能隐藏着风味绝佳的小店，更不用说那些上了蔡澜推荐榜的食肆。舌尖上的香港让人向往，而舌尖上的宋朝，更是令人神往。走进开封饮食文化博物馆，副馆长相铮为我们介绍了宋代饮食文化的诸多趣闻。

相铮：因为宋代是历史上一个繁盛的时期，也是中国烹饪文化一个里程碑式的时期。当时这个烹饪行业的门类啊非常齐全。有各种酒店，大的有正店，当时东京号称是有72家正店，小的有脚店。正店属于比较大的大酒店，你可以理解为五星级的大宾馆。因为宋代实行的是酒水的专卖制度，这个正店它一般都有酒水的经营权，它可以酿酒，自己。那么小的脚店呢，它不具备酿酒的权利，它就是从大的正店里批发酒，然后它是零售，也就是比较小的小酒馆。从这个脚店数量就可以看出当时东京饮食行业的繁盛，据说从当时的正店“樊楼”里边批发酒的脚店就达到三千家之多。这一块儿就是我们记载的当时民间的节令食俗，过什么节啊，吃什么东西啊。当时的节日非常多，平均每13.5天就有一个节日。比如二月二这一天就很有特色了，这一天呢是一天过两个节日，一个是“二月二龙抬头”，咱们都知道了啊，另外还有一个“老鼠打屯日”。这一天要吃什么呢？可以吃“冷淘”，当时叫“冷淘”，也就是今天的凉粉，有的吃龙须面，或者是饺子啊，说这个是吃龙须啊，吃龙鳞啊。那么它这一天等于是祈求风调雨顺，老龙王龙抬头，老龙王打喷嚏了嘛，就下雨了嘛，风调雨顺收成就好了嘛。

《东京梦华录》中就记载了很多宋代的名菜，我们来听开封饮食文化博物馆馆长孙润田的讲述：

孙润田："决明兜子"它是用鲍鱼做馅儿，粉皮儿，里面包上馅儿，绞成三角形的包起来，再上笼蒸非常好吃。"莲花鸡签"呐，它是用鸡子，然后用羊肚里面白色的油网，拉出来像网一样，然后把鸡子切成丝，调制好以后用这个油网卷起来，然后炸，炸了以后斜刀切，就像我们切那个马蹄葱一样。还有像那个小笼包子，北宋时候，在《东京梦华录》上就有"王楼山洞梅花包子"。还有咱们说那个汴京的烤鸭，这个烤鸭的人叫王立，就是史书上看到的第一个（做烤鸭的）人，就这个厨师。

食不厌精，脍不厌细，宋人饮食文化上的精益求精已经远远超过满足果腹之需了。民以食为天，在宋代，更形象的说法是民以食为乐。

在宋代气派的正店里，点菜过程本身就是一道独特的"美味"，品尝这道美味，不是用嘴，而是用"耳朵"。开封饮食文化博物馆馆长孙润田：

孙润田：北宋留下来的"响堂"，"响亮"的"响"，"大堂"的"堂"。"响堂"这种服务，在北宋的时候就有，就是咱们几个人到饭馆吃饭，现在叫吃货嘛，以前叫老吃家、美食家。他们在点菜的时候都很讲究，就是你点了一个啥，什么技法的，我就不再点了，原料不重。点过以后，现在的服务员就是拿着小本儿，在这儿记。他那时候不需要记的，脑子记。咱们这十个人点过以后，他就站到雅间的门口，就把这些菜押韵合辙地喊出来。它有三个作用：一个作用是让客人知道，你听听我点的是不是你们点的这些菜，咱们对一下。第二个作用是让柜上要记一下这个房间吃的是什么东西，要算账啊是不是！第三个作用就是要报给后厨的配菜的师傅，让他听，哦，这个房间要什么菜什么菜，然后分派李师傅、张师傅，谁做啥，谁做啥。这种东西在北宋的时候都非常兴盛。那我喊几个菜让你听听啊，“扒光肚爆腰片儿糖醋熘鱼带背面儿啊——挂炉烤鸭炒南北，琥珀冬瓜铁锅蛋儿啊——清蒸白鳝烹虾段，一只鸡子剁八瓣儿啊——”

开封，河南省宋茶研究中心秘书长丰智利正在演示“点茶”技艺。

丰智利：宋代茶具是贵黑啊，黑茶具。但是茶出来的效果是白色的，所以黑白分明，它追求这种大美，就像书法一样，白纸黑字。所以你看它这个就是斗茶，就是几碗茶一块儿，就是几个人一块儿点。它这个是把茶粉给它搅了以后出现汤花，汤花越白越好、越多越好、越细越好、越持久越好。这个汤花散了以后是绿色，可以出现各种各样的图案。

记者：这个是什么？

丰智利：茶筅，就是类似打蛋器一样，然后用击打外力的作用，用一些方法跟技巧，可以出现汤花，汤花持久。点，所谓的点，是一个动词，点是点水的意思，因为当时宋代（冲茶）的水是一种水注，也叫汤瓶，不像现在咱们这种茶壶。它的嘴很长，然后出水很疾，这一碗茶汤他能分七次点，正好点到碗的上沿的内壁这个地方，然后这个地方可以产生汤花，可以跟碗的内壁形成“咬盏”，就是说把这个汤花“咬住”这个内壁不散，“咬住”不放，水就通过这个东西，汤瓶，这样点，分七次点水，所谓的点茶是这样点。

宋代，饮茶由唐代的“煎茶法”演变成“点茶法”，更具娱乐性，并由此产生了比试点茶技艺的活动——斗茶。在两宋这样一个崇尚文治的时代，文人的雅趣融入世俗社会，形成了别具一格的生活趣味。“点茶法”由荣西禅师传入日本，为日本逐步兴起的“茶道”起到了奠基作用。

【单田芳评书　《五鼠闹东京》片段】

你这个茶怎么样个泡法儿？

呃……泡茶那有什么特殊的？那就是把水烧开了……

不行！切忌！你把水儿烧开之后看一看，那开水全是圆形的泡儿，那叫“鱼眼开”，然后么给我泡茶，泡完之后把这水么全都不要了。你再把水煮得开开的，那叫“莲子开”，再给我泡茶，泡完之后这个水我还是不要。第三次叫“莲花开”，再给我泡茶么，我这茶叶的味儿就出来了。

这是评书表演艺术家单田芳播讲的《五鼠闹东京》中精彩的一段，虽是戏谑，但宋人喝茶的讲究，可见一斑。

评书，今天仍然在中国北方深受欢迎。在香港，人们更喜欢听粤语讲古。无论是评书还是讲古，追根溯源都是兴起于宋代“勾栏瓦肆”中的“说话”。这里的“说话”指的是一种早期的语言表演艺术。

两宋工商业的发展，逐渐扩大了市民阶层，人们对文娱生活的要求更加强烈。于是“勾栏瓦肆”也就在宋代应运而生了。“瓦肆”是大型综合游艺场所，又叫“瓦舍”。“瓦肆”里有专门演出各种戏曲、杂技、说话的戏院，叫做“勾栏”。据记载，北宋东京有大小“勾栏”五十多座，其中大的“瓦肆”可容纳千人。“瓦肆”的出现不仅丰富了百姓的日常生活，也为民间艺人提供了可以固定卖艺的场所。中国的戏曲、小说和其他艺术的发展多受益于此。

在开封清明上河园中，复原的“勾栏瓦肆”里表演的绝活深深地吸引着游客的眼球，畅想一下那喧嚣扑面的欢脱快乐，也许这就是大宋都城繁荣所在。

汴梁城，一座前所未有的巨无霸城市。东京人，一群日出而作，却不再日落而息的草根平民。脱颖而出的市民阶层成为城市的重要角色，“勾栏瓦肆”为他们而生，宋城的生活注定异彩纷呈。

清明上河园外，沿河便是今天开封城最佳的休闲之所，这里是体现开封人乐活精神的一道风景线，转陀螺，唱豫剧，甩鞭子，抖空竹，开封的神采，如波荡漾。

夜晚，充满诱惑的开封西司夜市吸引着南来北往的游人，延续着《东京梦华录》中“夜市直至三更尽，才五更又复开张”的兴旺。

一千多公里外的香港，庙街夜市也亮起了点点灯火。霓虹闪烁中的不夜城，吸引着世界各地的游客在此品味香港的热闹喧嚣。

这就是我们的城市，从宋代走来，散发着迷人的光，衍生出更为璀璨的文明，走向更远的未来。她是张择端的上河图，是孟元老的东京梦，是现代人的启示录。

第六集　书香远播

《百家姓》作为儿童的启蒙读物，在中国流传了千年。由于编纂的年代适逢赵宋王朝主政，因此开篇第一句“赵钱孙李”，赵姓排在了第一位。

《百家姓》通篇四言体例，句句押韵，读来朗朗上口，每一个人都能从中找到属于自己姓氏的家族渊源。

记者：你一般平常怎么称呼？

何国满：平常他们叫我Willson，中文名字叫何国满，“国家”的“国”，“满意”的“满”。

记者：Willson He。

周瑾新：我中文名叫周瑾新。

记者：英文名呢？

周瑾新：Youkee。中文名熟悉一点的朋友会叫，身份证是中文名，还有中文名译过来的英文。

记者：哦，那你们有没有想过要改姓？

何国满：呃……没有想过，因为觉得姓是传统嘛，是对祖宗敬佩的意思，不会去更改，因为这是中国人的文化。

余光中曾说过这样一句话：“当你的情人已改名叫玛丽，你又怎能送她一首《菩萨蛮》。”诗人感慨于英语在中国的传播，令中文的境遇些许尴尬。不过如同他们无法改变的黄皮肤、黑眼睛，无论身处何地，Willson He和Youkee Zhou的中文姓氏都将伴随一生。

这是香港西贡上禾坑村李氏宗族正在举行的重修宗祠工程告成仪式。同一姓氏祖先繁衍的后代称为宗族。宗族作为社会族群的基本构成单位，曾经在中国社会制度建设方面扮演着十分重要的角色。宋代实现了把先秦的血缘政治、宗法宗族向普及型宗法家族形态的转变，中国传统的宗法社会最终在宋代奠基，并在明清得到定型和强化。

宋朝借助宗族，国家的社会控制和人民的权益保障找到了平衡点，最终形成了明清时代“官绅共制”的局面。西方倡导“公民社会”只是近代以来的事，它实际上是西方社会开始建立基层社会自治的一种探索。西方文化注重个人，忽略家庭，不像中国传统社会那样除了个人，还有家庭和宗族的集体力量。宗族里的人们，除了辈分等级，基本上都是平等的，这是中国更早进入平民社会的标志。

新界邓氏是香港显赫的大家族，位于屏山松岭的邓公祠是邓氏家族门庭显耀的象征，是香港规模最宏大的祠堂之一。如今，很多需要在宗祠里进行的族务活动已经荒废了，但它依然作为族人举行婚丧嫁娶典礼的重要场所。香港的国家级非物质文化遗产“太平清醮”能保存至今，与大宗族注重礼仪、出资兴办、聚族参与有着密切的关系。在邓氏家族，十年一次汇聚全族人的“太平清醮”成了邓公祠的重要活动。香港理工大学中国文化系教授何冠环：

何冠环：宋代印刷术发达，族谱就印刷出来人手一份，平常放在祠堂，所以祠堂等于一个家族的中心。你们要孝顺祖先，假如你为家族立了什么功劳，考上举人，做大官，他们都会请求皇帝，会不会给我母亲一个荣誉，比如说贞节牌坊都会放在祠堂。所以他们考功名做好事，之后会回馈自己的家族，祠堂越建越大，祠堂里又利用写族谱，让光荣历史能够让子孙记载下去。所以宋代是一个重要时代，就是家族的制度成立，而且这不是一句空话。以范仲淹为例，他很出名，他自小家境贫穷的，他取得这样不凡成就，是通过自己的辛勤努力获得的。他很辛苦才有地位，所以他要让他的后代能维持这个情况，所以自己有投资，而且都是他自己的家族做好事，所以一般祠堂一定有学校，祠堂跟学校分不开的。一般敬祖都在祠堂发生，要是有什么不良行为也是在祠堂家规处置，后来明清的政府让那些乡村的家族由部分的家法祖规来处理，这也是稳定社会。

在香港虽然高楼林立，宗族祠堂却随处可见。经由香港政府出资维修和管理，让这些象征着中华民族文化血脉的宗祠完好地保留下来，成了人们追根溯源，缅怀先祖的场所。

北京时间7:00，跑马场迎来了晨练的老人。

北京时间12:00，叮叮车在拥挤的车流中慢悠悠地穿行。

北京时间22:00，天星小轮接回了最后一批维港夜景的看客。

在以快节奏著称的香港，从来就不缺少慢生活。

一千年前，宋人的慢生活，就是在这白石道人曲中悠闲的舒展开。《扬州慢》，写尽了扬州城的风华与沧桑："淮左名都，竹西佳处，解鞍少驻初程……"诗人用温柔的文辞裹着，像要把口中的一块糖含化。直到今天，宋词里的中国还是那么甜丝丝的，那宜人的慢生活，浓得化不开。

《扬州慢》的"慢"，指的是慢词、慢曲，是词的长调。宋词不仅是汉语言文学的艺术，更是旋律的艺术。现存的宋词大多只留有文字，曲调已经失传。自号白石道人的姜夔，有过怎样的超凡脱俗的仙风道骨我们已经很难想象，但他那些脍炙人口、绕梁不绝的音乐作品却酿成了宋代的甘醴，令人回味无穷。作为仅存的宋词乐谱，白石道人歌曲让今天的人们有机会一览宋词的音乐魅力。

宋代以前的中国音乐史几乎是宫廷音乐史。自宋代开始，民间俗乐成为社会音乐生活的主流形态，百乐兴起，娱乐场所由宫廷下移至“勾栏瓦肆”，社会音乐生活十分丰富，有民间音乐、歌舞音乐、说唱音乐、戏曲音乐、民族器乐，而戏曲音乐成为了其中的最为独特的代表。

被誉为“南国红豆”的广东粤剧，是糅合唱念做打、乐师配乐、戏台服饰、抽象形体等艺术形式的综合性表演艺术。粤剧源自南戏，自明朝嘉靖年间开始在广东、广西出现并逐渐流传开来。

南戏是中国北宋末年至元末明初在中国南方地区最早兴起的地方戏曲剧种，是中国戏剧的最早成熟形式之一。南戏的产生地区处于东南沿海，在宋代就是工商业发达的地区，城市经济的繁荣促进了文化的发展，民间表演十分兴盛，孕育了南戏的最初形态。

宋代“重文抑武”的治国方略，使文人地位普遍提升，士大夫文化成为主流。根据“士无故不撤琴瑟”的思想，作为文人音乐的主要代表，古琴音乐在这一时期得以流行。在宋代士大夫阶层中，古琴几乎是一种普及型乐器，这种普及除了历史传承之外，皇室的推动也起到了很大的作用。宋代皇帝就热衷于古琴演奏和收藏，宋太宗赵光义身边就有被称为“鼓琴天下第一”的乐师朱文济，赵匡义还亲自参与了古琴的改造，将七根琴弦增加为九根。宋徽宗赵佶设立了“万琴堂”，搜集南北名琴。

宋代古琴音乐的繁荣，与文坛领袖的示范效果也密不可分。宋代文人不仅爱琴如命，还通晓音律，他们的文学创作也词不离琴。存世的宋词中与琴有关的有将近600首，范仲淹、欧阳修、苏轼、姜夔等都曾拜师于著名琴师的门下。苏轼的这首《醉翁操》就是古琴词的巅峰之作：

琅然。清圆。谁弹。响空山。无言。惟翁醉中知其天。月明风露娟娟。人未眠。荷蒉过山前。曰有心也哉此贤。　醉翁啸咏，声和流泉。醉翁去后，空有朝吟夜怨。山有时而童巅，水有时而回川。思翁无岁年。翁今为飞仙。此意在人间。试听徽外三两弦。

悠悠的古琴声，仿佛带你走进一幅流动的中国山水画。时光荏苒，2008年北京奥运会开幕式上的巨幅卷轴，直到今天仿佛还散发着艳惊世界的光彩。

宋代艺术闻名于世的，除了音乐，还有绘画。世界各大知名艺术品拍卖会上，宋代绘画拍出天价的场景屡见不鲜，已经不是什么大新闻了。

宋画之美，妙在何处？不同的人有不同的体会，有人说如坠云里迷雾，也有人说叫人思接千载，有所意会。国家文物局2001年主持编纂的《中国书画》一书中，对宋画的艺术成就有这样的描述："宋代的遗存远胜以往任何朝代……因而在感觉上，宋人离我们就不像唐代那样遥远。"

艺术史学家高居翰认为："在整个中国绘画传统中，最独特最辉煌的成就正是山水画。"而宋代艺术最突出的成就，就是"外师造化，中得心源"的山水画。

与前代绘画重"写意"不同，宋代绘画趋向于"写实"。这样的转变在不少学者看来是受到了宋代理学的影响。知名的美学研究者朱良志认为，中国画写实之风之所以到了宋代形成席卷之势，理学思想的影响是重要的原因之一。宋代理学认为万物有理，故要格物致知，以求物理。意思就是说任何事物背后都隐含着普遍规律，通过推究事物的原理，可以获得知识。这种思维方式对宋代的绘画观念产生影响，从而形成宋画的写实画风。

理学是宋元明时期儒家思想学说的通称，因其始兴于宋代，又称宋学，与汉学相对。理学分两大流派：一称程朱理学，以程颢、程颐、朱熹为代表，强调理高于一切；一称陆王心学，以陆九渊、王阳明为代表，强调心是宇宙万物的主宰。

关于宋代理学产生的历史文化背景，中央民族大学历史系副教授蒙曼为我们这样解读：

蒙曼：宋代理学产生的历史文化背景，先从历史的角度来讲，我觉得有两个事情非常值得重视，第一个，宋朝是继承五代的，而五代有一个特点就是五代寖薄，就是五代的风俗非常不好，产生了很多没有道德感的人，而拯救人心拯救道德可能是宋朝人特别渴望做的一件事。另外一件事就是宋朝有一个极端文人化的倾向，他们意气风发，希望能够用他们的精神世界来改造现实社会，再加上拯救人心寖薄这样的现实需要，所以就形成了一种强大的动力要振风俗要恢复人心，这是理学产生的很大的一个历史背景。那如果说从文化背景来讲呢，我觉得也有两个事情很重要，一个是从唐朝中期开始的儒学复兴运动，这是一回事。第二回事其实就是佛教和道教的影响，佛教和道教中的一些思想已经完全圆融得能够为儒教所用了。所以就是三教合流的这个态势，使得儒学得到了好多来自于佛道两教的思想的滋养，使得儒学就从原来的世俗的学问变成了不仅仅有世俗道德伦常的关怀，还能有终极关怀这样一种能够打通人生，打通人和自然，打通天地人这样一种新的学问，所以在这个基础上理学也可以恰如其分地产生。

有趣的是，宋代理学家虽以抨击佛家、道家为已任，但构建理学体系时又主动汲取佛家、道家的哲学思想。在香港理工大学中国文化系教授何冠环看来，宋代理学无形当中推动了中国多元文化的进一步融合：

何冠环：他白天都是儒家经典，他们为了考科举的问题，他们对算命有兴趣，对占卜有兴趣，为什么文昌信仰那么红火呢，文昌大庙就是成都，文昌神原来是一个四川一个地方神，后来就变成考科举就拜他。好多人说你拜拜有机会成功的，谁都要拜拜。所以白天他们讲儒家经典，晚上他们有另外一个面孔，有时候是儒家有时候是佛家有时候是道家，所以他们不光是一面的，是多面的。

理学家吸收佛家、道家的思想智慧，对儒学思想加以创新改造，一方面能帮助他们站在更为概括和抽象的理论高度与佛学、道学进行论辩、对抗，同时也提升了理学的思想高度。所以，宋代理学家多精通佛、道之学。后人形容理学为“儒表佛里”之学，可谓一语中的。

宋代的文化成就举世瞩目，理学、宋词、古文、诗歌、话本、书院教育、美术、书法、瓷器、工艺装饰艺术等犹如明珠璀璨，熠熠生辉，在中国古代乃至世界都享有盛誉。儒家经典的传播、理学著作的普及、古琴谱的记录、宋词的流传，一股前所未有的内在动力推动着国家的文化繁荣，这就是印刷术的发展。

宋代是中国古代科技发展的黄金时期。闻名于世的中国古代四大发明中，印刷术、指南针和火药都是在宋代得到应用和发展的。沈括所著笔记体百科全书《梦溪笔谈》和医书《良方》，代表了宋代最伟大的科学成就。苏颂和韩公廉制造的水运仪象台和浑天仪，在同类发明中成为世界第一。其他如农学、建筑学等在宋代都取得长足的进步，宋代的中医药学至今仍造福人类健康。

近代史学家陈寅恪对宋代文化给予了这样的赞誉：“华夏民族之文化，历数千载之演进，造极于赵宋之世。”

宋代高度发展的科学技术、精致缜密的哲学思想、开拓创新的史学著作、丰富多彩的文学艺术，堪称中华文化之瑰宝。

无声的静水，之所以没有半点喧杂，因为它深沉如海。今天，当我们试图仰望千年前的两宋，发现她竟如梦似幻，静无波澜。

但是，当璀璨的焰火在绚丽的维港绽放，当天青色的杯盏中涌起浓烈的茶汤，当铅华的笺页上泛起袅袅书香，当缠绵的故事里吟诵出眷恋的《满庭芳》，静水流深，沧笙踏歌。风华两宋，流韵不绝，那个伟大的时代近在咫尺，从未走远。

大哉乾元

第一集　开疆定制

吉时到……上香。皇天后土，佑我邓氏，吉水东来，岑田兆基，钟灵美秀，山川回峙……

这段电视剧同期声展现的是坐落于香港屏山的邓氏宗祠过年祭祀先人的情景，这座宗祠至今已有700多年历史，是香港最大的祠堂之一。宋元时期，内地人口大量迁移到港澳地区，也有很多为了和中国做生意而前往广州的波斯人、印度人，将这里作为居留之地，在古代，“人丁兴旺”是一个地区经济、文化持续发展的基础。宋末元初港澳人口的增多，一方面和港澳本身的地理位置有关，另一方面也是因为蒙古军队的扩张。对此，香港著名出版人陈万雄博士持肯定态度：

陈万雄：香港的历史可以证明的，新界好多村落，都是元代灭了南宋以后，南宋的皇族跟大家族移居到香港的。所以跟元有关的史实，香港真正地建立起比较繁荣，非常有地位的大家族移民到香港，应该是从元代开始的，这个非常重要。为什么从元代开始？因为元代蒙古人入侵啊，宋代灭亡了，他们找到香港来啊，所以你看新界的沙村啊、屏山啊，都是南宋时姓邓的，都是这种，都是南宋、元初时过来的。从屏山再走20分钟路，有个厦村，厦村有个大祠堂，也是姓邓的。为什么姓邓呢？邓是南宋的驸马。然后上水有个文家，文天祥的文，一直维持到现在。所以元代对香港最后奠定比较有家族式和聚落的地方，应该是元代开始的。

公元1206年12月15日，44岁的铁木真被推举为全蒙古可汗，尊号为“成吉思汗”。

【电视剧《成吉思汗》片段】

对乃蛮部战争的胜利使铁木真称雄草原的愿望终于实现了，他所征集的军队已经达到十万之众，统治的人口也已超过百万，漠北草原群雄割据连年混战的局面彻底结束了……

长生天让我告诉你们，我把整个地面赐给铁木真和他的子孙们，让他成为成吉思汗吧！

成吉思汗！成吉思汗……

从此，蒙古军队的铁骑踏上了开疆拓土的征程，然而，根据历史的永恒规律，野蛮的征服者总是被那些他们所征服的民族的较高文明所征服。游牧民族的蒙古族征服者必须利用被它征服的中原汉族地区的文明，才能建立起比较有效的统治，这是历史发展的必然，元世祖忽必烈就是顺应这一时代需求而作出有益贡献的杰出历史人物。香港理工大学中国文化学系教授何冠环：

何冠环：忽必烈在他几个兄弟中，他对汉文化最有兴趣。他有兴趣不等于他完全认同汉人的东西，但是懂得利用，他说我要统一中国，我要利用你汉人的，对我有用我就利用。所以刘秉忠这些人，他不只刘秉忠，好几个都是他的谋臣，提出好多建议，对他有利的才用。后来蒙古好多皇帝，他们要学习汉文化。

北京大学历史系教授张帆：

张帆：忽必烈，又叫元世祖，因为他在中原活动，跟汉族的知识分子有联系，表现出对汉文化一定的兴趣，对汉族的历史文化传统、政治思想、统治理念都表现出希望了解和学习的热情，这在当时是很少的。当时基本上蒙古的贵族都是打仗很厉害，但是对于文化，特别是被征服地区的文化传统，他们很少有学习的兴趣。

这种积极学习汉族历史文化的兴趣，愿意按照汉族传统模式治理中原地区的做法，受到了中原士大夫的拥戴，北方很多知识分子纷纷投奔忽必烈担任他的幕僚、秘书。金末元初著名儒士郝经在《与宋国两淮制置使书》中写到“今日能用士，而能行中国之道，则中国之主也”。

张帆：他这个蒙古大汗就和以前不一样了，等于是在中原继位了，而且他用的是中原的价值观念、一套理念来给自己包装的。他发布了一个诏书，在他之前蒙古的大汗是没有诏书的。诏书里就这样讲“朕惟祖宗肇造区宇，奄有四方，武功迭兴，文治多阙，五十余年于此矣”，这就是说我们的祖先建立了一个很大的国家，打仗打得很好，但是管理上出了很多问题，不是很完善，已经有五十多年了。最后就是说“爰当临御之始，宜新弘远之规”，就是我上台了，我要搞点改革。“祖述变通，正在今日”，首先我们尊重传统，但是我要搞点改革。“务施实德，不尚虚文”，我要给大家搞点实事儿，不是搞虚的包装。“虽承平未易遽臻，而饥渴所当先务”，不见得一下子就能把这个社会建设好，但是起码能解决个吃饭问题，就是让大家生活过得好一点。

绵延千年的中华文明，并没有因为蒙古族的政权更迭而消失于人类历史长河之中。《元史·世祖纪》中写到“用能以夏变夷，立经陈纪，所以为一代之制者，规模宏远矣！”忽必烈乐于学习并欣然接纳汉族的文化传统和价值理念，开始推行“汉法”，包括以下几个方面。

张帆：第一大方面就是建立年号、国号及有关礼仪制度。第二大方面是建立汉式官僚机构。第三个定都汉地，把首都从草原迁到了今天的北京。第四个实行重农政策，发展农业。第五个是尊孔崇儒，对儒家特殊优待。

2017年3月底，《北京城市总体规划（2016年—2035年）》草案编制完成，明确了北京作为首都肩负全国“政治中心、文化中心、国际交往中心、科技创新中心”四大核心功能的城市战略定位。2017年9月这个规划获得中共中央、国务院的批复。

中共中央、国务院日前对《北京城市总体规划（2016年—2035年）》作出批复，同意了这个《总体规划》。批复指出：北京城市的规划发展建设，要深刻把握好“都”与“城”、“舍”与“得”、疏解与提升、“一核”与“两翼”的关系，履行为中央党政军领导机关工作服务，为国家国际交往服务，为科技和教育发展服务，为改善人民群众生活服务的基本职责。批复还强调……

北京成为重要的世界都市的大幕，远在13世纪就已经拉开。1270年元大都建成，1271年忽必烈改国号为“元”。元大都被当时的统治者认为是一座完美的、伟大的都城，这是皇权的象征，而这座都城的规划则由刘秉忠等人遵照儒家“法先王”的指导思想，遵循《周礼·冬官考工记》中帝京规制为蓝本。

北京旧城风貌保护与危房改造专家顾问组专家王世仁认为选择《周礼·冬官考工记》有个非常好的理由：

王世仁：《周礼·考工记》把城市这样划分的目的第一个是突出王权至上，王权在中心，它统治一切，然后这个数字的观念“九”，一切中国最高的数字是九，城市甚至整个控制国家都是用这个数，所以中国对国家的分布分为九个州，整个中国分为九个州也是这个思想来的。

刘秉忠把《周礼·冬官考工记》的指导方针付诸实施，设计出了都城的轮廓，宫殿在都城的中央，这是一个近乎完美的高墙围绕的正方形，每一边有九里长，城内有九条直街与九条横街，街道的宽度是车轨的九倍。历经750多年风雨的历史变迁，元大都至今为世人所知的只是一座整体已经消失的神秘古都城，人们只能从这些还留有考古感余温的词汇中感受一下它当年的繁华。

景观设计师吴宜夏经常在北京人居住了几个世纪的胡同里研究、寻找当年的痕迹。在她看来，如果你懂得怎么看的话，这座大都的痕迹在21世纪的北京城里依旧清晰可见。

北京古城由平行的街道组成，中间由狭窄的小巷子连接。吴宜夏手中的材料里有一段700多年前曾在大都生活过的著名旅行家马可·波罗写下的描述：

吴宜夏：城市建筑的土地都是四方形的，这一块块方形的土地彼此排列在一条直线上，每块方形的土地都有充分的空间来建造美丽的住宅、庭院和花园，整个城市的布局就像一块棋盘，其设计的精巧与美丽非语言所能形容。嗯，当我走在这些胡同里面我可能会有一种非常熟悉的感觉，因为我觉得胡同基本的格局应该和13世纪没有太大的差别，会有一种回家的感觉。

元大都的时空，虽然只留下100年左右的生命痕迹，但是却创造了辉煌灿烂的文化，对中国文化史和世界文化史产生了深远影响；元大都的时空，虽然只有不到200平方公里的面积，但是却对当时世界的社会生活产生了重大影响。

元代时期为顺应中原汉族文明的发展，推行“汉法”，弃牧务农，变“行国”为“城国”。1218年，济州河开凿，后再开会通河与通惠河，中国大运河从此由江苏淮安经宿迁、徐州直上山东抵达北京，至此，诞生了现今意义上的京杭大运河。

2014年6月22日，第38届世界遗产大会上的一声锤响，通过了中国大运河和“丝绸之路”项目列入《世界遗产名录》。

【新闻音响】

在卡塔尔首都多哈举行的第38届世界遗产大会正式审议通过中国的大运河项目以及中、哈、吉联合申报的丝绸之路项目列入《世界遗产名录》。随着大会主席的一声敲锤，在苦等了两天之后，中国申报的文化遗产项目大运河以及和哈萨克斯坦、吉尔吉斯斯坦联合申报的跨国项目丝绸之路，双双宣告申遗成功，正式被列入《世界遗产名录》……

无论大运河抑或丝绸之路，都在元代得到了新的发展，推动元代成为非前代可比拟的古代中外交通和经济、文化交流的鼎盛时代。

历史经验证明，黩武穷兵的统治者是不能够成就伟业的。科学合理的机构设置，富国强民的制度安排，开放包容的民族政策是国家发展、民心归附的基本保障。元代设立行省制度，所谓“都省握天下之机，十省分天下之治”，行省制度使边远地区和中原内地的联系大大加强，这种制度有利于巩固我国多民族国家的统一，对明清的政治制度也产生了较大影响。

1239年，蒙古军队征战的铁骑踏进藏地，蒙哥汗即位后，1252至1254年征大理，蒙古军队首领意识到，战争是下策，不战而屈人之兵才是上上策。对西藏和大理，他们改变了以往屠城政策，而向当地民众示好，表明和平相处的意愿，最终在“止杀”、“奖降”、“褒忠”等柔顺政策的辅助下，大理平定，西藏归附。元代建立后，中央政府在西藏地区设立释教总制院，后改名为宣政院，直接管理当地军政各项事务，从此，西藏正式纳入中央行政的管辖之下。

元代推行“汉法”，“尊孔崇儒，对儒家特殊优待”的柔顺政策，更是体现在对待南宋大臣文天祥的态度上。我们来听听香港理工大学中国文化学系教授何冠环为我们讲述的一个故事：

何冠环：文天祥是一个儒家的典范应该讲。儒家对一个读书人来讲，考上状元，是非常大的荣誉。在古代考上状元，比你现在高考考第一名更难。忽必烈找了好多人劝他投降，首先找来他的弟弟劝他，第二个找到守襄阳的名将吕文焕，但是文天祥说我就不投降。

忽必烈说，好，我再问他一次你投不投降，假如你投降我封你当宰相。文天祥说我已经当了宰相了，我还稀罕你那个宰相啊，所以说“人生自古谁无死”啊，讲出了他的意念。后来他就告诉忽必烈，你成全我吧，忽必烈说算了，我就成全你吧，好了，把他杀了。但是杀了他之后，很多人记载那个有名的故事，他死的时候很从容，他觉得我应该上路了。他死时穿了件绸衣，绸衣上写了首诗“孔曰成仁，孟曰取义，惟有（其）义尽，所以仁至。读圣贤书，所为（学）何事？而今而已（后），庶几无愧！”这首四言诗。忽必烈也晓得这首诗，把他的绸衣好好保存，作为一个珍宝，一个纪念。据说这件绸衣在宣统时还存在，忽必烈他没有动他的亲戚，还让他的弟弟将他的灵柩送回江西老家安葬，也没有把他写的书烧掉，他是懂得怎么对待汉人。

元代官修政书《经世大典·序录》中写道：“自古有国家者，未若我朝之盛大者矣……元也者，大也。大不足以尽之，而谓之元者，大之至也！”元代蒙古族虽然只有百年统治中原的历史，但却占有特殊重要的地位，它加速了自秦汉以来统一的多民族国家的进一步发展，为经济和文化的发展创造了条件，使元曲成为继唐诗宋词之后中国文学艺术发展史上的又一座丰碑，这个朝代也开启了中国文化走向世界，中西文化不断汇流入海的新航程。

第二集　曲高韵长

【昆曲　《单刀会·新水令》】

大江东去浪千叠，引着这数十人驾着这小舟一叶。又不比九重龙凤阙，可正是千丈虎狼穴。大丈夫心别，我觑这单刀会似赛村社。

昆曲的《单刀会·新水令》在一定程度上保留了唐诗宋词的神韵，源远流长的诗歌经历了从四言到五言七言，从古体到近体，又演变为词和散曲的过程。可惜元代散曲流行的时候还没有录音技术，我们只能从今天的昆曲中大体感受元曲曲调的韵味了。香港文化学者郑培凯：

郑培凯：虽然借的是苏东坡的“大江东去”，可是它要展现的气氛和后面的故事连在一起，鏖兵赤壁，关汉卿借用之后，写的气氛不同。到了元曲后，借用了一些词，改头换面，有了戏剧的感染力。

元曲代表着元代文学的最高成就，在中国文学史上取得了与唐诗、宋词齐名的辉煌地位。而作为构成元曲的两大文学艺术门类，散曲和杂剧都曾令中国古典文学的浩瀚星河熠熠生辉。历史文化学者蒙曼：

蒙曼：散曲与戏曲是元朝最重要的艺术形式，几乎当时最著名的文人全都是散曲的创作者。它所涵盖的社会面，形成的语言丰富程度，精神的高度都是整个元朝文艺作品中的领航者。

散曲之所以称“散”，是与元杂剧的整套剧曲相对而言的。散曲是在宋词基础上发展起来的新诗体，依篇幅长短可分为小令、套数和带过曲。小令指单支的曲子，是照不同曲牌填写的；套数指用若干首同一宫调或宫调不同但可以相通的曲牌相联而成的组曲，又称“套曲”或“散套”；带过曲，属于小型组曲，是介于小令和套数之间的一种特殊体式。

散曲为什么在元朝得以出现和发展起来呢？历史文化学者蒙曼：

蒙曼：一个就是市民社会的发展，自南宋以来市民生活越来越扩大；散曲的发展除了市民生活还有另外一个时代背景，就是元朝的域外交通，按照现在来讲“一带一路”这个问题元朝解决得特别好，所以有非常多境外的人，其实他们对传统的中国文化了解的不那么深入的人，进入了这样一个时空背景之中，他们对于通俗文艺的追求，包括蒙古民族的统治者对通俗文艺的追求远远甚于之前的识文断字的教养良好的汉人统治者；所以说，上层需求是一回事，市井文化本身的发达又是一回事，还有呢就是词和诗有很多涵盖不了的生活现在被人关注到了又是一回事，我觉得这样三点其实是散曲产生的一个大的时代背景。

整个时代呼唤一种更具活力，更为包容，更能直抒胸臆的文学表达样式，而宫廷雅乐、庙堂文学显然已经因为过于雕琢考究而在这样的时代需要面前显得了无生气、力不从心。河北省元曲专家梁勇：

梁勇：我觉得还是时代造就的文学和音乐结合的形式，需要这样的情感表达，需要这样更接地气的文学形式。为什么不产生在南宋呢？因为那时候仍然是歌舞升平，唱的是宫廷雅乐。元曲能够更广泛地传承，对后来的明清小说和民间戏曲的影响就是因为这个时代需要走向民众，价值取向在这个时代发生了重要的变化，知识分子在彷徨中寻找自己的表达和文学的对接。早期元散曲里悲情感叹的感情色彩和当时的社会背景有很大关系。

时代需求是散曲兴起并走向兴盛的重要背景，知识分子在苦闷中寻找出路也从另一方面助推了散曲的繁荣。香港文化学者郑培凯：

郑培凯：任何艺术都要有社会的精英参与，才会在艺术上有所打磨提升，到了元朝最大的一个变化就是很多文人失意了，沦落民间，没有机会上升的社会渠道。

科举制度在元代长期废弛，大部分寒窗苦读以求功名的儒生失去了进仕机会，沦落在社会底层。苦闷和彷徨之际，他们中有的人在从为民间歌伎依曲填词当中找到寄托和乐趣，逐渐形成了专业的散曲创作群体。历史文化学者蒙曼：

蒙曼：你比方说，传统的中国文人，从唐宋以来是要走科举道路的，科举是要培养官僚的，所以对人们的要求是要“雅正”，情趣要非常典雅，态度要非常端正，这样才能够一步一步踏上仕途成为一个好的官员。但是元朝有一个很大的问题，就是元朝初年的时候对于知识分子的认定不像传统的中国捧得那么高，它其实是一个军事起家的民族，那个时候儒生也没有科举的机会，好长时间没有实行科举，那他们又要生活下去，怎么办？八娼九儒十丐，其实就可以看出来了，它跟社会下层很多人是混迹在一起的，又有这样的一个民间讲唱的一种形式，所以他们很自然地把他们之前的诗词教养和当时的流行曲目、勾栏瓦肆的演出形式结合在一起，所以就出现散曲，散曲就是唱，按照一定的宫调来唱歌，就是文人的创作和民间讲唱的形式有机结合，就是我们现在看到的散曲。

回到散曲的本身来看，从音乐意义而言，散曲是元代流行的歌曲；从文学意义来说，它是一种具有独特语言风格的抒情诗。据国学大师王国维统计，元曲曲牌出于唐宋词牌的有七十五种之多。所以，有人把散曲叫做“词余”。

过去有种说法，“诗词尚雅，曲语尚俗”，这主要是就语言特色而说的。“曲语尚俗”一方面说选词造句要尽量口语化，不要像诗词那样过于浓缩雕琢；另一方面允许甚至提倡方言土语、俚俗语言入曲。这样就使散曲在文学情态上与诗词有了明显区别，更加生动活泼，更加生活化。当然，就像世间万物利弊共存一样，散曲在语言上虽有较为灵活自由的优点，但若作者功力不够，创作态度不严谨，也极易流于粗鄙浅陋。而出于大手笔的佳作，则恰恰发挥了活泼的长处，同时也很好地避免了浅薄粗俗的流弊，达到生动与精练的统一。

【朗诵】

枯藤老树昏鸦，小桥流水人家，古道西风瘦马。夕阳西下，断肠人在天涯。

这首脍炙人口的散曲小令《天净沙·秋思 》出自有“曲状元”美誉的马致远。全曲五句二十八字，无一“秋”字，但却描绘出一幅凄凉动人的秋郊夕照、羁旅荒郊图。前三句全由名词性词组构成，一共列出九种景物，言简而意丰。抒发了一个飘零天涯的游子在秋天思念故乡、倦于漂泊的凄苦愁楚之情。此曲语言极为凝练却容量巨大，意蕴深远，结构精巧，顿挫有致，被后人誉为“秋思之佳作”。香港文化学者郑培凯：

郑培凯：往往写小令，不是写一个剧，是写一个场景，枯藤，老树，昏鸦，你看到的都是很强烈的一个意象一个意象，有点像一幅画，文字很简练，小桥，流水，人家，到日常村落都可以看到的。可是到断肠人在天涯，这是一个故事。特色就是一个简单的场景铺好，呈现出一个情节。文学性很强，视觉性也很强，就好像拍电影，有故事，戏剧化。宋词是内心化的东西，这个像一个导演，形式的创新性。

散曲先天带有诗词的基因和血脉，但与诗词相比，散曲有较大的灵活性。散曲在格律方面与词的体式相近，也有“定格”，在同一曲牌中，字数最少的一首为标准定格，但一般在定格外可加衬字，衬字指在曲律规定的字数外增加的字，它不受音韵、平仄、句式等限制，一般用于句首。

曲词的俚俗，表现在句式和词语的口语化上。如睢景臣的《高祖还乡》套曲中的“又言是车驾，都说是銮舆”，这“又言”是书面语，“都说”是口头语，而“又言”与“都说”联合起来的句式，既写出众口纷纭、莫衷一是的情形，又表明乡民们对车驾、銮舆这两个概念的困惑不解。这些特点正是散曲的民间性和通俗性的重要体现，历史文化学者蒙曼：

蒙曼：衬字是为了表达这种活泼的生活，因此创作了一种活泼的形式，实际上衬字就是为了让曲调更灵活一些，比方说，“我是一粒蒸不烂、煮不熟、砸不扁、响当当一粒铜豌豆”，它的真正的主干就是“我是一粒铜豌豆”，所有的这些形容词其实都是衬字，你现在看最精华的部分就是衬字这部分，因为他把铜豌豆所有的特性表达出来了，而这个恰恰是民间文学最活泼的一种形式。因为当你把它典雅化的时候你会发现这些东西可能用不上，但是如果在散曲中没有这样一种活泼的形式的话，那么散曲的特点反倒就没有了。

散曲的曲牌多很通俗易懂，比如《叨叨令》、《刮地风》等。散曲比词更接近民歌，多使用当时的口语。元散曲中口语的运用，不仅在于通俗易懂，更重要的还在于刻画人物形象，摹写人物情态。如关汉卿［中吕·普天乐］《崔张十六事》中的“若得来心肝儿敬重，眼皮上供养，手掌儿里高擎”。非常形象地描绘出张生对莺莺的执着情爱，一片痴情，跃然纸上。

清代学者王国维在《宋元戏曲考》里说：“古今之大文学无不

以自然胜，而莫著于元曲。”元曲的作者大多没有显贵的身份，也多不是学问大家，他们写曲不为留下传世之名，仅仅是兴致来了，单纯地抒写心中的思想和时代的情状罢了。所以元曲告别了以往诗词的苦吟与刻意，有直接明快、意到言随的优点。香港文化学者郑培凯：

郑培凯：唐诗宋词的修辞比较固定，到了元曲有很多俗语、日常生活用语在里面，跟曲调的发展有关，曲文上感觉有些松散，有衬字，有变化，文白夹杂，在这个意义上比较通俗，在文学上有特殊的意义。

正是由于俗与雅、浅与深、旧与新、显与隐的和谐统一，所以老少妇孺皆可欣赏。它对口语、方言、俗语、谚语、成语和经史语、诗词语，乃至佛道、外来语等广收并储，再经加工改造，并使之融为一体，为我所用，形成“文而不文，俗而不俗”，雅俗共赏的语言。正因为它将通俗口语与其他几方面的特点结合起来，才使其语言有着特殊的风姿。

散曲以曲笔为忌，其直看似容易，但要做到“直且有味”很难。如张鸣善的《咏世》：“洛阳花，梁园月，好花须买，皓月须赊。花倚栏干看烂漫开，月曾把酒问团圆夜。月有盈亏花有开谢，想人生最苦离别。花谢了三春近也，月缺了中秋到也，人去了何日来也？”

在元散曲的世界里，活跃着形形色色的文学形象，有当世的众生，有前世的英灵，他们用各种腔调讲述着自己的故事。之所以称他们是文学形象，是因为他们行走在虚构故事的世界里，又在对事件进程的讲述中表现着自己，而表现的方式就是唱叙自己那些揣在兜里，装在心里的各色各味的人生际遇和世态人情。正如元好问的《雁丘词》。

元好问在弱冠之年到元大都参加考试，走到定州集市上遇到一个卖雁的人，听他讲刚才在路上打死了一只大雁，另一只大雁在天空盘旋之后坠地而亡，元好问听过之后很震惊，认为大雁之情生死相许，于是出钱买了大雁，在汾河边上用石头建了一个坟，后人称“雁丘祠”。

散曲中这些作为故事讲述的人物形象是质朴自然、生动活泼的，他们所使用的语言也是朴素平实、鲜活灵动的，可谓雅俗共赏，语浅而意浓，“浅而不俗，深而不晦”，这正是散曲的韵味。

散曲的迅速发展成熟，确立了庞大的北曲音乐体系，这一音乐体系被戏曲家接受，成为元杂剧的音乐载体，而其文体形式——散曲，由于功能的多样化，也很容易演变成剧套，成为杂剧的重要构成部分。二者相伴相生，相互滋养。历史文化学者蒙曼：

蒙曼：散曲和杂剧其实是密不可分的，杂剧是一个剧，剧里头有曲这部分，就是和散曲内容一样的这部分，然后再加上韵白，就是道白，后来的科白，这样的一个故事体系就是杂剧。而其中的那些抒情性的也好，叙事性的也好，那个唱词其实就是散曲，所以它们内在的联系是非常清晰的，我们现在一般讲元杂剧四大家，其实要说他们是元朝散曲最顶级的创作者没有任何问题。它们几乎是在同时生长，而且生长的主体力量都是在北方，就是元大都，一旦到南方郑光祖那个时代，其实也是散曲、杂剧的衰落时代，所以说散曲和杂剧是孪生兄弟，互相成长互相促进的。有了散曲的表现形式，我们才能看到元杂剧中非常优美的唱词，可以当做文学经典看待的。同时有了杂剧这种形式，首先就是给了散曲作家一碗饭吃，另外它给你一种套路、结构，能够把这些小令、套曲容纳到戏剧表现形式之中。

散曲对后来的昆曲产生了重要的影响，香港文化学者郑培凯：

郑培凯：元代的戏曲艺术，戏剧的主要因素，包括情节、角色发展，真正成型。到了明代杂剧已经开始衰亡，北曲基本没落，很多融入了昆曲。

昆曲是南曲最精华的发展，南曲的发展和南戏是结合的，南戏的发展是要靠曲唱出来的，南戏的发展基本从浙江开始，往北发展影响了弋阳腔，往南进入福建，莆仙戏这都是一个系统，到海盐腔，出现了魏良辅的水磨调，达到登峰造极。

历史文化学者蒙曼：

蒙曼：昆曲里“袅晴丝吹来闲庭院，摇漾春如线”，这个文学作品来看也是非常了不起的，包括它的这些宫调昆曲仍然在沿用，现在我们看有些名字是完全一致的。散曲的这些始祖作用一直延续下去，虽然说现在我们不知道它是怎么唱的了，但是它最精华的部分现在根植于传统的全部戏曲之中。

尽管发展到后期，散曲作家竭力雕琢词句，追求典雅工整，向诗词的写法靠拢，使散曲失去了鲜活灵动的特色，渐渐走向衰微，但元散曲作为我国最后一种古典诗体，不但曾经显赫一时，取得了与诗、词三足鼎立的地位，而且它的经典之作一直潜移默化地滋养着后世的文学艺术，余音袅袅，曲高韵长。

第三集　笔写悲欢

东门里面大佛寺，东门外面接官厅。南门里面阳和楼，南门外面麦饭亭。西门里面石鸡叫，西门外面万人坑。北门里面韩信洞，北门外面出石青。

这首童谣里所唱的就是正定，位于华北平原上的一个小县城，从首都北京乘坐高铁到此不过一个小时的车程。人们经常会直奔这里的机场，却很少在县城里稍作停留。和中国的其他县城一样，正定到处洋溢着从农村向城市靠拢的愿望和行动，而在一个不起眼的街巷安静敞开大门的元曲博物馆，在行色匆匆的时代大潮中，倒显得有些步履从容的意味，三进小院里，葡萄架还没爬起来，展室都正在开放，偶尔有两三名游客好奇地探进头来。

导游：欢迎各位来到古城正定，现在我们所在的是元曲博物馆，所在是马家大院，马家大院始建于清末民初，原为五进四合院的建筑，现保存总共是三进院。我们先看到的就是白朴，元曲四大家之一，享年81岁，他人生的一半生涯都是在正定度过的，40多年的时间都是生活在正定的。元曲和唐诗宋词一样，被称为中国文化艺术当中的三大高峰，当年元曲的四大创作中心和演出之地，分别有正定、大都、平阳、东平等地，其中正定则是在四城之中，算是最早的一座了。

在我们这个历史悠久的大国，地图上任何一个微小的地名都不该轻视。在与现代接驳的过程中，有可能走得急了一些，而忘记了自己的来时路。但是，每一个地方所深蕴的那一段段历史总是会以口耳相传，会以盛满了老时光的建筑，会以割舍不掉的生活方式，会以厚重详细的地方志记载，默默提示着我们，这里曾经发生过什么。而正定，这个在元代叫“真定”的地方，就曾是赫赫有名的“元曲之乡”。河北省元曲专家梁勇：

梁勇：蒙古的军队先把金朝灭了之后，这个地方就是它的重要根据地，而当时驻守在正定这个地方，正定、大名、济南等九路都指挥使、万户侯史天泽，他是一个河北人，他对于汉族文化的传承有一种担当，他在正定这个地方，收蓄了好多从金朝灭亡以及各地流散的一些汉族的文人，这些名人雅士可以说都是当时对于汉文化传承的一个重要的载体或者是文化传承人。比如说元好问，他是白朴的恩人，六岁的白朴和白朴的姐姐，当时称为白家遗孤，他就把他们收养了，辗转数年，从山东来到了正定，而这时候白朴的父亲白华也已经落籍到正定。这么多名人都汇集到当时的正定，包括元好问这样的，说明这地方适合他们。他能够在政治上得到尊重和生活上的安逸，史天泽给了他们巨大的政治关怀，所以这是一个很重要的时代基础。

这里的人，这里的事，经过细细发掘，总会让人震撼。梁勇生在河北，长在河北，对这片燕赵大地怀有浓烈的情感，他仿佛有一个装满了故事的神奇口袋，总是伸手一抓就能讲出些典故。

梁勇：为什么在这个地方创作呢？它有比较深的文化根基。过去这个地方就有这种演艺的基础，在北宋王朝灭亡40多年以后，南宋王朝派了一个代表，叫范成大，著名诗人、文学家，到金朝来游说，让金朝干什么？金朝占领了河南，就是老赵家祖坟那块地方，能让他来祭祖，结果他就出使到了金朝。他目睹汴京城里过去那些老艺人到了正定，有诗赞曰，说这些女艺人虽然老了，但是仍然在那儿跳舞，就说明传统艺术在此得到了传承。诗人词人到了元朝以后，那种亡国之哀叹与燕赵多感慨悲歌之士的历史叠印起来，就必须用散曲或者戏曲来抒发情感。唐诗宋词是象牙塔里面的文人雅士们自己享受的一种表达形式，那么到了元朝，他要让自己的这种抒发情怀，要让老百姓听得懂。“问世间情为何物，直教生死相随。”这谁都能听得懂，不需要有多深的文化。放牛的、地头上捡破破烂的，人人都能听得懂。这么多人都有表演的基础，都有写这种通俗段子的基础，在散曲的基础上，他们就创作了表演给群众看的元杂剧。

元杂剧指的是元代盛行的北曲杂剧，是在金院本基础上以及诸宫调的影响下，融合各种表演艺术而发展起来的一种完整的戏曲形式，是一种综合性的舞台艺术，有着成熟的文学剧本。在中国文学史上，唐诗、宋词、元曲并列，而元曲则包括杂剧与散曲。中国文学在经历了高居庙堂之上的庄严肃穆与市井的浅吟低唱之后，到了元代，更加世俗的红尘气息扑面而来，创作不再远离人间，尘世的苦痛与欢欣，以观者感同身受的内容和喜闻乐见的形式，飞出了创作者的书房，奔向了芸芸众生之中。中国戏曲学院原院长周育德：

周育德：元杂剧的剧本有两个大的特点，第一就是四折一楔子，基本上是四场加一个小的场次，就是小五场，把一个故事讲清楚；第二呢，就是每一个剧分成旦本和末本，旦本我们青衣花旦唱的，末本呢类似于老生戏，是由男性的演员唱的，而且突出主角，一唱到底。

谢美生：他这个墓是2014年重修的，重新做了封土，两边又垒了围墙。

位于河北省安国市的关汉卿墓一如他的戏剧作品——孤傲而朴实，来此凭吊的人们都知道这里安眠着一个伟大的灵魂。

谢美生：这条路是一条新修的路，方便人们过来拜谒关汉卿。

来这里拜谒的人也不少，主要是一些民间组织，每年清明节的时候，会有中小学生来这里拜谒和扫墓。

而这些拜谒者中就有河北大学艺术学院教授谢美生，他同时也是河北大学关汉卿研究会的名誉会长：

谢美生：关汉卿1958年被世界和平理事会列为世界文化名人，他的著作在1821年就被翻译到英国。1958年6月28号这一天全国的1500多个剧团所有的剧种包括话剧、各地方戏，同时上演关汉卿的戏，而且那一年社会主义阵营内的国家都翻译介绍过关汉卿，世界各国大百科全书，美国的大百科全书，大不列颠的百科全书，法国的百科全书，日本的百科全书对关汉卿的评价相当高，都是一连用三个副词，什么伟大的、著名的这类的词形容他。

在距离今天大约800年的时代里，这个曾经做过医者的戏剧家，用自己的笔在描摹着那个时代，也以笔作为自己的刀枪，伸张着理应如此的人间正义。

《窦娥冤》，世界悲剧的千古绝唱，关汉卿将痛击人心的悲怆写入了人物的命运，巨大的绝望像一只收拢的巴掌攥紧了观者的心。但是，他不是命运的臣服者，他用自己的笔和舞台上的戏控诉着当权者的黑暗和残暴。这种沉郁而厚重的悲剧力量传承到今天，依然不减分毫，能够让人透过窦娥，真切地触摸到那个时代的生活图景。

齐花坦，国家一级演员，河北梆子国家级非物质文化遗产传承人，今年已经82岁的老人在谈起自己扮演窦娥这个角色的过往时说，要把自己放到那个遥远的年代中，才能体会到窦娥痛苦无望的心境。

齐花坦：窦娥被打得皮开肉绽，一个人精神上生死的打击咱们是没有体会的，但是咱们使劲体会，咱们最痛苦的事情是什么，人马上要杀头，你想这是一个什么感觉。关汉卿的原著骂天、骂地、骂神、骂鬼，甚至发展到不顾一切，喊的不是窦娥，是代表当时那个社会所有那个阶层人的心声。

【话剧 《感天动地窦娥冤》片段】

没来由犯王法，不提防遭刑宪，叫声屈动地惊天。顷刻间游魂先赴森罗殿，怎不将天地也生埋怨。有日月朝暮悬，有鬼神掌着生死权。天地也！只合把清浊分辨，可怎生糊突了盗跖颜渊？为善的受贫穷更命短，造恶的享富贵又寿延。天地也！做得个怕硬欺软，却原来也这般顺水推船！地也，你不分好歹何为地！天也，你错勘贤愚枉做天！唉，只落得两泪涟涟。

2017年，北京人艺再度复演了年度大戏《关汉卿》，讲述了关汉卿人生中重要的一段——创作《感天动地窦娥冤》的始末，演员王斑扮演关汉卿，而这段话正是王斑在参透了关汉卿的一生后，用一份饱蘸着愤懑的情感将观众带到了曾经的那个世界。河北大学艺术学院教授谢美生：

谢美生：比如说《窦娥冤》，关汉卿在大都就看见过一个寡妇被斩，而且这个寡妇被斩完全没有道理，她丈夫没了，伺候老婆婆好多年，有一个流氓无赖想霸占，因为她家里有点房产有点地产，为了霸占房产地产诬蔑是窦娥害死了婆婆。他大量地目睹都是这个现实，所以他在戏曲创作里大量地关注民众。他的创作大概分四类，一个是悲剧，以《窦娥冤》为代表，大量控诉民众的生活和官府的贪赃枉法。第二类是喜剧，像《望江亭》、《救风尘》为代表，喜剧是对统治者含有鄙视的笑，那个笑不是我们笑完为止，笑完以后又回味深长。第三类就是公案剧，他写过包公的戏，包公本来也是民众幻想的清官，所以关汉卿把民众幻想的清官搬上舞台也是控诉这个社会的不平，呼唤社会出现公正的清官。那么再一类是历史剧，历史剧是以《关大王》、《单刀会》为代表的，关汉卿的历史剧有着独特的历史观，比如说《单刀会》里面有首词，我们历代文人墨客写长江，都是长江后浪推前浪，茫茫的长江水，但是关汉卿没有那么看，他写的是长江流水是血和泪，他把长江的水看成非常鲜明的战争观，就是互相残杀的战争鲜血把长江水染红了。

元代对于知识分子来说不能算是个理想时代。元代灭金以后，只举行过一次科举考试，此后七十余年科举一直被废止。知识分子原来藉以谋取功名富贵的仕途被堵塞了，加之元代轻贱儒生，知识分子的地位十分低下，南宋移民郑思肖说：元分人民为十级"一官二吏三僧四道五医六工七猎八娼九儒十丐"，知识分子排在娼妓之后，仅在乞丐之前。在没有出路的情况下，他们中的许多人就将自己的知识和才气投入到元曲创作中。他们将自己的苦痛、思考、期待都写入到了杂剧作品里，让自己的心有一个可以安放的地方，也在剧中向世人晓谕着某种生活哲理。

谢美生：这时候一些读书人很郁闷他不能科举了，也断了仕途之路了，就聚集在大都，为什么大都空前的发展，忽必烈进都，把北京原来是金代的中都，改为了大都，他原来在蒙古那边还有上都和中都，这样大都就空前地发展，调集了全国的军队，全国的工匠大兴土木，使元大都迅速地发展起来，有些畸形地发展。那么畸形的发展，商业空前的繁荣，市民剧烈的增加就需要娱乐，这样呢，就修建大量的勾栏，就是我们现在所说的戏院。为什么叫勾栏呢，因为舞台的前面有木栏杆，用花雕把他勾起来叫勾栏，这样大量的戏班出现，大量的剧场出现，使戏曲空前的发展，客观上推动了戏曲的发展。那么戏班空前的多，就需要大量的剧本，这样一些读书人就聚在大都成立了各种编剧的组织——书会，编写剧本供给元杂剧的表演艺术家上演。

谢美生自己也是剧作家，获奖颇丰。对于剧本创作，他也是体会很深。同行惺惺相惜，他说，王实甫是个了不得的作家，在前辈的基础上，他大胆革新元杂剧四折一楔子的固有格式，用一身才华和一腔浓情写出了“天下夺魁”的《西厢记》。

【《西厢记》唱段】

愿天下有情人结成眷属……

一个不该发生爱情的地方发生了爱情，一块禁欲至上的“净土”燃烧起热烈的情欲，这个地方就是山西普救寺。普救寺闻名遐迩，是因为公元9世纪初年，在它的西厢，成就了一对青年男女的爱情。《西厢记》一出，竟连这雄伟壮丽的舍利塔也被民众称之为“莺莺塔”了。

导游：这是梨花深院，这就是当年莺莺他们家居住的小院，《西厢记》中的很多主要故事情节，惊艳，请宴，赖婚，跳墙都发生在我们这个小院当中，我们这个小院的牌匾是王季思先生写的，他生前是广州中山大学中文系的教授，你看他写到“梨花院落溶溶月，柳絮池塘淡淡风”，后面四句他是这么写的：“青年心事慕崔张，曾继三王注乐章，老去尚余绮思在，自携海燕过西厢。”海燕是他夫人，他当时是领着夫人过来的，说这是个爱情圣地。

普救寺坐落在山西省永州市蒲州古城东不足十里的一个小山坡上，南依巍巍中条山，西临滔滔黄河水，地势高敞，视野开阔，寺前就是当年长安经蒲津关通往并州太原府的古驿道。张生就是在这“普天下佛寺无过”的圣地普救寺与莺莺千里相会，上演了一场轰轰烈烈、情真意切，令无数后人唏嘘赞叹、感慨万千的爱情故事。中国戏曲学院戏文系主任谢柏梁：

谢柏梁：《西厢记》，这是中国文学艺术史上第一部史诗般的剧作，以前我们的长诗，我们的小说在写人物，在虚构的人物故事的阶段上没有这么大的篇幅——五本。它是一部爱情的史诗，在中国人以前所有的历史记载和虚构的小说戏剧当中，神话传说当中，没有一部爱情像这么的惊天地泣鬼神，那么的漫长，那么的令人信服。那么多锦词丽句，那么多奇丽的语言，都是为他们的爱情，为他们的青春，为他们美好的理想和憧憬来做铺垫的，在这之前没有这一部史诗般的作品，来抒写中国人的爱情。

这出戏经过从唐至元的演变，里面的“红娘”也早已不再只是一个活泼可爱又有正义感的小丫鬟，而化为成就爱情的美好使者。作为一部戏曲名著，《西厢记》对同时代特别是后代的戏曲、小说创作产生了巨大的影响。中国戏曲学院原院长周育德：

周育德：今天我们讨论《西厢记》还是有着现实意义的：一它可以提高我们民族文化的自信，成为鼓舞当代戏曲创作的一种动力，七百年前我们的戏曲舞台上已经出现像《西厢记》这样的艺术高峰，当代剧作家更应该有智慧，有能力创作出超出前人的艺术高峰来；另外，优秀的传统文化的精神力量是有永恒的生命力的，王实甫提出的“愿普天下有情人都成了眷属”，这是一种永恒的追求，在今天也不过时。

我国古代戏曲在经历了漫长的历史进程之后，在元代迎来了成熟与繁盛。杂剧在元代全面勃兴，无论是作品数量、艺术成就还是从作家、演员的人数来看，都是空前的。在元代不到百年的时间里，出现了许多杰出的杂剧作家和大量的杂剧作品。当时有姓名可考的作家将近百人，以关汉卿、白朴、马致远、郑光祖、王实甫为代表的一大批优秀的杂剧作家成为了元代文坛最耀眼的群体。元杂剧的剧目数量，钟嗣成《录鬼簿》存目四百五十八种，朱权《太和正音谱》存目五百三十五种，李调元《剧话》说：“元人剧本，见于百种曲，仅十分之一。”可见，元杂剧作品应在千种以上。其中，《窦娥冤》、《西厢记》、《墙头马上》、《汉宫秋》标志着我国古代戏曲艺术取得的最高成就。更为可贵的是，元代戏曲，没有仅仅留在文献记载里，也没有仅仅留在人们的记忆里，它活跃在舞台之上，让今天的我们仍然能够感慨于它的精美与完备。谢柏梁：

谢柏梁：整个13世纪的时候，西方戏剧还是一片沉寂的中世纪的时代，印度的梵剧在12世纪基本上销声匿迹了，可是中国的杂剧以大都为中心，就在关汉卿、王实甫以他们为代表的诸杂剧，在世界戏剧史上写下了毫无愧色的锦绣华章。

“一无空傍，自铸伟词”，这是对关汉卿的崇高评价。一个时代有一个时代的文学，而在元代，这些文人，以自己的笔饱蘸胸中的块垒与激情，以自己的作品描摹着人间的悲喜离欢，他们也许没有想到自己的作品会流传那么久，只是在那一刻，他们希望自己的理想国可以实现，而这一刻，禁住了时光的考验，就成为永远。

第四集　海丝帆影

讲解员：这边展示的是元代烧制的一件瓷器，学名叫元霁蓝釉白龙纹梅瓶，它最宝贵的是通体的蓝色，采用的是进口的钴料。（钴）发色呢非常的不稳定，温度最低不能低于1280度，最高又不能高于1300度才能烧制出来。可是我们知道古代是没有温度计的，工匠们只能用眼睛去看火苗，凭着经验去判断，所以非常难能可贵。再加上物以稀为贵，元代的年代本来就短，瓷器也是易碎品，并且全世界发现的（元霁蓝釉白龙纹梅瓶）只有三件……

元霁蓝釉白龙纹梅瓶被奉为扬州博物馆的“镇馆之宝”，关于它的收藏有这样一段故事：1976年唐山大地震后，原先的主人心有余悸，担心梅瓶遭到破坏，于是仅以18元的价格卖给了国营的文物商店，最终被安放进了博物馆。

元代蒙古民族取代汉人统治中原，无异于中国封建政治的一场地震，然而中国文化似乎和这件幸存的梅瓶有着相似的命运，不仅得以幸存和延续，更因疆域的开拓和文明的交流，得以弘扬和传播。

景德镇古瓷窑遗址工作人员：好听吗？再敲一下。好听吗？再给你看看它的胎质。我们刚刚敲击的那个碗有钟声，这个碗还会唱歌呢！

景德镇古瓷窑遗址工作人员：你看……前面老爷子纯手工制作的。

景德镇古瓷窑遗址制瓷工匠：沿着口弦走，慢一点，手搁着上面沾一点水，慢慢摸它就响了。

中国传统手工制瓷作坊里，工匠们用特有的方式展示瓷器优良的质地。

泥土经过烧制，历经水与火的淬炼，发出媲美乐器的声音。七百多年前，也许就是这样空灵悦耳的声音，吸引着马可·波罗踏上了探寻东方的寻梦之旅。

《马可·波罗游记》据传是根据意大利旅行家马可·波罗游历中国的见闻口述所作，它的出现激起了欧洲人对东方的热烈向往，对以后新航路的开辟产生了巨大影响。

如果马可·波罗也有朋友圈，点赞最多的一定是他描绘的那些光彩夺目的瓷器。西亚诸国对蓝白两色的偏爱，令历史上被称为迪云州的福建德化质地细腻的白瓷成为中国海外贸易的大宗。

【《马可·波罗游记》章节】

这座城里出售瓷器的市场很多，用一个威尼斯银币可轻易买到八个瓷盘。

马可·波罗开启了中欧陶瓷贸易的先河，游记中记录的制瓷方法为欧洲仿制“中国白”瓷埋下了伏笔，因此德化产“中国白”瓷在法国、意大利等地还有一个别名，就叫做“马可·波罗瓷”。

“中国白”瓷成为外销瓷的重要品种，而海陆贸易的热络又促成了产自波斯的优良青花料苏麻离青的进口，青花瓷工艺日渐成熟并被规模化生产出来。

韩秉华：我们想起中国的陶瓷，就肯定会想起青花瓷，青花瓷，清白之间的优雅，这颜色很淡雅，非常好……

香港特别行政区区旗、区徽设计工作的主要参与者韩秉华，一直对中国传统青花瓷情有独钟。

韩秉华：因为青花瓷怎么来的？是交融的文化，我认为我们要接纳文化，外来文化的结晶。当时，元代，青花在元代，它是有容乃大，是我们中国文化包容性的部分，所以我现在认为呢，我们还是可以参考一下，古为今用，洋为中用。

这位香港的杰出设计师还有一个身份，是景德镇陶瓷学院的客座教授。每次来到景德镇，对韩秉华而言无异于对中国陶瓷文化的一次朝圣。

韩秉华：我认为我们中华民族是有创造力的，非常有创造力，看我们的陶瓷就知道。而且呢，很多朋友都听过，昌南，景德镇，CHINA，其实我也是来到景德镇才知道，CHINA这个词怎么来的？就是“昌南”，“昌南”就是景德镇，景德镇，CHINA。所以景德镇也是代表陶瓷的一个代名词。

关于中国的英文翻译CHINA，其由来一直有一个广为流传的说法：景德镇原名叫“昌南”，“昌南”产的瓷器经由海上瓷路风靡世界，欧洲人就用“昌南”的音译“China”给瓷器命名，久而久之，“China”也就成为了中国的名字。

元代景德镇烧制出质优价廉、工艺成熟的青花瓷，景德镇发展成为全国的制瓷中心。

今天仍以“马可·波罗”命名的不只有“中国白”瓷。著名的马哥孛罗酒店集团官网上这样描述自己的企业文化：秉持源自著名探险家、环球旅行家及文化鉴赏家马哥孛罗的人生哲学，体现其探险精神，创造独特的客户体验。

香港马哥孛罗酒店正对着尖沙咀，这里的每一个房间都会听到不远处海浪的拍岸，还会看到游弋于维港海面的“鸭灵号”仿古帆船。七百年前，《马可·波罗游记》也是在潮涨潮落声中，把中国发明的水密舱造船技术传播到海外。

【演播】

中国比较大的一些船，在船身里面有13个池子或舱房，用坚固的木板紧密地钉在一起，有很结实的隔板把它们隔开。

《马可·波罗游记》里提到的这种水密舱造船技术，来源于元代中国使用最为广泛的福船。福船，顾名思义就是福建地区制造的木船。福建人自古就习于水斗，善于用舟。宋元时期“海舟以福建为上”渐成共识。

福建晋江，国家级非物质文化遗产“水密舱福船制造技艺”传承人陈芳财已经七十岁了。不久前突发的中风让他暂别一生专注的手艺，但一谈到福船，还是难掩心底的那股子豪情。

陈芳财：那个时候的福船，打鱼的有用，还有经商的也有用。因为福船稳定性好，航速又好，大家都喜欢用。好像说从菲律宾到我们这里，你一条船行来行去一般要一个多月，以前是靠风力的，没风就行不动了，所以（帆）越大越好啊，装的东西也装得多啊。我亲手做过的最大的帆船那个长度将近有八十米。

陈春来：水密隔舱，你看像这个船，它这叫隔舱板，这个隔舱板，一个、两个……分成若干个互不相通的舱室。

陈芳财的造船手艺如今传给了儿子陈春来。

陈春来：万一，比如说这个舱破了个洞，那把这两个相邻的舱底下的洞堵上，其他舱还是保持没有水的状态下，这个船照样还可以走。

时代不同了，陈春来对于福船在海上丝路上发挥的作用也有新的认知。

陈春来：自从福船发展起来，大规模应用，相对来说风险小了，沟通东西方往来更安全，更频繁了一些。可以这么说吧，没有福船就没有海上丝绸之路。因为福船大规模应用之前，可能大海就埋葬了很多木板、风帆，还有梦想。

沿着海岸线，从陈家所在的深沪港向北车行一个小时，就是曾经被西亚商人称为刺桐港的泉州。福船优越的抗沉性和安全性，将这座遍植刺桐花的中国城市推向元代海上丝路的枢纽位置。

元代国土辽阔，海岸线更长，贸易范围更广，因此元代海外贸易比宋代规模更大。市舶司是古代中国管理对外贸易的机关，类似于今天的海关。元朝政府曾在泉州、上海、广州、温州、杭州，以及当时被称作澉浦的海盐和被称作庆元的宁波设七处市舶司，后经裁并，只保留泉州、宁波、广州三处。三处市舶司，以泉州最重要，也最繁忙。

在泉州海外交通史博物馆，讲解员以这样的方式讲述泉州历史的华彩篇章。

讲解员：泉州的鼎盛时期是宋元时期，特别是元代的泉州，甚至是在一些游者的游记里面，比如说像《马可·波罗游记》，比如说像《伊本·白图泰游记》这些。《马可·波罗游记》就说泉州是当时的“东方第一大港”，与西方埃及的亚历山大港并称。像《伊本·白图泰游记》里面呢，它甚至称泉州是当时世界的最大港。所以可见泉州港在海上丝绸之路的这样一个地位。

博物馆的院子里竖立着一尊伊本·白图泰的塑像，面前的石碑为我们揭开了这个有些陌生的名字与元代泉州的一段往事：“一位走过12万公里、44个国家的摩洛哥大旅行家，他于1346年从泉州登岸，在中国游历一年。他的游记向世界介绍了中国的伟大发明，并称泉州为世界最大之港。”

【《伊本·白图泰游记》章节】

我看到港内有上百条大船，小船可谓多得不可胜数。它是天然良港。这座城里的居民都户户有花园和天井，住宅建在花园当中。来这个城市的商人有法兰克人、萨拉森人、印度人、犹太人。一年到头它都像一个巨大的交易市场，因而在这里你可以找到来自世界遥远地方的商品。这是一个很大的港口，甚至比辛迦兰还大……

福建博物院的志愿者赵榕英经常利用业余时间为参观者讲解文史知识，每每说到泉州，就抑制不住的激情满怀：

赵榕英：东亚文化有三个朝圣地：麦加、耶路撒冷、泉州，东西方文化交融最好的城市，世界宗教博物馆，多元文化的各种的历史印迹都留在了泉州。看这个石刻噢，摩尼教来自于古代的波斯国。那么1991年联合国教科文组织在考查海上丝绸之路的时候，认为最最重要的发现是在泉州晋江发现了世界上仅存的摩尼教石佛，在他们的国家（摩尼教创始的国家）都已经没有这些东西了，这是联合国教科文组织认为最高兴的。还有一位最高兴的人大家想想是谁？《倚天屠龙记》谁写的？金庸。金庸老先生被多少人质疑，说中国有本土的道教，有外来的什么佛教啊、基督教，什么时候有个明教出现了？这就再一次说明了任何外来的宗教只要传入中国，一定要结合民情。所以说摩尼教传入中国，中国人崇尚光明，就叫做“明教”。所以说泉州这座城市她的故事是非常多的。有五万以上的阿拉伯人，不光是在这里贸易，还生活定居在泉州。为什么他们喜欢定居在这里啊，告诉大家，这些商人各个腰缠万贯，非常有钱，但是他们国家的文化与中国能相比吗？仰慕中国的文明和文化，所以他们就定居在泉州。

长期的海外贸易，带给泉州的不仅是来自世界各地琳琅满目的商品，更有相随而来的不同民族和宗教。各种文明在这个开放包容的城市里相遇，它们和谐相处，长期共存，为人类文明提供了不同文化之间和平对话、沟通交流的城市范例。

这是在泉州一带流行的高甲戏《桃花搭渡》，“四月围花围，一头簪两头重”，唱词中的这两句，道出了蟳埔女子满头鲜花的独特妆束。

在泉州市丰泽区文化馆副馆长许哲宗的生活里，少不了经常去这个叫做蟳埔的社区，跟街坊黄荣辉老先生聊聊过去的故事。

许哲宗：阿拉伯人他在这个地方生活居住，他就会把他的一些习惯跟风俗就带到这里。

黄荣辉：这个我们就叫“簪花围”啊，有的叫“头上花园”。

记者：“头上花园”？

黄荣辉：对。

记者：这都是什么花？

黄荣辉：马蹄吧？

许哲宗：马蹄花。那还有素馨花，还有香的茉莉花、白玉兰。

记者：噢，对对。

许哲宗：它这个根据季节。你看像这种“簪花围”，用这个花，这种东西来做装饰呢，这又跟我们古代的传统又不大一样，既有中国的传统，又有外来的因素在里面，中外融合的这种感觉。说明古代的时候这些外国人在这个地方生活的时间非常久，这种民俗是中外融合的一种结果。

【电视新闻片段】

最近一种名为太平洋生蚝的物种入侵丹麦海域，对海洋生态环境造成了极大的破坏，于是呢丹麦驻华大使馆的官方微博就发出了求救信，鼓励大家通过吃来消灭这些生蚝……

2017年春天，中国网民响应丹麦驻中国大使馆消灭生蚝的求助事件成为舆论热点，网友们不仅贡献了各种吃法，打趣发问“是要吃成珍稀还是濒危？”而且连饕餮之后的蚝壳都想办法解决了。福建网友提出把蚝壳集中起来建“蚝壳厝”。

闽南人把房屋称为“厝”，把海蛎叫做“蚝”，“蚝壳厝”就是用海蛎壳做成的房子。“蚝壳厝”的故乡就在蟳埔，蟳埔人世代养蚝，海蛎壳遍地都是。然而用来建“蚝壳厝”的海蛎壳却并非就地取材。沧海遗贝筑广厦，“蚝壳厝”里究竟隐藏着元代时期怎样的海丝记忆呢？黄荣辉老先生：

黄荣辉：泉州的商船队把我们这边的茶叶、陶瓷、丝绸运到东南亚以及非洲东海岸，去进行贸易，回来载一些香料，但是那个香料一点点，不多。所以如果空船，在海上容易摆动，甚至于会翻船，所以把当地产的海蛎壳放在船上压舱，船就不会摆动。回来以后就把这些海蛎壳卸在海滩上。当时渔民就把它拿起来因地制宜用来盖房子，好像鱼鳞一样一片一片很好看。这种海蛎壳的房子冬暖夏凉，不怕潮湿，不怕枪炮，子弹打不透。

公元1271年，一位叫雅各的意大利犹太商人来到泉州，不禁赞叹："这是一个不可估量的贸易城市，各种布匹、书籍、香料、陶瓷、珠宝等商业集市繁荣到难以描述。泉州所有的路口、店铺、人家都挂着灯笼，满城光如白昼。"因此，他把泉州称之为"光之城"。

而在马可·波罗眼里，元代中国享誉世界的并非只有一座"光之城"。

马可·波罗的故乡是意大利威尼斯，儿时生活里挥之不去的波光潋滟让他对异国他乡的水城充满了亲切感。因此，他对杭州情有独钟。

【《马可·波罗游记》章节】

它位于一个澄清的淡水湖与一条大河之间。河水经由大小运河引导，流入全城各处，最终流入大海。湖中还有大量的供游览的游船或画舫，所有喜欢泛舟行乐的人，或是携带自己的家眷，或是呼朋唤友，雇一条画舫，荡漾水面。

马可·波罗眼里的杭州是名副其实的礼仪之地、休闲之都，是他心目中的"天堂之城"。

【《马可·波罗游记》章节】

当地的男子与妇女一样，容貌清秀，风度翩翩。因为本地出产大量丝绸，加上商人从外省运来绸缎，所以居民平日也穿着丝绸衣服。

当地居民性情平和，民风恬静闲适。他们彼此和睦相处，在工商业方面，他们也公平正直。

街道上有许多浴室，用的都是泉水。这里的男女顾客从小时候起，就习惯一年四季都洗冷水浴，据说这对健康十分有利。这些浴室中也有热水浴，专供那些不习惯用冷水的外国人使用。

马可·波罗可能想不到，离杭州不远的另一座因水而兴的城市，居民因为爱洗澡而闻名，甚至连澡堂里的搓澡师傅都成了享誉全国的匠人。他更想不到，在传说中自己会和这座城市有一段奇妙的缘分，在这里当起了中国的“公务员”。这座城市就是扬州。

今天，有关“马可·波罗有没有在扬州做过官”，甚至“马可·波罗有没有真的来过中国”的争论一直困扰着史学界，但不可否认的是，千千万万的商旅者沿着海上丝路走进了中国，亲近了中华文明。

“忽然一夜清香发，散作乾坤万里春。”元代诗人王冕的这首《白梅》诗中的两句，传神地描绘了白梅那一夜清新的香气散发出来，化作天地间万里新春的动人景象。当欧洲旅行家将远足的见闻带回西方，中国文化也如一夜竞放的白梅，惊艳世界。

离扬州不远的江苏、安徽两省交界处，中国民歌《茉莉花》从这里唱响，世界各地的人们因为歌剧《图兰朵》记住了它优美的旋律。

《图兰朵》讲述了一个元朝公主的爱情故事，故事里有复仇和杀戮，更有种族之间消除怨尤，分享爱与希望。

文化的交流演进，难免伴随着战争和冲突。元代中国对内对外发生的文明冲撞与民族交锋前所未有，在对旧有文明造成局部破坏的同时，客观上也带来了文化的传播和交融。中华文化跨越了广袤的陆地和浩瀚的海洋，又一次完成了她的融合与生长，生机勃勃，焕然一新。

第五集　继往更张

蒙元丝路贸易在史上占有重要的承上启下的地位，上承唐代丝路贸易高度繁荣后的下降及渐进中断，下启古代东西方陆路国际贸易的尾声，即明代前期中西陆路通商。

中国的四大发明造纸、指南针、火药、印刷术在元代以前已开始传入西域，但真正为欧洲人所了解、应用，恰恰都在这一时期。13世纪伊利汗国为仿制元朝纸钞，首次在伊朗采用雕板印刷术，雕版印刷术从此开始传入欧洲。中国的茶叶，最早通过西夏和高昌回鹘带入西域；13世纪后才通过色目商人经商传入西亚和俄罗斯。而后来在中国社会经济中影响重大的棉花栽培、棉纺技术正是在元代中外贸易的高潮中得以推广和普及。

元王朝由于疆域辽阔，发展交通，得到强化的驿站制度使得陆上的丝路贸易展现出勃勃生机，然而，海外贸易日渐蓬勃、繁荣的景象不仅来自陆路。香港著名出版人陈万雄：

陈万雄：元代的世界贸易非常繁华，贸易其实也是一种文化交流，现在在福建，还是遗留很多海上丝绸之路的元代的（痕迹）。

泉州港，是元代海上丝路贸易的重要港口之一，大约公元1277年，元代在泉州、庆元等地设立了市舶司，即专门用来管理海外贸易的机构，基于这样一个有序的管理，国际贸易范围更广，出口的商品更多。泉州，无疑扮演了陆路和海路的中转站的角色。在元代后半叶，泉州更因为海外贸易的空前兴盛，港市风貌的高度繁荣，而被誉为东方的第一大港。

泉州海外交通博物馆中，便记录着这段让人回味悠长的历史。香港理工大学中国文化学系教授何冠环：

何冠环：我带学生去过泉州，泉州的海外交通博物馆非常好看，作为元代最重要的对外贸易港，泉州海外交通博物馆留下太多外来的遗传，这里呈现出元朝海上贸易非常发达的地方。

元代的海上贸易交流，不仅向世界展现了中华文化的璀璨，细细追溯，从今天的很多事物都依稀寻觅得到元代时期海上贸易的踪迹。

纸币交易在今天早已成为人们的日常，甚至电子交易都变得日益寻常。而纸币在世界范围开始大规模使用，还得追溯到元代。

出于贸易以及出行便利性等需要，诞生于宋代的纸币，在元代逐渐被世界所广泛认知和使用，元代因此也可以被认为是纸币在世界范围开始大规模流通的重要时间节点。香港理工大学中国文化学系教授何冠环：

何冠环：宋代因为铜钱运输不方便，所以有些做生意的人开始发放一些有信用的钞票，后来得到中央的认可，从宋代开始出现不同名字的“钞票”。后来因为贸易等原因，忽必烈继承宋朝的做法，发行中统钞。

我国是世界上最早使用纸币的国家之一。《宋史·食货志》中记载：“钞始于唐之飞钱。”

纸币在元代得以飞跃式发展，并影响了世界货币制度，与元代的丝路贸易中的需要有着紧密关联。《马可·波罗游记》里有着这样的描述：“纸币流通于大汗所属领域的各个地方，没有人敢冒着生命危险拒绝支付使用，用这些纸币，可以买卖任何东西。同样可以持纸币换取金条。”

元代以前的纸币，只能在相对固定的区域内使用。伴随印刷技术的迭代，元代则在全国范围内推广使用纸币，自世祖忽必烈继位到元朝消弭，除了铸造过少量的金属钱币之外，一直行用纸币。

元代所用的纸币与现代社会所使用的极为相似，因为便携、防伪等特性对世界影响深远。根据记述，元代纸币携之可“北逾阴山，西极流沙，东尽辽东，南越海表”。

元朝纸币，一般其形状为长方形，长约25厘米，宽约16厘米，版面的四周是花边。上方从右到左印有“某某通行宝钞”，正中为数额，分为一贯、十文、五十文等。下方印有印钞的单位，职官名称，发行年、月、日及“伪造者处死”等警告语。

元朝的纸币流通主要经历了中统钞、至元钞、至大钞、至正钞等几个时期，逐步引发了纸币在世界范围流行的风潮。例如13世纪伊利汗国仿制元朝纸钞，可以视为元代纸币对世界影响的起源之一。

纸张，除了作为货币的载体，在元代也在很多领域被广泛使用。

元代以前的书画作品大都在绢上完成，绢是一种丝织品，价格相对昂贵。但由于宫廷画院等一系列机构的存在，并不缺乏供应，纸，自然未能走到舞台的中心。

随着宫廷画院在元代的消弭，绢这种相对昂贵的绘画载体逐渐淡出画家的视野，纸伴随着技术迭代而凸显的价格和材质优势才得以被关注。

如果说文字的发明，开启了人类文明传承的新篇章。纸张则作为书画的载体，在元代开启了一个崭新的纪元，成为文化传播的重要推手。

如果说唐宋时期的纸大部分用于抄写，那么元代的纸则大部分用于印刷。

如果说唐宋时期的文化发展在一定程度上依托于四大发明中的造纸，那么元代则让印刷术绽放出更加夺目的光华。

如果说纸制品的迭代引领了印刷技术的进步，那么元代印刷类文献的流行则改变了知识的交付方式。中国美术家协会会员、香港大学艺术课程导师朱达诚：

朱达诚：材料的改变对于艺术的发展是一个很大的推动，纸的运用与以前竹片、龟甲相比方便得多。

有观点认为，元代造纸技术与宋代一脉相承，并较之隋唐五代又有了新的开拓，竹纸和稻麦秆纸的发展成为造纸的标志性进步。此外，大幅优质皮纸的涌现也是此时期不同于前代的特点。由于造纸术的发达，这时还出现了有关纸的专门著作。

元代王祯所著的《农书》中，还对造纸所用器具——连机碓，进行了详尽的介绍。这类文献和纸质出土文物，为后世研究由宋代到元代的造纸技术，提供了许多便利。

【朗诵】

峰峦如聚，波涛如怒，山河表里潼关路。望西都，意踌躇。伤心秦汉经行处，宫阙万间都做了土……

这首小令，是元代著名文学家张养浩的《潼关怀古》。这首作品得以广泛传播，除了措辞精炼、意蕴悠远，还在于元代的社会原因和客观条件。

在元代，统治阶层礼遇儒臣，从儒家经典中学习治国之道。自元世祖忽必烈开始，重用儒臣。待到元仁宗和元文宗时期，亲儒重道、礼遇文士更是蔚为风气，为艺术创作和艺术表达构筑了一片优渥的园田。

此外，造纸和印刷术的进步，为文学创作、书法、绘画等提供了令人欣喜的变现途径和传播可能。

那么，现代的专家、学者是如何看待元代的书画创作呢？香港文化学者郑培凯：

郑培凯：元代的文人、艺术家，有独特风格的现象特别明显，可以左右自己想象的空间。元代四大家：黄公望、倪瓒、王蒙、吴镇，每个人都有每个人非常清楚的特色。例如山水画，都有很明确的自我追求。这一点很重要，后来一直延续下来。

元代的书法，呈现出复古、融合、复兴与结合三个特点，在书画的发展上，起到了多民族文化融合和交流的承上启下的作用。

复古，是指遵从书法家的内心。

融合，则是由于社会环境的变革，让多民族有了更多交流的契机。

复兴与结合，是指书体复兴以及"诗、书、画"的结合。

"字由心生"的创作理念也使各种书体全面复兴，元初的以赵子昂为首的书法家认为宋代的书法已经走到末路，便逐渐演变成随心而发的创作，由赵子昂开始的诗、书、画的结合，是艺术品形制上突破的代表。自从魏晋就少有人使用的章草也因为"字由心生"而再次兴盛，隶书和篆书也出现擅长的书法写作者。

绘画方面，元代的文人画占据画坛主流，作者大多是身居高位的士大夫画家和在野的文人画家。他们的创作比较自由，多表现自身的生活环境、情趣和理想。山水、枯木、竹石、梅兰等题材大量出现，直接反映社会生活的人物画减少。2017年秋天在北京故宫博物院举行的赵孟頫书画特展，更能展现元代艺术在中华文化中的地位。

【新闻】

主播：故宫的武英殿正在展出赵孟頫书画特展，好，我们再走进这场展览……

记者：本次展览将先后展出的一百余件书画，以元代著名画家、书法家赵孟頫的作品为核心。赵孟頫书法擅长楷、草、行、隶、篆诸体，针对南宋书法大坏的颓势书风，主张效法王羲之以及唐宋名家，形成结构端稳、形态安详的风格，开创了元代书画清新雅正的时代新风……

元代绘画在创作思想上继承北宋末年文同、苏轼、米芾等人的文人画理论，提倡遗貌取神，以简逸为上，追求古意和士气，重视主观意兴的抒发，与宋代院体画的刻意求工、注重形似大相径庭，形成鲜明的时代风貌，也有力地推动了后世文人画的蓬勃发展。在短短90余年间，名家辈出，其中以赵孟頫、钱选、高克恭、王渊以及黄公望、吴镇、倪瓒、王蒙最负盛名。香港文化学者郑培凯：

郑培凯：元朝继承宋朝对精致的追求，并加上一种内敛的反省。元朝书画家，个人性越来越强，私空间的追求、个人色彩在艺术上越来越清楚，越来越浓。

交通，如同现代社会的物流体系，在元代的经贸、文化传播中扮演着不可或缺的角色。而运河，恰恰是元代内部交通的重要载体。

随着政治中心转移到北京，北方对于粮食的需求愈发增加，把南方的粮食运往北方是当时的重要工作。史书记载“元都于燕，去江南极远，百司庶府之繁，卫士编民之众，无不仰给江南”。

1218年，忽必烈决定对运河裁弯取直，下令开凿济州河，后再开会通河与通惠河，中国大运河从此由江苏淮安经宿迁、徐州直上山东抵达北京，至此，诞生了现今意义上的京杭大运河。

2014年6月22日，第38届世界遗产大会审议通过了中国大运河和“丝绸之路”列入《世界遗产名录》的申请报告。

【新闻】

在卡塔尔首都多哈举行的第38届世界遗产大会正式审议通过中

国的大运河项目以及中、哈、吉联合申报的丝绸之路项目列入《世界遗产名录》。随着大会主席的一声敲锤，在苦等了两天之后，中国今年申报的文化遗产项目大运河以及和哈萨克斯坦、吉尔吉斯斯坦联合申报的跨国项目丝绸之路，双双宣告申遗成功，正式被列入《世界遗产名录》。至此，我国拥有世界遗产总数达到47项，稳居世界第二。

大运河这条世界上最长最古老的人工水道，促进了中国南北甚至与海外的物资交流，以及领土的统一管辖，反映出中国人民高超的智慧、决心和勇气，以及东方文明在水利技术和管理能力方面的杰出成就。

中国京杭大运河博物馆研究馆员石永民介绍说，丝绸之路和大运河不仅促进了我国与外国的经济文化往来，也连通了海上丝绸之路：

石永民：京杭大运河是北京到杭州，杭州过钱塘江，过钱塘江往绍兴、宁波，到镇海出海了。古代丝绸之路，包括古代一些友好往来，像英国马戛尔尼使团等，都是从东海镇海口进来。那时候没有高速公路，车马劳顿是不堪苦的，那么船上就是白天也走，晚上也走，悠哉悠哉，很平稳，也能休息，两岸风光好。所以外国人进来也会从水路进来。这样他们就是通过浙东运河到杭州，杭州再上去，通过江南运河，无锡、苏州这样过去的，到山东聊城、济宁，到天津、北京。

元朝陆续修凿完成的京杭大运河全长3000余里，北起大都，南达现今的杭州，沟通了海河、黄河、淮河、长江和钱塘江五大流域。

元代大运河除对当时的统治集团提供便利外，更重要的是，促进了南北经济文化的交流，也为明清运河的畅通以至现代大运河的水运条件奠定了基础，并且为北京大都城地位的确立增加了重要前提。

元朝，作为中国历史上的一个重要朝代，不仅在中华文化史上发挥了承上启下的作用，而且在诸多领域出现了新的飞跃，推进了中国多元一体文化的发展进程，开创了中国多民族文化全面交流、融合的新局面，为中华文化的繁荣和发展作出了重要的贡献。

依常新变

第一集　承前萌新

【电视剧　《朱元璋》】

臣朱元璋，于正月四日设祭于紫金山巅，昭告天地皇祇，立国大明，建元洪武。万岁，万岁！

公元1368年，正月初四，南京紫金山，经过15年征战，一个从安徽濠州走出的放牛娃在这里登基称帝。望着眼前的文武群臣，朱元璋或许没有想到，自己就这样被历史选择，更或许没有想到，他建立的大明王朝此后存在了276年。

明朝建立以前，中国国土上已经先后出现了较具规模的王朝30个，这些王朝或长或短，或兴或废，皇帝或上进勤政，或荒淫无度。在这些参考范本面前，朱元璋对历代制度进行了权衡取舍，修正补充，因此时至明朝，中国古代政治制度进入了颇为成熟的时期。中国明史学会副会长张金奎：

张金奎：明朝的政治制度总的来说有这么几点，第一个就是它完成了从宋代开始政治体制简化的过程，整个文官系统对它制衡的就两块，一块是以都察院包括六科在内的一个广义督察系统，另一个是以皇帝为中心的，包括身边的锦衣卫、东西厂这样一个更宏观的监察系统。第二个特点是，在明初所谓恢复中华的旗帜之下，事实上它的体制是融合了金代、元代各种政治因素之后，你说是蒙汉杂糅也好，也可以说是民族融合的成果也好，形成了一个新的体系，这个体系中很多是从元代金代继承下来的。第三个方面，明初立国是强调农业为本位，所有的不单经济制度，包括政治上的某些制度都是围绕农业为本位思想展开的。

对于一个刚刚诞生的王朝，为了使国家正常运转，最简单的方法就是照搬前朝的制度、设置，朱元璋几乎继承了元朝的各项机构，中央设中书省、左右相，主管国家大事，下设六部。但他并没有将这套机构设置进行到底，有个人，早已成了他的眼中钉、肉中刺。而这个人并不是朱元璋的真正目标，朱元璋要毁掉的是他背后的“庞然大物”。

【故事】

明初的政坛上，有一个叫胡惟庸的人起初走得顺风顺水，洪武三年，拜中书省参知政事；洪武六年凭李善长推荐，任右丞相；约至洪武十年进左丞相，位居百官之首，深得朱元璋宠信。然而胡惟庸自此骄傲放纵，生杀废黜大事，有的不报告皇帝便独断执行；内外各部门的奏章，他都先拿来看，凡是对自己不利的，便扣下不上呈，结党营私之事更是不胜枚举。起初，朱元璋对于这些行为置若罔闻，大臣们都很奇怪，圣上怎能容忍胡党们如此妄作非为？不过后来发生的事，或许印证了那句话：将欲取之，必先予之。

洪武十三年正月的一天，身为宰相的胡惟庸兴奋异常地面见朱元璋，对皇上说，他的一处旧宅近日出现了一个十分奇特的景象。朱元璋自然十分好奇，让他赶快说来听听。

胡惟庸说，他的旧宅本已许久无人居住，宅中的一口水井也几近干涸。但这几日那口井中却突然涌出了醴泉，泉水汩汩，甘甜如饴，所以他今天特地邀请皇上前去观赏。

朱元璋听后，觉得确实神奇，就对胡惟庸说：“朕只听说过唐太宗当年在九成宫避暑时掘地成井，命名‘醴泉’，泉水如美酒，今天醴泉再现，是我大明的祥兆啊，朕要好好看看。”

说完，明太祖便欣然前往。当皇帝的龙车走到西华门时，突然，一个叫云奇的太监冲到皇帝的车马前，紧拉住缰绳，死死不放。

护驾的卫士们见此情景，大声喝道：“大胆奴才，竟敢挡住龙辇去路，还不退下。”只见那云奇满脸淌汗，双眼瞪得溜圆，张着大嘴就是不出声。

卫士们立即将他拿下，一顿乱棍，差点要了他的性命。即便如此，云奇使尽仅剩的一点力气，哆哆嗦嗦地指着胡惟庸家的方向，死活不肯开口。朱元璋这才感到事情不妙，立即返回，登上宫城，只见胡惟庸的宅院里布满了士兵，刀枪林立。明太祖见状大怒，立即下令将胡惟庸逮捕，当天处死。

当然，这个故事只是朱元璋除掉胡惟庸的其中一种说法。而令明太祖最兴奋的是，和胡惟庸一起消失的，还有他背后的那个“庞然大物”——丞相制度。朱元璋宣布自此废除丞相一职，子孙不得复立。由此，秦汉以来实行了一千六百余年的丞相制度被废除，六部直接向皇帝负责，相权与君权合二为一，至此明初皇帝大权独揽。

而此后明成祖朱棣建立的“内阁制度”只是皇帝的高级秘书处，并没有对皇权集中造成太多影响。

【电视剧 《雍正王朝》片段】

雍正：张廷玉

张廷玉：在

雍正：拟旨，从现在开始成立军机处，西北的军需粮草调配和用兵方略的指挥均由军机处办理。

张廷玉：启奏皇上，军机处都由哪些人当差？

雍正：怡亲王允祥、上书房三个大臣，还有廉亲王也算一个。

人们在给历史断代时，总喜欢把明清放在一起，这或许是因为它们处于一个相连的历史时期，或许是因为“清承明制”。而在政治制度上，清在明的基础上，进一步实现了皇权的集中。

公元1729年，一块叫做“军机房”的牌子挂在了紫禁城隆宗门内。清雍正皇帝即位后，以应对西北战事为由，起初在宫内创设军机房，后将这一临时性机构固定为常设的军机处，主要成员由皇帝挑选信得过的满汉大臣担任，完全由皇帝直接领导，总揽军、政大权，成为执政的最高国家机关。至此，专制主义中央集权空前强化。北京大学历史系主任张帆教授：

张帆：这样的一个时代里面呢，皇帝个人的性格、能力、好恶可能就更加会对经济社会产生直接的影响。如果是管理上非常严格的，事必躬亲的，他制定的各种政策就会严重地影响到当时经济社会的发展。但明清两朝有些皇帝，能力很差，或者对政治不感兴趣，不会把个人的好恶强加到社会的发展上，这个时候经济社会发展受的约束就比较少，甚至还出现一些繁荣。明太祖朱元璋、成祖朱棣，清朝康熙、乾隆时期，能力都非常强，明显经济社会受到政治的影响非常多。

由于历代统一王朝的都城大多都在中原，明朝统一全国之初，明太祖便打算择机将京师迁往北方，但终究没能如愿，不过他的儿子明成祖朱棣却帮他实现了这个愿望。有关明成祖为何要迁都北上，历来有多种说法。中国明史学会副会长张金奎：

张金奎：表面原因呢是要回到他的根据地，他是在那起家的嘛，他通过政变上台，江南士大夫有很多反弹，至少待在那里心里不舒服。更深层次的原因呢就是迁都北上，是大势所趋，因为朱元璋也要迁都，因为明朝所谓四夷，还有周边少数民族需要统治，你离他们那么远，如果那边叛乱了鞭长莫及啊。

南京距离北京1000公里有余，要在1000公里外再造一个新都，朱棣也深知这其间的艰辛。和《永乐大典》的编纂、郑和七下西洋一样，北京城的修建同样令明成祖朱棣名垂史册。

1411年初，永乐皇帝下令重修大运河。3月，工部尚书宋礼、刑部侍郎金纯带领30万丁夫开始疏通会通河，6月，汶水改道，会通河疏浚并拓宽，1415年，又派平江伯陈瑄负责运河，开通了淮安段清江浦，京杭大运河全线贯通。

来自长江上游横断山脉的优质楠木，经过工人的精心选拔，一根根、一排排漂流进长江，经运河一路向北，它们日夜兼程，逆流而上，去完成永乐皇帝兴建新都的任务。

如果说朱棣迁都成为明初最重要的改革的话，那么几百年后，清朝的皇帝们也要感谢这位明成祖。永乐迁都，使得清朝对于边疆的治理和巩固成为了可能，使得统一全国成为了可能。

清王朝的统一霸业是三代皇帝前仆后继的结果。西北方向，经过康雍乾三朝多次遣军征讨，终于平定蒙古准噶尔部叛乱，之后乾隆帝出兵平定了新疆回部叛乱，设立伊犁将军；西南方向，雍正时中央派驻藏大臣，直接监督西藏政务，乾隆时进一步提高驻藏大臣的职权；东南方向，康熙中期，清朝发兵攻占台湾，设台湾府，将台湾置于中央政府的统一管辖之下。由此，统一的多民族国家形成！

在中华农业文明博物馆里，有这样一本书——崇祯平露堂刻本《农政全书》，这是明代著名科学家徐光启的作品。该书共60卷，涉及农本、田制、水利、农器、树艺、蚕桑、牧养等12目，堪称当时农业科学遗产的总汇。而这丰富的内容也侧面反映了明代农业的兴盛景象。当时欧洲的传教士是这样形容明朝的：中国的耕地像花园一样井井有条，没有一块荒地，中国产的糖比欧洲白，布比欧洲美。

到了清代，则出现了“全域性开垦”，其中最著名的新开发地区有西南、中南及东北等地，相较于明代经济重心偏于东部运河一线，已形成极大反差。

同时，明清的农业已经开始精耕细作，深入发展。农作物产量逐步提升，这在很大程度上也得益于新的农作物品种的引进。北大历史系主任张帆教授：

张帆：主要是明朝中期以后，新航路的开辟，世界上其他地区的一些物种，比如番薯、玉米、土豆，都是在近代得到广泛种植的一些粮食作物，这些作物对于我们非常重要，因为我们中国传统的粮食作物，比如水稻、小麦，它们单位面积的产量比番薯、玉米要低很多，新的作物单位产量大，对于土壤要求还没有那么高，对于明清农业的发展还是很大的一个推动。

农产品的高产和不断丰富，使得人口与日俱增，也逐渐推动了商品经济的发展、贸易的繁盛。明清时期也因此诞生了诸多行销海外的热门商品，这些产品超强的国际竞争力为明清政府吸纳了世界上的巨量白银。

【电视剧 《莞香》片段】

莞香灵通三界，自古就被视为神物，上至皇家权贵，下至文人雅士、黎民百姓，无人不想得到它。我们寮步产的莞香，历朝历代都是贡品。

电视剧《莞香》的片段向我们展示了莞香的魅力。广东东莞寮步镇，这里独特的土质和气候特别适合莞香树的生长，出产的香料特有一种龙涎香与檀香混合的香味，这种香味糅合了动物与植物两界的精华，跨越了海洋与陆地的边界，在明清时期颇为盛行。据说，明万历年间，莞香的香味每天都氤氲在东莞寮步镇的上空。无数的莞香挟着香气从东莞运至香港，再从香港分散到东南亚乃至世界各国，莞香因而得以和茶叶、陶瓷等成为同期出口海外的名贵货物。关于香港名称的由来历来有多种说法，其中，与“香”有关是重要的一种说法。据史学家罗香林考证，“香港”的得名，就来自运香、贩香之港。香港大学饶宗颐学术馆副馆长郑炜明：

郑炜明：莞香到了香港，和香港的名字还有关系，外贸方面有些学者讲过，当时和菲律宾，也就是大小吕宋那边有联系，当时它就是其中一个和东南亚有联系的港口。

伴随着商品经济的繁荣，农业与手工业的发展，社会分工越来越细，市民阶层不断壮大。使得明清的文化发展也更加层次多样。小说、戏曲等，一些适应市民阶层的“俗文化”逐渐出现。中国明史学会副会长张金奎分析了小说、戏曲在明代出现和兴起的原因：

张金奎：一个就是明中叶开始商品经济的蓬勃发展，城市化迅速扩展，城市化的产物就是有大量的市民阶层，作为市民阶层他就有他相应的消费需求，其中之一就是文化上的需求。在这个时期，印刷业、出版业也很发达，包括戏曲文化，文艺演出都是满足了这些人的消费需求，第二个我想是明代的科举制度高速发展之后，导致江南一带出现了很多的落第举子，知识分子考上秀才、举人再往上考死活也考不上去了，就放弃了，可是十年寒窗苦，放弃了干什么去呢？那么这产生了一个巨大的文化产业，所以相当（多）的人就投入到这个产业去，去编书，写小说，写剧本，知识分子成为了文化产业（内容）的提供者，第三个原因，这段时间理学思想逐渐暂时退化，明中叶更是王学比较兴盛。心学强调以心为主体，我需要什么，我想什么，我就去干什么。这对于人的思想解放是很重要的。

齐吉祥：《皇都积胜图》最精彩的一段，就相当于我们今天说的北京的“中轴线”，就是正阳门往南这一块，看到街两边开设着很多的店铺，那么这个情景，跟什么《顺天府志》啊，《明会要典》的记载是非常吻合的……

中国国家博物馆第一代讲解员齐吉祥介绍的画叫《皇都积胜图》，现存国家博物馆。

画面上车马行人熙来攘往，茶楼酒肆店铺林立，招幌牌匾随处可见，马戏、小唱处处聚集，为我们清晰地展现了明朝北京城繁华的都市景象。而在700多公里外的辽宁省博物馆，也有一幅画与之颇为相似，这就是清代宫廷画家徐阳的《姑苏繁华图》，据统计，画中大小官船、货船、客船、画舫等400多条，各种商号招牌200余块，涵盖了珠宝、鞋帽、乐器、丝绸等50多个手工行业。除了经营本地土产，店铺里所经营的更多是来自外地的名产，有些甚至来自海外。

这一前一后的两幅画，令18世纪那个万国来朝的中国跃然纸上；而历史却并不只存在于艺术长卷里，真实的历史犹如多棱镜，不同的角度，折射出不同的光芒。中国最后两个封建王朝的兴衰荣辱犹如史书掀开的一角，等待徐徐展开！

第二集　春色满园

【《牡丹亭》念白】

不到园林，怎知春色如许……

这个经常出现在香港影视剧中的声音，为众多女性角色平添了一份清丽妩媚。它来自香港配音演员邢金沙。而这脆生生、甜丝丝的嗓音，得益于昆曲科班的磨炼。

邢金沙：我也是唱闺门旦出身，就是从浙江昆剧团毕业以后，因为爸爸妈妈在香港，所以我们就到香港来。其实我也有很长一段时间我是做配音的。后来就是成立了香港演艺学院有中国戏曲（专业），我马上就回到自己的老本行去。

【《游园惊梦》唱段】

原来姹紫嫣红开遍，似这般都付与断井颓垣。良辰美景奈何天，赏心乐事谁家院？

昆曲，原名“昆山腔”，产生于元末明初江苏昆山一带，开始只是民间清曲、小唱。明代戏曲音乐家魏良辅对昆山腔加以改革，使其更加委婉细腻，人称“水磨腔”。

李卉茵：我大学差不多读完的时候，白先勇老师带了青春版《牡丹亭》去澳门，就是作为澳门音乐节的一个开幕的演出。

李卉茵是地地道道的澳门姑娘，在自己最美好的年华邂逅了昆曲，也成就了她和邢金沙的一段缘分。

李卉茵：那次我觉得这个表演好美，我觉得它唱词很美，音乐很美，但是这个因为澳门完全没有老师。我就找老师，我哥哥的介绍下认识了邢老师。

在今天这样一个张扬个性的时代，年轻人对美的追求近乎痴迷。昆曲热的升温，足见这门古老艺术的人文底色正在被重新审视。

明清两朝，中国总共出了三百多位状元，昆曲的诞生地昆山所属的苏州府就出了三十多位。无论是苏州的园林还是活跃在园林中的昆曲都被深深地刻上了文人的烙印。昆曲的优雅气质，和它原生地的文化氛围有很大的关系。

蔡少华：苏州园林是什么？是凝固的昆曲，昆曲是流动的园林。这两个在美学上是一致的，我们讲“人生如游园，难得一惊梦”。

苏州昆剧院院长蔡少华的这番话道出了昆曲与园林的奇妙关系。

始建于明正德初年（公元16世纪初）的苏州拙政园，是明清江南古典园林的代表。园中，一座典雅的厅堂凌驾于碧波之上，名为“卅六鸳鸯馆”。如果没有讲解员的讲述，游客也许很难读出这座建筑背后的匠心。

拙政园讲解员：可以抬头看一下，波浪形状的，一层一层的，“船篷顶”，这边有两道，对面也有两个“船篷”，一共四道“船篷顶”。它可以反射音波，也就是吸音、聚音和拢音的效果会非常的好，就是为了便于听昆曲的。“余音绕梁，三日不绝”嘛。包括我们现在脚底下，这地下面都是用石柱抬起来的，它是凌驾于水面之上的，是空的，也可以反射音波，包括外面的这个水，也是一种反射音波的很好的介质。

今天的“卅六鸳鸯馆”难免淹没在游人的喧嚣中。如果我们抚去杂音，代之以丝竹管笛，这座厅堂便崭露出它当初的模样。

悠扬的笛声和着莺啼燕啭般的昆腔，正适合中国古典园林那小庭深院的幽雅情境；而低吟浅唱的词曲，则是士大夫文人填唱诗文的最好媒介。

明代提倡程朱理学，八股取士的科举程式得以强化，思想束缚渐深。因此寻求寄托，平衡身心，不满流俗的心态通过修造园林得以延续。

居山水间者为上，村居次之，郊居又次之。吾侪纵不能栖岩止谷，而混迹廛市，亭台具旷士之怀，斋阁有幽人之致。

明代文震亨所著的《长物志》是对士大夫清居生活方式的总结，更是那个时代文人审美趣味的集大成之作。山水绝佳处建园是文人的理想，但远离庙堂也绝非真实向往。造园便倡导因地制宜，将山水纳入园中，在自己营造的小天地里寄情与畅怀。北京林业大学教授、风景园林规划与设计专家孟兆祯：

孟兆祯：园林的本质就是天人合一，反映在人对自然的适应。因为人的居住必须聚居，所以产生城市，而城市脱离了自然。所以既要聚居，又要不脱离自然，在外可以走出去，到风景区去，在内可以把园林请到城市里面来，所以古代叫“城市山林”。

拙政园中，很多看似普通的景观，都会因特定的设计而显得别有洞天。

拙政园讲解员：这座建筑物呢，来看一下，它当年是看整个楼的一个倒影，这个是“倒影楼”。“倒影楼”对面的那个建筑呢，在假山之上，那个建筑物的名字呢叫做“宜两亭”，这“宜两亭”跟我们这个“倒影楼”它是形成了一个对景，大家可以看一下，在这个“宜两亭”上面看这个“倒影楼”在水上的倒影……

楼台因倒影而姿态绰约，照壁因红梅而暗香浮动，花窗因月色而意境迷离……园林因地制宜，采用借景、对景、隔景等种种手法来结构空间，形成一幅充满诗情画意的文人山水画卷。

孟兆祯：因为我们美学家李泽厚讲，他说中国园林是人的自然化和自然的人化，什么叫“自然的人化”？这个本来是雨点打芭蕉，他就想象好像这个美人鱼的眼泪掉下来打在芭蕉叶子上。“景面文心”，表面看是景、形象，实际上是文学。

园林中不仅有别样的景致，更流露着文人的生活态度。“大观园”是红楼儿女的理想国，如梦的园林中，演绎着明清雅致生活的所有可能。

【电视剧 《红楼梦》片段】

宝玉：绕堤柳借三篙翠，隔岸花分一脉香。

众人：好！好！

宝钗：要春天开的白牡丹蕊十二两，夏天开的白荷花蕊十二两，秋天开的白芙蓉花蕊十二两，冬天开的白梅花蕊十二两……

凤姐：你把才下来的茄子皮儿削了，切成碎丁子，用鸡油炸了，再用鸡脯子肉和香菌、蘑菇、新笋、五香豆腐干、各色干果子，切成丁子，用鸡汤煨了，用香油一收，再用糟油一拌，盛在罐子里封严了，要吃的时候拿出来，用现炒的鸡爪子肉一拌就成了。

题联、制药、品茗、佳肴、诗酒……大观园里的起居生活在曹雪芹的笔下横空出世，源于现实中相似的生活体验。幼年在江宁织造府中的见闻，便是他脑海中的蓝本。

“大行宫”是南京市中心的一个地名，清康熙五十四年，曹雪芹就出生于此，他在这里度过了“秦淮风月忆繁华”的短暂童年时光。走进南京江宁织造博物馆，讲解员陈恒为参观者揭开了曹雪芹家族的神秘面纱：

陈恒：大行宫也是跟这里有关系的，因为当年这里也是江宁织造的旧址，从康熙皇帝到乾隆皇帝的时候他们南巡都是在这里作为行宫的。因为当时丝织品皇家对它的需求量非常的大，所以在江南地区设立了三大织造，我们南京就是江宁织造，苏州有苏州织造，还有杭州的杭州织造。这位是曹雪芹的曾祖父曹玺，他深受康熙皇帝的信任，康熙皇帝曾御赐蟒袍加正一品，曹家的第二任江宁织造曹雪芹的祖父曹寅，也是在他任职江宁织造期间曹家达到鼎盛。

为皇家督造云锦的曹家过上了钟鸣鼎食的生活，可见云锦在清代纺织业中的显赫地位。有“寸锦寸金”美誉的南京云锦，因其色泽绚烂，光若云霞而得名。

陈恒：我们展柜中的这一件就是一件“妆花缎”，叫“织锦孔雀羽妆花纱龙袍”，您看到这个金色钩边的部分，是用真金线，整条龙是用孔雀羽毛线织造而成的。在光的折射之下，是有不同的色彩效果的。到了清朝时期，南京云锦发展就处于鼎盛时期了。这是我们大纺机，它叫“大花楼提花木纺机”，这架织机一共有1924个零件，使用的时候需要上下两个工人相互配合，一天工作8个小时，也只能织出5到6厘米的长度。

陈恒：我们南京还有一个非常有名的局叫“白局”，它也是跟云锦有关的演变而成的。

“南京白局”形成于明末云锦织机房。织造云锦为两人一台机器，干活时未免枯燥乏味，织工便开始想办法打发时间，两人一唱一和，唱的是明清俗曲和江南民调，生动幽默，雅俗共赏。清代云锦织造的鼎盛时期，南京全城有织机3万多台，近30万从业者，这种织机房中的说唱形式流传下来，就演变成“南京白局”。由于是自娱自乐，不取报酬，都是“白唱”，所以叫“南京白局”。谈笑间，不知多少野史传说就这样流传了下来。

【故事】

离南京不远的扬州，是明清时期漕运的枢纽城市，商贾云集、繁华热闹。城中的瘦西湖风光旖旎，乾隆皇帝下江南经过扬州都要到此泛舟游览。话说这一日，乾隆的游船到了瘦西湖上的五亭桥畔，忽然对陪同的当地官员说："观此美景，朕心甚悦，然略有一憾。"扬州官员连忙上前询问，乾隆说："此处佳境颇像京城北海，只是少了一座塔。"

原来，京城的北海也是一片湖光盛景，但在北海琼华岛上却有一座白色的藏式喇嘛塔，成了北海的点睛之笔。扬州官员把皇上这番话传了出来，说者无心可听者有意，扬州城里财大气粗的盐商们竟坐不住了。为商之道，在于把握机遇，万岁爷既然有这点小遗憾，要是帮皇上了了心愿，岂不是大功一件？

可一夜之间要盖起一座白塔谈何容易？不过，精明的盐商想出了一招"瞒天过海"的方法，当晚趁着夜色，花钱请人把盐包运到瘦西湖边。这盐包刚好是白色的，盐商们根据京城白塔的图样，用盐包为基础，以纸扎为表面，竟在一夜之间堆出了一座白塔！

第二天，乾隆再次泛舟湖上，只见一座白塔巍然耸立，还以为是从天而降。身旁的太监连忙跪奏道："万岁爷不惜辛苦巡幸扬州，乃扬州百姓之福。听闻万岁游瘦西湖不见白塔甚为遗憾，盐业商贾为报效皇上，一夜之间用盐包堆出了这座白塔。"

听到这里，连乾隆也大为感慨：都说扬州盐商富甲天下，果然名不虚传。

"一夜造白塔"的故事虽是民间传说，但也从一个侧面反映了商人的富有。明清商品经济的兴起，促成了商人阶层的崛起。处于社会下层的商人迫切需要提升生活的文化品质，以改变身份地位。而资本的大量积累为他们创造新的文化生活提供了物质基础。

徽商又称"徽帮"，是古徽州地区商人的总称。在明代后期到清代中期，徽商达到全盛。在安徽省博物馆院，讲解员徐伟川为参观者介绍了徽州古民居厅堂陈设所体现的文化品位：

徐伟川：这个就是明清时期徽州的一个典型的厅堂的陈设，非常的讲究，厅堂的正中摆放的是这个中堂画轴，题材就是这样，多为山水，还有花鸟。两侧这都是名家的书法楹联。但是值得注意的是这个长条案桌的摆放。在这个案桌的正中间呢摆放的是一个长鸣钟，“鸣”呢是“鸣叫”的“鸣”，但是它是谐“长命”之音。徽州人认为这有吉祥长寿的意思在里边。钟的东边是个花瓶，西边是个玻璃镜，这取的是“东瓶西镜”之意。徽州人说呢这就寓意着天下一片太平。很多人说那中间不是还摆放着一个钟吗？所以它也意味着“终生都平静”的意思。那种和谐、宁静的意味可以说在此体现得淋漓尽致。

古民居中体现出对平静和谐的追求，是希望以一种宁静的心态摆脱世俗利禄对内心的困扰。越是商业发达，越需要以儒家思想的教化对抗商业带来的逐利心态，净化社会风气。教育因而在徽州蔚然成风。中国人民大学文学院教授、徽文化研究学者朱万曙：

朱万曙：徽州的教育，府学、县学，这套机构它都是全的，除了这以外它还建立了大量的书院。我们今天到这个雄村去，还可以看到有一个“竹山书院”，如果这个宗族的人考中了一个举人的话，允许在这个书院里面种一棵桂花树，这就是对他的一种激励吧。它的观念里面认为人的最好的选择并不是经商，最好的是“耕”，就是耕田；第二呢就是“读”，就是读书。它从骨子里面还是认为读书是非常好的选择。一个人要是不读书的话，你再有钱，你的精神世界并不丰富。

今天，徽州老房子里住着的多是留守的老人。尽管已至暮年，但他们泰然自若的神情和整洁的布衫上那笔直的褶痕，让人感到老人的自尊自爱，不由令人肃然起敬。家家户户的座钟、瓷瓶、镜子，构成徽州文化不可或缺的元素。每一个“终生平静”的厅堂里，都留下了耕读传家的楹联，开卷有益，书香满溢。

忠厚传家远，诗书继世长。

读书好，营商好，效好便好；创业难，守成难，知难不难……

亦贾亦儒的徽商为明清的雅致生活吹来了一股新风。清人李斗在《扬州画舫录》中有这样的记载："江广达为德音班，复征花部为春台班。""广达"是江春的号，花部指的是除昆剧以外的其他地方剧种。从这段记录可以看出，徽商雄厚的经济实力成为戏曲发展的有力推手，此后"三庆"、"四喜"、"和春"、"春台"四大徽班进京，与来自湖北的汉调艺人合作，同时又吸收了昆曲、秦腔的表演方法，通过不断的交流、融合，最终形成京剧，轰轰烈烈地唱响了两百年。

【京剧各流派经典唱段】

猛听得金鼓响画角声震，唤起我破天门壮志凌云……

听薛良一语来相告，满腹骄矜顿雪消……

叫张生隐藏在棋盘之下，我步步行来你步步爬……

一马离了西凉界……

包龙图打坐在开封府……

一见娇儿泪满腮……

忽听得老娘亲来到帐外……

这一封书信来得巧，天助黄忠成功劳……

京剧形成了独特的程式化表演和多彩的风格流派，达到空前的繁荣。1905年，北京丰泰照相馆，著名老生名角儿谭鑫培在镜头前表演了京剧《定军山》中最拿手的几个动作。胶片随后被拿到前门大观楼熙攘的人群中放映，引得万人空巷，京剧由此成就了中国电影的开篇之作。

2011年起，中国将每年5月19日设为"中国旅游日"。这是源于明代地理学家、旅行家和文学家徐霞客所著的《徐霞客游记》，其开篇之日为公元1613年5月19日。

徐霞客所处的时代是皇帝昏庸、政治腐败的明朝末年，出身富足之家的他把对仕途的期许转变为对祖国山水的热爱和探寻。徐霞客的精神价值，在于他把壮游山水当作专注的事业，走出羁绊生命的方寸之地，去真山真水间追寻人生的大理想与大情怀。“生活不止眼前的苟且，还有诗和远方。”今天的人们希望从眼前得失的小格局中跳脱出来，去追寻更高远的梦想，也许能从徐霞客那里寻找到其中的文化基因。

明清发达的商品经济，给文人的生活带来了又一个春天，给了世人以进入官僚体系之外的新的选择，使他们获得更多的自由，财富能够使他们投入到自己热爱的事物中，在仕途以外的领域实现人生价值。从此，园林中响起笙管琵琶，云锦里绣出海水江崖，戏台上再现今古传奇，天地间阅尽十里桃花。

第三集　小说盛景

北京市中心，有一座1984年改建完成的仿古园林。每天清晨到傍晚，游客络绎不绝，徜徉其间，可以一边感受中华文化穿越时空的气质与风韵，一边发现古典文学与现实情景的亦幻亦真。它，就是大观园。园中的亭台楼榭、回廊曲水，甚至一山一石、一花一木都源自明清小说的集大成之作——《红楼梦》。

“元妃省亲”是实景大观园中非常重要的活动，用大型古装表演的方式，再现着小说《红楼梦》中新晋贵妃省亲的场景。

雉羽宫扇、销金提炉、曲柄七凤黄金伞、八人抬的金顶鹅黄绣凤銮舆……这些细节都能在小说第十八回“林黛玉误剪香囊袋　贾元春归省庆元宵”中找到痕迹：

【电视剧　《红楼梦》元妃省亲片段】

一对对龙旌凤翣，雉羽夔头，又有销金提炉焚着御香；然后一把曲柄七凤黄金伞过来，便是冠袍带履。又有值事太监捧着香珠、绣帕、漱盂、拂尘等类。一队队过完，后面方是八个太监抬着一顶金顶金黄绣凤版舆，缓缓行来……

现实中的“大观园”能够淋漓尽致地展现小说的景致，一个重要的原因是为了拍摄1987年版的电视剧《红楼梦》。当时的主创团队，希望用光影的手段展示中华古典文学明珠《红楼梦》原本属于文字的精妙，也许还寄托着一种期待，期待能将作为红学源头的《红楼梦》通过现代艺术形式演绎出别具一格的味道。

将小说原著搬上电视荧屏，也使快节奏的现代人在无暇细品书香的匆忙中多了一个接触经典的机会。香港大学饶宗颐学术馆副馆长郑炜明：

郑炜明：这种改编，把我们的一些古典文学、四大名著，透过影视的手段传播。这一点很重要，这帮助了很多人（接触经典）。

曹雪芹将当时社会的缩影、错落纷杂的关系、潜藏内心的夙愿，悄无声息地糅汇于宝玉、黛玉、宝钗等人物形象，轻轻柔柔地安置在贾府，在太虚幻境，在大观园的庭院与角落。而作为小说另一个重要特质：世态人情的波澜，则起伏在精心雕琢的辞藻间，应和着因果的哲思，荡漾着难以尽言的曼妙。一部《红楼梦》掩映着整个时代的悲喜。

江宁织造博物馆讲解员：江宁织造博物馆中景物在小说《红楼梦》中如何呈现。

江宁织造博物馆讲解员描述着《红楼梦》中的景物。曹雪芹祖上曾相继任职江宁织造郎中和两淮巡盐御史，加上他的曾祖母又做过康熙的乳母，曹家显赫之位可谓非同寻常。所以，在钟鸣鼎食之家度过幼年时光的曹雪芹，能在他的《红楼梦》里把锦衣玉食、盈袖书香、诗酒花茶、风雅闲趣——信手拈来也就不足为奇了。然而，清雍正年间，曹雪芹家道中落并迁居北京。家境巨变促使他将压抑的情感用虚幻的方式排遣在笔墨之间，存留于现实世界。他对南京深刻的眷恋也弥散在《红楼梦》中人物的思绪和层叠的世俗中。南京大学文学院教授苗怀明：

苗怀明：曹雪芹的《红楼梦》成书于北京西山，但在书中反复提到南京。南京在书中究竟是怎样的意向？如果通读《红楼梦》，南京是一个家园的意向，从贾宝玉在虚幻仙境，打开册子，专门找金陵的；看到是金陵十二钗，先找自己家乡的；贾府中有人去世，棺椁一定不会留在当地，一定要送到南京；贾母跟贾政闹别扭，总会跟贾宝玉说，咱们回南京。

《红楼梦》，一段往世情。贾、史、王、薛四大家族的兴衰，被家庭琐事、闺阁闲情所充填，可以看作是生活在不同时代的相似呈现；宝玉、黛玉等人的爱情故事，金陵十二钗经历的美好与遗憾，府邸、深巷的故事与传说，假托于深深庭院的规章与束缚，冲破樊笼的自由与希望等，则能使读者产生对现实的带入与反思。河北大学文学院教授韩田鹿这样概括了《红楼梦》在中国古典小说中的独特地位：

韩田鹿：在艺术上《红楼梦》达到了巅峰，章回小说如果缺少了《红楼梦》，中国小说的天空暗淡失色。

与中华文化一同经历流转演变的小说，作为一种文学体裁，相传最早出现在先秦时期，含义由“琐碎之言”逐渐进化为“社会生活的反映”。魏晋南北朝时期的志人志怪、唐代的传奇、宋元时期的话本，都是小说这种文学体裁重要的发展标志。然而到了明清时期，小说作为被时代需要的文学样式，不再标榜风雅而遗世独立，却在有声艺术的演绎和造纸术的迭代中蓬勃发展并大范围传播，满足着普通人消遣和娱乐的需求。

作为通俗文学，明清小说闪耀着中国古典文学的新光辉，这种光辉缤纷夺目，无论是篇幅、题材，还是语言形式、体制等，都成了观察和了解这种通俗文学的方式。

醒木一敲风雷动，这煽情要论古今，书接上文……

宴桃园豪杰三结义　斩黄巾英雄首立功

王教头私走延安府　九纹龙大闹史家村

灵根育孕源流出　心性修持大道生

甄士隐梦幻识通灵　贾雨村风尘怀闺秀

……

在茶堂、酒肆，回目一出，仿若一种仪式，往往便能引人驻足，屏息倾听。而以文字方式在纸张上简明扼要概括即将呈现的内容，则作为明清小说的标志，兼具目录与承接功能，构建起一套新的叙事体系和浓缩精粹的讲述。

【连丽如评书　《三国演义》片段】

话说天下大势，分久必合，合久必分。周末七国分争，并入于秦。及秦灭之后，楚汉分争，又并入于汉。汉朝自高祖斩白蛇而起义，一统天下，后来光武中兴，传至献帝，遂分为三国。

这是著名评书表演艺术家连丽如演播的《三国演义》，作为历史演义类小说开山之作的《三国演义》，与作为世情小说代表的《红楼梦》大相径庭。这部相传由罗贯中完成的作品，假借真实的历史，描写了从东汉末年到西晋初年的百年风云。

【电视剧　《三国演义》主题曲】

滚滚长江东逝水，浪花淘尽英雄……

英雄叱咤疆场的荡气回肠、谋略家运筹帷幄的神机妙算、三国争霸江山归一的是非成败、欢喜与神伤……

作为中国文学史上第一部历史演义小说，《三国演义》设定了这类题材延绵且稳固的基调：七分事实，三分虚构，汲取野史杂说的精要，在一朝一代的时间脉络之上，谋划篇章。

【电视剧　《三国演义》桃园结义片段】

关羽：“关某虽一介武夫，亦颇知忠义二字。正所谓择木之禽，得栖良木。择主之臣，得遇明主。关某平生之愿足矣，从今往后，关某之命既是刘兄之命，关某之躯既为刘兄之躯。但凭驱使，绝无二心。”

张飞：“俺也一样。”

关羽：“某誓与兄患难与共，终生相伴，生死相随！”

张飞：“俺也一样。”

关羽：“有渝此言，天人共戮之！”

张飞：“俺也一样。”

……

如果说西晋史学家陈寿所著的《三国志》是对于历史事实的客观陈述，那么《三国演义》就是借由对刘备、关羽、张飞等英雄的人物描写，铺陈金戈铁马、气吞山河的慨然遐想。这种描写，不仅丰富了当时普通人的生活，甚至对于人们了解历史，也有非常大的影响。香港著名历史文化学者郑培凯：

郑培凯：《三国演义》的许多东西在历史上都没有发生过，诸葛亮舌战群儒，最后他借东风，这些都是编的嘛。其实很有意思，你看苏东坡写的“大江东去，浪淘尽”里面，他讲的三国是周郎赤壁，根本不提诸葛亮。羽扇纶巾讲的是周郎完全不是诸葛亮。所以我觉得有的时候从宏观地讲，（小说所构建的）知识体系跟历史家讨论的东西比，会影响民族文化的一些认识。

有了《三国演义》，大量同类型作品如雨后春笋般出现，内容涉及从远古传说到汉、晋、唐、宋等朝代。颇为知名的有《列国志传》、《全汉志传》、《隋唐演义》等。

如果说历史演义是那时候人们感受“穿越历史”的捷径，那么几乎出现在同一时期的英雄传奇类小说，则为普通人成为英雄豪杰提供了更多的幻想空间。

《水浒传》代表的英雄传奇小说，雏形大多是经过搜集和整理的江湖野史、杂说，理想化的英雄形象因此也成为小说的主要人物。不再拘泥于一朝一代的历史事件的叙述和描写，而是融入了作者更多天马行空的想象。河北大学文学院教授韩田鹿：

韩田鹿：《水浒传》我们说它是正义之书。如果说《三国》更多的是庙堂文化，那么《水浒》更多的就是江湖文化的积淀。

【电视剧 《水浒传》片段】

吴用：今日诸英雄在聚义厅，重排座次，不论上山先后，只论功劳大小。自宋公明上梁山，替天行道，招纳四方豪杰，大破祝家庄、大名府、高唐州、曾头市，及时雨宋公明声名远扬，各方英雄无不慕名而来，使梁山声威大震，这寨主之位，理应宋公明哥哥来坐。

群雄：对……

一百零八位豪杰的传奇故事和经历，构筑起《水浒传》属于梁山好汉的故事。高俅的发迹成为故事的序幕，也作为整部作品矛盾冲突的核心。林冲误入白虎堂、汴梁城杨志卖刀、景阳冈武松打虎、智取生辰纲、燕青冷箭救主、宋公明义释双枪将……一个个故事，不仅传递了一种豪侠仗义之感，更伴随白话的熟练使用，让属于江湖人物的性格有了更多的层次和流动。

【故事 鲁提辖拳打镇关西】

鲁提辖早拔步在当街上。

众邻居并十来个火家，哪个敢向前来劝。两边过路的人都立住了脚，和那店小二也惊得呆了。

郑屠右手拿刀，左手便要来揪鲁达；被这鲁提辖就势按住左手，赶将入去，往小腹上只一脚，腾地踢倒在当街上。鲁达再入一步，踏住胸脯，提起那醋钵儿大小拳头，看着这郑屠道："洒家始投老种经略相公，做到关西五路廉访使，也不枉了叫做'镇关西'！你是个卖肉的操刀屠户，狗一般的人，也叫做'镇关西'！你如何强骗了金翠莲？"

扑的只一拳，正打在鼻子上，打得鲜血迸流，鼻子歪在半边，却便似开了个油酱铺，咸的、酸的、辣的一发都滚出来。

郑屠挣不起来，那把尖刀也丢在一边，口里只叫："打得好！"

鲁达骂道："直娘贼！还敢应口！"提起拳头来就眼眶际眉梢只

一拳，打得眼棱缝裂，乌珠迸出，也似开了个彩帛铺，红的、黑的、紫的都绽将出来……

在如今的江苏省兴化市，有一座前后穿堂三进的宅院，这里是经过重新修葺的"施耐庵纪念馆"。与在民间施耐庵同《水浒传》扑朔迷离的关系不同的是，这里，有一对石狮雄踞于前的大门之内，《施耐庵家谱》和《水浒传》的研究资料品种繁多，关于施耐庵的传说、关于一对师徒完成《水浒传》的故事，甚至1998年版电视剧《水浒传》的工作台本，都被一一陈列，静候观者。

《西游记》也许是青少年接触最多的作品之一。这部作品的开端，用了整整七回描写孙悟空出世及其大闹天宫的故事。水帘洞、美猴王、蟠桃宴、二郎神和哮天犬、能变成三头六臂的哪吒三太子……这些让孩子既感熟悉亲近，又满富趣味的元素，让《西游记》带上童话的色彩，并衍生出许多青少年喜闻乐见的作品和玩物。

但作为文学经典的《西游记》在深度和广度上，则可以因为读者阅历和兴趣的不同，拓展出更多被关注和思考的维度。这部由吴承恩完成的巨作，融合了唐三藏西天求取真经的真实故事和江湖流传的神魔传说，它所传达的对真善美的追求和对西天极乐世界的向往，也从一定角度架构起中国人的价值观。

乱蟠桃大圣偷丹、唐王秉城修大会、盘丝洞七情迷本、径回东土、五圣成真……这些看似庞杂的信息，融合了佛、道、儒三家思想，将本是一板一眼的内容衬托得妙趣横生又不失典雅端庄。

吴承恩生活的时代，上至帝王，下至群臣，都极度推崇"程朱理学"，吴承恩选择用"著书立说"这种特殊的方式，表达自己对于理想世界的期待。

【电影 《大话西游》片段】

唐僧：on—ly you—

能伴我去西经

on—ly you—
能杀妖和除魔
only you 能保护我
叫螃蟹和蚌精无法吃我
你本领最大
就是 only you—
至尊宝：哎……
唐僧：on—ly you—……

吴承恩的《西游记》虽然没能直接影响时代变迁，却为人们提供了一种全新的审视世界的方式，带来不限于生活本身的启迪。

【故事】

今天，来和你说说《西游记》中隐藏的团队组建精髓。

有观点认为：每一个最优秀的团队，最好都能看见唐僧、孙悟空、猪八戒和沙和尚这样的人。

先来说唐僧，他这个人并没有很好的口才，但他的意志坚定，就拿取经这件事来说，唐僧一定要取的，任由其他人怎么变，我自不忘初心。这样的人如果作为领导，很容易带领队伍坚定信念，完成目标。

再说孙悟空，可以理解成能力强大的人，这样的人应该说优点和缺点都十分明显，但只要知人善任，能够很好地成为团队攻坚破难的力量。

猪八戒，在《西游记》中整天嘻嘻哈哈，是一个团队里的开心果。但假如团队中真有这样的人，也要注意他好吃懒做的个性，尤其是这类人一旦控制不好，很容易给团队氛围、其他人的工作积极性、效率造成影响。

沙和尚，每一个团队都不可或缺，比如每天八小时工作，早上八点钟来，下午五点钟走，这类人一般都是最勤勤恳恳、任劳任怨的。

当然每个人的特质不同，我们不能够简单地用《西游记》中人物的特质做带入，而是要综合考虑，根据每个人的特质分配工作，并在这个基础上注重团结。唐僧师徒，不仅是有能力，更重要的是能够团结在一起，才历经九九八十一个磨难，取得真经。

明清小说闪耀的年代，是中华古典文学又一次绽放夺目光华的时代，在数百年间佳作迭出，经典流传，《金瓶梅》、《儒林外史》、“三言”、“二拍”、《无声戏》等也都拥有后世难以逾越的高度。

明清两代，小说的鼎盛发展，是中华文化高雅与通俗交织呈现的开始，用虚幻与现实的交叠展示历史，用传承与创新的方式抒发理想与情怀，用丰富与多元的场景构筑起中国古典文学的重要篇章。

第四集　辑书成典

清明时节的江西，已是一片春意盎然，赣江边上的吉水县城，空气中的花香味道已经愈发浓烈，老人们喜欢在午后来到街心的休憩场所，树荫掩映之中，大家用吉水方言聊着天。街道的另一侧就是县城里繁华的购物场所，音乐响得震天，仅隔着一条路，这边就是时光漏缝中的从容，阳光透过树荫斜斜地照射下来，让人有些昏昏欲睡。

一位老人的到来打破了这里的安静，他操着吉水家乡话与这里的老人家熟稔地打着招呼。他前两天刚刚从香港回到这里，快到清明节了，他要给自己的老祖宗扫墓。

这位老人家名叫解淦，他说自己每年都是第一个来给自己家的这位老祖宗扫墓，墓并不如何宏伟，但是墓碑两侧的一副对联却告诉了世人，这个墓的主人并非常人，这副对联是这样写的："太平十策纾民困，永乐大典惠斯文。"这里埋葬的正是六百多年前《永乐大典》的总纂修解缙。中国国家图书馆文史馆馆员贾大伟：

贾大伟：解缙这个人是少年天才，19岁的时候乡试就中举，20岁的时候就入内阁当官，20岁出头的时候，就被太祖朱元璋皇帝所欣赏，上《太平十策》，论当时的治国之法，让太祖大为赞叹。靖难之役建文帝被朱棣给推翻之后，朱棣皇帝也是非常喜欢他，那个时候解缙很年轻，也就是40岁不到，很快就把他提到内阁首辅这样一个位置。甚至他说过，天下不可一日无我，我不可一日无解缙，就是当时明成祖朱棣皇帝的一句话。史书记载，说当时是在永乐三年的时候，又让他当总纂官，当时集天下文采俊秀之英，不仅仅是编撰《永乐大典》的事情，天下机要政治莫不出其手，他开了明代内阁掌权这样一个开始，就是天下机务全部由他们掌握。

历史专业出身的贾大伟对于明代的《永乐大典》非常熟悉，六百多年前的那部大典在这个年轻人的心里是沉甸甸的历史分量，因为这部共计22937卷、11095册、全书约3.7亿字的百科全书式的文献集称得上是中国古代集大成的旷世大典。

贾大伟：在当时来说，它汇集了当时先秦时期、三代一直到明初所有的资料，基本上都汇聚在这本书里来，据学者的推测当时收了八千种书籍。现在最大的意义我觉得就是保存了大量的文献资料，确立了类书最完善的一个体例。

明朝有个皇帝也幸运也倒霉，幸运的是他爷爷朱元璋直接把皇位传给了自己，倒霉的是这皇位还没怎么坐过瘾，就被自己的叔叔给抢了去。四年的靖难之役后，原来的建文帝朱允炆被迫下台，永乐皇帝朱棣上位。从战马上赢得了皇位之后，永乐皇帝的一道旨意下达了。

贾大伟对明成祖朱棣下令编纂《永乐大典》的初衷作了这样的解读：

贾大伟：实际上朱棣当时下令编撰《永乐大典》最直接的目的是笼络人心。因为他上位的时候不是通过正常的方式，而是将他的侄子朱允炆通过靖难之役这样一个战争，然后将皇位得来自己手里，所以当时得罪了很多知识分子。他为了笼络人心，收集当时的文献典籍资料，这是他最直接的一个目的。另外就是在国家刚刚建立百废待兴的时候，明成祖朱棣个人他非常好大喜功，这是他展现他大明朝文治的一个最佳时刻，他认为他应该去做这件事。另外一个个人原因就是明成祖的父亲朱元璋，他个人非常喜欢读类书，他这也算是完成他父亲的一个遗愿。

《永乐大典》的身上承载着永乐皇帝的多番心思，而奉命修典的解缙也不只是一个普通的文人。刘宝瑞的单口相声《解学士》就惟妙惟肖地刻画了这个聪明、机智的神童。

这样一个聪明博学的人，在那样一个大一统的时代，又风云际会遇到了那样一位好大喜功的皇帝，于是，这项浩大的文化工程便启动了。

贾大伟：永乐皇帝这个人好大喜功，他不仅要在武功上面九征蒙古，另外一个在文治方面他也要做集大成者。为了让资料求全，求多，求大，他希望这个书是能够超越所有前代的类书的这样一个编撰的规模。永乐元年的时候让解缙去编，到11月份解缙就编完了，不到一年的时间。然后永乐皇帝看完之后不满，在永乐三年的时候，再重新令姚广孝、解缙等上百位官员重新编，到永乐五年的时候，也就是用了不到三年的时间，这部书就编撰完成了。应该说第二次的编撰是继承了第一次解缙的编撰基础之上，让内容更加全面，收录的文献更多。

公元1407年，《永乐大典》终于完成，这部大典和解缙的名字一起被载入了史册。然而，命运的倏忽变幻却让人来不及思考。一代才子解缙，纵使才华满腹，但骨子里还是有着江西老表的耿直劲，在皇储之争中他为自己未来的命运埋下了隐患。

解淦：解缙这辈子犯的最大错误就是参与了立储。朱棣两个儿子，大的朱高炽，小的朱高煦。有一天解缙就去跟永乐皇帝聊天，永乐就跟他说，我因为立储的问题，我心里很为难，怎么办？因为当时大儿子按道理来说从古以来立长不立幼，立幼的话国家就乱了，所以朱棣为这个事一直伤脑筋。但是大儿子长得不好看，朱高炽是个胖子，还是小儿麻痹，脚是瘸的，这样来说父亲看这个儿子肯定不高兴。小儿子长得孔武又英勇，一表人才，而且曾经救过他父亲的命，朱棣就希望小儿子当皇帝。所以这个时候他请教解缙，我应该立谁呢？这个时候宫外面送一幅画来，画上是一只老虎带着一只小老虎，解缙就灵机一动，他就随口吟了一句话："虎为百兽尊，谁敢触其怒。唯有父子情，一步一回顾。"朱棣还在犹豫的时候解缙说了一句话，你这个孙子多好啊，因为当时朱高炽的儿子就是朱瞻基，一直放在朱棣身边带。这样一来朱棣就决定了，如果这个儿子当不了皇帝，这个孙子怎么继位呢？所以看在孙子的份上，又因为解缙的一番话，就确定了长子的太子的位置。皇帝面前很难说话的，解缙能说上话，在这个情况下，解缙凭着自己的良知，他说我这个时候不说话，后面会骂。

如同解缙最终雪中被埋，《永乐大典》随着永乐皇帝的离去也变得不受人重视。今天能见到的都是明嘉靖年间抄写的副本，而正本下落，至今还是一个谜。

贾大伟：《永乐大典》正本的下落，到今天也是一个谜团。正本在明朝中期的时候被抄写过一遍，我们知道嘉靖时期的那个副本，抄写完成之后永乐正本搁到哪里史书就没有记载，或者语焉不详，我们也是通过一些当时明代人的笔记还有清代人的一些笔记，然后来推测它可能是毁于崇祯十七年，就是明末的那次战火被毁掉了，那个可能性最大，另外其他有一些学者和当时的人就认为它可能还存在世间，认为它可能被嘉靖皇帝陪葬了，现在嘉靖皇帝的陵墓还没有被开启，等以后吧，如果有机会的话，可能发现正本，万一呢，这种概率也比较低。其实，学者们认为可能还是毁了，毁于明末了。

那部大典的正本在历史上留下了惊鸿一瞥之后，便再也没有片纸只字，只留下诸多可能让后人猜想，但解缙的故事在经历了六百多年之后依然在他的家乡吉水流传。作为解缙的第十九代孙，解淦不只是一位解家的后人，他同时还是解缙故事江西省级非物质文化遗产传承人，他对解缙的故事如数家珍，会经常把解缙的故事讲给吉水的孩子们：

解淦：解缙身上集中着多少代读书人的梦想，在他的身上充分体现出了读书人可以达到的最高境界。吉水人以解缙为骄傲。从一块偏僻的土地能够走出解缙这样一个才子，父母们看到了即便是在穷乡僻壤，通过读书，我们的孩子也可以改变命运，报效国家。

在吉水县现在还保留着古城墙，古城墙的外面便是赣江，当年的解缙就是从吉水登船，沿着赣江走出了江西，来到了南京，走上了明朝的历史舞台。而到了清代，有一位才子也是沿着一条河从河北献县走出，来到了当时的北京，他就是清代才子纪昀，也是民间熟悉的纪晓岚。

在电视剧里，纪晓岚和和珅斗智斗勇，在民间，他已经成为风趣机智、惩恶扬善的代表，这一点和解缙倒是颇为相像。同样地，纪晓岚也和一部典籍有关，这就是清代的《四库全书》。在香港大学饶宗颐学术馆副馆长郑炜明看来，当时的乾隆皇帝为什么要修《四库全书》，目的也很明确：

郑炜明：总的看起来乾隆皇帝修《四库全书》有两个目的：一个他要显示自己非常地崇尚文化，崇文这块，所以他要编《四库全书》；第二个，那时乾隆皇帝他要做一种大一统思想底下的，甚至要做得非常细致的文化上的筛选，大家要知道给编到《四库全书》里面的书很多，大家可能没想到的，给淘汰——就是没编进去的更多。从这个角度看，实际上我们现在是琢磨出来了，乾隆皇帝跟他的团队对处理《四库全书》他有他里面的一套思维，要有利于他统治的。我举个例子，里面有很多东西是他删改过的，有的他不喜欢的词语他就会换掉。

在乾隆皇帝的主持下，由纪昀等360多位高官、学者编撰，3800多人抄写，耗时13年之后，号称“前千古而后万年，无斯巨帙”的《钦定四库全书》终于成书，这是一部丛书，分经、史、子、集四部，故名四库。共有3500多册书，7.9万卷，3.6万册，约8亿字。香港知名文化学者郑培凯多年来一直对《四库全书》颇有研究：

郑培凯：一个朝代在鼎盛的时候盛世修史，盛世要显示皇帝的文治来配武功的。那么这个状况非常清楚，因为在康熙的时候，他已经考虑过，把当时的资料按照《永乐大典》的方式已经整理过一些东西了，到了乾隆的时候他觉得我这个皇帝实在是了不起，他把所有历代的东西都整理一遍。

作为总纂官，纪昀在《四库全书》的修书过程中起着主要作用，而这位清代才子留下的不只是《四库全书》，还有他的大烟袋，还有他的《阅微草堂笔记》，还有他种种诙谐幽默的传说故事。

【纪晓岚的故事】

乾隆帝为了显示自己的英明，往往突击检查四库馆的工作。传说有一天，乾隆帝特意换了便装来到翰林院中，时值盛夏，纪晓岚等人工作时都将衣服除去，正在挥汗如雨地抄写，忽听有人说了一句：“圣驾来了!”众人急忙各自寻衣服穿上，只有纪晓岚因为眼睛近视，一时找不到衣服，仓皇之间，钻到御座之下躲避。乾隆帝看在眼里，便故意一直坐在椅子上不肯离开，也不说话，他倒要看看纪晓岚能躲多久。纪晓岚在御座下面待得实在酷热难耐，就伸出头来向外窥视，问：“老头子走了吗？”乾隆帝笑，诸人都笑。乾隆帝说：“纪昀无理，何得出此轻薄之语？有说则可，无说则杀!”纪晓岚说：“臣未穿衣。”乾隆帝允许他出来穿上衣服。纪晓岚匍匐于地说：“这是百姓称呼皇上的普通名词。听臣解释：君称万岁，岂非老乎？君为元首，得非头乎？皇上为天子，此所谓子也。”乾隆帝拿出随身的鼻烟壶对纪晓岚说:“你自信口才敏捷,还敢强辩饰非,朕这只鼻烟壶上刻的是‘此地有崇山峻岭,茂林修竹’,你能随口对来,恕你无罪。”纪晓岚应声对道:“若周之赤刀大训,天球河图。”乾隆帝大喜。他为什么高兴呢?原来乾隆说的上联出自《兰亭集序》,纪晓岚对的下联出于《尚书》,《尚书》中记载了赤刀、大训、天球、河图这四样周代最重要的祖宗的重器。纪晓岚这么一对,不但文字工仗,严丝合缝,无形中还拍了乾隆的马屁,等于说乾隆跟周王一样,拥有重要宝物。乾隆帝一高兴,起身对诸臣勉励一番,然后离去。此事之后,纪晓岚给妻子写信说:“哈哈!我险些又赴乌鲁木齐效力……这都是由于目光近视素性畏热所致,古人云,慎言寡过,此话不假。”世人皆知纪晓岚有个大烟袋,殊不知,他还是个近视眼。也幸亏了他的机智,省了他被发配千里奔波之苦。

从这个故事可以看得出来,乾隆帝对《四库全书》的编修还是非常上心的,乾隆帝对进呈的书籍经常抽阅查看,发现错误,立即严厉申斥一查到底,有关官员无一能逃其咎。缮录工作十分辛苦,校勘也不轻松,难免出差,校官经常为一字之讹而受到处罚。有一位叫蔡葛山的校官说:“我校勘《四库全书》,因为讹字而数次被夺去薪俸。不过,有一件事却深得校书之力,那就是从书中得到一个药方,竟然治好了孙子的病。”由此可见,《四库全书》收集资料的确是大而全。

《四库全书》的编纂,不仅对中国古代典籍进行了系统整理,对传统文化作了全面总结,而且还推动了清代考据学的发展,促进了各门专科学术的兴盛。既为后人留下了许多可供借鉴的成果,也为我们今天批判地继承传统文化遗产提供了便利。

《四库全书》的纂修,本是一桩文化盛事,但是清中叶开始,封建专制政治体制痼疾的加剧,以及一代封建王朝统治衰象的暴露,又使朝廷惧怕异己的思想潜滋暗长。因此,在大规模征书过程中，暗含了寓禁于征的深意，使得编纂《四库全书》取得巨大成功的同时，也令许多珍贵的著作失去了本来面目甚至绝迹于人间，造成了无可补救的损失。这，不能不说是封建帝王无法超越的局限。

幸运的是，与《永乐大典》正本不知所终不同，《四库全书》的正本得以保全，在国家图书馆，我们还可以一睹这部全书的真容，而《永乐大典》的副本经过多方搜求之后，也已经有200余册被国家图书馆收藏，其余的副本也许还在世界的其他角落，也许早就消弭于历史的尘埃。

中华典籍浩如烟海，是全世界最为绵长悠久，最为庞杂浩大的文化传承，是中华民族的文化血脉和国人根本，是中国人之所以成为中国人的文化基因，因此，中华典籍可以说是关乎民族文化命脉延续的重要载体。明清时期，除了《永乐大典》和《四库全书》这样的“国之重宝”，还有如《康熙字典》、《本草纲目》、《天工开物》、《农政全书》等各种类型的鸿篇巨制。

今天我们不仅惊叹其规模之宏大，更赞赏古人在修书立典时态度之缜密，和它们一起流传下来的还有那么多脍炙人口的民间传说，也在激励着当代人：读书改变命运，知识强壮民族。

第五集　东西互渐

梅雨时节的南京，梧桐树枝繁叶茂，绿树成荫，长江之滨鼓楼区中保村一座高高的仿古牌楼吸引着经过这里的人们的目光，牌楼的横匾上有我国已故著名书法家武中奇手书的“宝船厂遗址”五个大字。

据《明史·郑和传》记载，郑和航海宝船最大的长148米，宽60米，是当时世界上最大的木帆船。

宝船厂遗址讲解员朱珺介绍，600年前这一带江汉纵横、芦草连天，五作河在当时河水清澈，碧水微澜，郑和的宝船就诞生在这个地方。

讲解员：当时这个造船厂的规模很大，像这样的作塘大概有13条，现在只剩三条，叫4、5、6号，这个是6号作塘。

记者：当时宝船是从这里出发？

讲解员：对。从这边去长江的，因为旁边就是长江口了。

电视剧《郑和下西洋》为人们艺术地再现了大约600年前的那场航海壮举。

1405年6月，郑和登上宝船，率领两百多艘海船，士兵两万多人，开始了波澜壮阔的海上远航。郑和的航行之举比欧洲航海家的远洋航行早半个多世纪，堪称是“大航海时代”的先驱。为什么这场声势浩大的航海活动出现在明朝永乐皇帝时期呢？香港著名文化学者郑培凯：

郑培凯：为什么出现在永乐皇帝时期呢？我们知道元朝被明朝打败了之后，明朝就考虑到元朝是一个跨欧亚的大帝国，明朝这个以汉民族为主的一个帝国改朝换代，需要第一告天，第二告天下。明朝的这个君王已经知道天下大概不只是中国这一块领地。

“耀兵异域，示中国富强”之外，推行“朝贡外交”政策，大力恢复和发展中国与海外诸国的联系往来，开展大规模的对外交往和经贸活动也是永乐皇帝派遣郑和下西洋的重要目的。

【故事】

郑和第一次下西洋，顺风南下，到达爪哇岛上的麻喏八歇国，也就是今天印度尼西亚的爪哇岛，这个地方是南洋要冲，人口稠密，物产丰富，商业发达。当时，这个国家的东王、西王正在打内战。东王战败，他的属地被西王的军队占领。郑和船队的人正巧上岸来到集市上，被占领军误认为是来援助东王的，就被西王麻喏八歇王的部下误杀，共杀了170人。这下可激怒了郑和手下的军官，他们纷纷请战，说将士的血不能白流，必须向麻喏八歇国宣战，以眼还眼，以牙还牙。西王得知是一场误杀后，心里十分惧怕遭到报复，急忙派使者谢罪，主动提议用六万两黄金赎罪。郑和第一次下西洋就出师不利，而且又无辜损失了170名将士，按常情必然会引发一场大规模冲突。然而，郑和了解这是一场误杀，又鉴于西王诚惶诚恐，请罪受罚，于是禀报明朝廷，建议化干戈为玉帛，和平处理这一事件。当西王得知自己的部下捅下那么大的娄子明朝廷不但不予报复还不用经济赔偿后，内心十分感动，两国从此和睦相处。

“以和为贵”、“四海一家”、“天下为公”等中国传统理念的传播，加深了遥远东方的文明古国与东南亚、东非国家的和平、友好交往。

郑和每次都把从中国带去的陶瓷、丝绸、茶叶、棉布等物品，送给每一位当地国王。与此同时，许多国家也都积极派使者跟随郑和来到中国，并带来当地的礼物。南京博物院社会服务部邓嘉嵋：

邓嘉嵋：这个是从波斯带回来的一种青花染料。这个苏麻离青就是说它的含铁量特别地高，所以你们在这个里面会看到一些黑色点点，你看到了吗？

记者：很多。

邓嘉嵋：这个黑色的点点它其实就是苏麻离青氧化了之后产生的铁锈斑，表现在这个瓷器上我们看到的就是黑色点点。

除了染料之外，在郑和返航回国的宝船上，还载满异域的香料、宝石、象皮，甚至长颈鹿、斑马、狮子、直角羚羊等珍稀异兽，郑和七下西洋的航海活动极大拓展了海上贸易的范围和规模。

中国对外销售的精美陶瓷、丝绸以及优质茶叶、药材等商品，令西方列国对这个遥远而神秘的东方国度深感好奇。在郑和下西洋一百多年之后的明朝末年，不断有西方人开始远渡重洋前来中国，其中就包括传教士。

然而，由于明朝末年的海禁政策，最初欧洲传教士未能进入中国传教，只能停留在当时已成为葡萄牙“飞地”的澳门。

公元1582年8月7日，一艘外国轮船停靠澳门码头，一位高鼻深目、打扮奇特的西方人走下船来，眼前的一切无不令他充满好奇。

刘晶晶：刚来澳门的时候，他发现澳门是非常繁华的港口，葡萄牙人很多，华人比较少。他当时最感兴趣的其实就是学习中国文化。因为那个时候没有拼音，他就请一个画师教他，就是画，中国有很多象形字，他就开始学习汉字。后来，利玛窦中文已经非常好了，他很多中文著作，《天主实义》、《交友论》。那个时候他才有系统化地学习，他就写了《西字奇迹》这本书，就把字和罗马注音对起来，就用

26个字母开始拼音化。

澳门利玛窦研究所博士刘晶晶介绍的这个外国人正是利玛窦，他的原名中文直译为玛提欧·利奇，是意大利的耶稣会传教士、学者。

位于澳门最热闹的商业及文化活动区议事厅向南约两百米处，有一座清幽的圣若瑟修道院，多年以来，刘晶晶就在这里从事着对利玛窦的研究工作。

刘晶晶：这个利玛窦像是在2010年纪念利玛窦（逝世）400周年的时候建的，是由他的故乡马切拉塔教区一起来揭幕开始的。

记者：我看到上面写的“利玛窦故乡泥土”。

刘晶晶：对。

记者：这是根据他本身的样子来雕刻的吗？

刘晶晶：是的。刚进入内地的时候，他穿僧袍剃了光头，然后这是他穿儒服，你看他写毛笔字，戴着当时儒生的这种帽子，这是他一个非常重要的身份转变。按照利玛窦的话说，他觉得当时佛教地位不是特别好，他决定成为一个文人，成为一个儒生，他要向中国这种精英阶层靠拢。

1583年9月10日，利玛窦进入广东肇庆，并于1585年建成中国内地最早的一座天主教教堂——仙花寺。

张致政：这个建筑就是仙花寺，西式建筑，两层。你可以看到它虽然是修复的，但是用的是旧的砖，这些砖比较大，比较厚重，你看这个砖，一看就不是现代的砖。

肇庆市博物馆张致政说，利玛窦在中国的传教一开始很不顺利。为此，利玛窦转变了策略，决定采取曲线传教的方针，先向公众开放图书室，宣扬西方科技等。他的出现让当地知识分子第一次有了“开眼看世界”的机会。

张致政：他带来的是欧洲文字的世界地图，挂在了仙花寺里面。

当地的人看了以后，可以说大开眼界。知府王泮就希望他绘制一幅中文的世界地图，所以他在这儿绘制了世界上第一幅中文的世界地图，叫作《山海舆地图》。咱们以前也有咱们的世界观，中国就是世界之尊，然后周边都是外夷，咱们中国很大，周边很多国家就一丁点。那么第一次中国人看到了世界地图，对中国以前的这种天下观是一个很大的冲击。第二，他的这幅世界地图跟咱们以前的舆图不一样，以前的舆图测距离它是按照直线距离定比例大小的，而这是第一幅标明经纬度的世界地图。

利玛窦带来的各种西方的新鲜事物，吸引了众多好奇的中国人，消息不胫而走，他的名字终于有一天传到了紫禁城。

1601年，利玛窦第一次踏进了紫禁城的大门。澳门利玛窦研究所博士刘晶晶说，为了这次走进皇宫，利玛窦还专门从澳门准备了一批特色礼物。

刘晶晶：比如那个大的自鸣钟他加了一个框架，上面还加了很多龙的装饰，表盘就用了中文刻字。这个钟就是因为皇帝很喜欢，以致后来，特别是清朝的时候造办处一直做很多钟。当时这个钟的构造或者说这种制作方式对中国人而言是很难的，因为它有这种转的齿轮、报时、弹簧，中国人是不会的，因为这个原因利玛窦他们成为了钟表匠得以留在北京。还有琴，因为中国以前是没有这种击键琴，《利玛窦杂记》里面他就说，中国人音乐里面其实跟我们一样有和声，但是他们不注重高音、低音，没有节奏的变化，所以他说中国的音乐听起来不够和谐。然后利玛窦当时还根据西方的音乐，编了八首歌，配上了中国的中文的歌词。

后来到清朝时期，不仅清宫内部设有钟表处，沿海城市还设立西洋钟表交流制作中心。

南京博物馆讲解员邓小姐：

邓小姐：第一站到了广州，所以就有了一些广造钟。广造钟是什么？就是广州制造的钟表。广州制造的钟表有什么样的一个特点？你看这边全部都是国外的钟表，感觉外表比较华丽，但是实用性可能比较小，像这种表盘特别小的。那广造钟就融合了这样一个特点，它的外表也非常的华丽，可能会引进一些中国的元素。比如像这个福禄寿，中间这个小人儿就是福禄寿，然后他们手上会拿着一个对联。

记者：寿比南山。

邓小姐：对，下面的水摆会转动，就这样一圈一圈转。上面是两条龙，双龙戏珠，这个寓意也比较吉祥，中间一个神兽。

利玛窦通晓汉学，同时精通西方的思想和科技，因此很快就获得了中国朝廷的信任，也得到当时明朝一些士大夫的接纳，其中与徐光启的相遇，奏响了中西方科学和文化交流的序曲。澳门利玛窦研究所博士刘晶晶：

刘晶晶：其实他和徐光启最早认识是在1600年。利玛窦他传播天文、地理，最基础的就是数学，所以他们觉得有必要翻译《几何原本》。这本书一年多翻译出来，然后1606年的时候大概完成翻译。这本书对中国数学影响非常大，它跟中国数学完全不同，它是用抽象思维，然后又提出公理化，所以他完全改变了中国数学的进程。这本书首先它的很多概念，比如说点、线、面、几何、平面、曲线、直线、三角形、四边形、菱形、等边三角形，就是根据《几何原本》翻译出来的，就是我们最早最基本的东西，对中国整个震惊很大。第二，他提出了，因为《几何原本》里面有三段论，还有演绎，归纳演绎，然后证明。第三点，他提出了很多公理，当时西方数学界他们已经发现了世界上有一些是公理，所以《几何原本》第一卷就是先翻译这个东西。

由利玛窦带来的西方先进科学与思想，激发了徐光启对西学的热情，使他在后来得以成为“晚明的西学领袖”。与此同时，在徐光启这位本土有识之士的帮助下，利玛窦在中国语言及文化领域取得了巨大的成就。明万历至清顺治年间，利玛窦一共把150多种西方书籍翻译成中文。

刘晶晶：利玛窦对中国整个文化影响是非常大的。《利玛窦杂记》在欧洲出版之后影响很大，他翻译过《四书》、《五经》，他应该说称之为是《易经》研究最早的一个人。因为利玛窦在非常有名的《天主实录》里面，他说其实中国人的文化里面本身就有这个概念，上帝就是God，他说虽然是不同的名称，但其实我们指向的就是同一个天主，他这个态度当时引起欧洲整个易学研究。后来白晋研究《易经》，这是得到康熙支持的。当时形成了一个派研究《易经》，传回欧洲，对欧洲影响非常大。他通过《易经》发现，中文才是世界上的钥匙。因为当时欧洲启蒙界有两大争议的热点，一个就是世界的起源，《周易》是中国上古方面的书，传回欧洲之后，他们发现中国的上古史比《圣经》记载的历史更长。第二个就是他们寻找普遍语言，他们认为在一开始的时候世界是只有一种语言的。

记者：就是我们汉语吗？

嘉宾：对，根据《易经》他认为就是中文，所以在整个17、18世纪，学习汉字，学习汉语是非常热的一件事情。

利玛窦在中国近三十年，期间虽然辗转多处，但不变的是他一直在接触中国士大夫，开启了士大夫学习西学的风气，而且他主动了解并学习中国文化，不遗余力地向西方介绍中国文化。

南京大学文学院教授苗怀明：

苗怀明：他把中国的东西带回去，除了《易经》之外，比如说诗歌、中国的小说也很早被传入到西方，有不少学者来学习。比如在德国，在清朝中期的时候就有语言学家，他学过100多种语言，他从来没有来过中国，他就掌握中国的满文，也掌握中国的文字。因为我们在德国发现了《金瓶梅》最早的译本，它不是从汉字翻译过来的，它是从满文。也就是说西方它有一批汉学家，他就很认真地来学习中文，来学习中国的文化，一直传承下来。中西的交流，在明代和清朝是比较多的。西方把他们很多的农作物带到了中国，比如说红薯、棉花、辣椒、玉米、马铃薯、西红柿等，这些东西中国过去都没有的，有很多是从美洲来。再举个具体的例子，给我们带来了天文学上的变化，因为大家知道在明清时期我们实行的是农历，因为这种历法它是根据月亮的周期来计算的，那么这个出现了很大的偏差。那么西方传教士来到中国之后就带来了西历，使中国的历法更准确了。

郑和向世界显示了中华文明的卓越成就，他把遥远的大陆与中国连接起来，他让世界知道在遥远的东方有个美丽富饶的国家叫中国。

利玛窦如同一个东西方文化交流的“中转站”，为中国人送来了宝贵的西方文化与自然科学知识，他让中国人看到了一个过去从不曾了解的西方世界。

在中国人探寻通向西方的海上航线的同时，西方人也在寻找通往东方的路线，他们相向而行，促进着东方文化的西传和西方文化的东渐，共同谱写了人类文明交流融合历史的重要篇章。

第六集　成风育人

弟子规，圣人训。首孝悌，次谨信。泛爱众，而亲仁。有余力，则学文。弟子规，圣人训。首孝悌，次谨信。泛爱众，而亲仁。有余力，则学文……

这么稚嫩又自信的《弟子规》演唱，出自香港右思维国际幼儿园暨幼稚园的小朋友之口，这所幼稚园的创办人何光鸿介绍说：

何光鸿：这么多年，每一年毕业典礼有一小段我们是会做《弟子规》演出的。这两年每一次毕业典礼我都是哗哗眼泪在掉啊，为什么呢？见到有些家长拉着一个小朋友，他们唱，小朋友也在唱。他们只有四年在我学校，我就希望四年之后他们离开这个学校的时候，《弟子规》就是一辈子都会记得的。

现在，当我们走进儿童读物书店，会发现启蒙教材琳琅满目，《弟子规》的版本多种多样。《弟子规》原名《训蒙文》，也许这部书的作者——清代教育家李毓秀自己都不会想到，他所作的这篇三言韵文在中国传统文化中的地位可与南北朝时期的《千字文》、宋代的《百家姓》、《三字经》比肩。复旦大学历史系教授钱文忠：

钱文忠：《训蒙文》，训者，教训也；蒙者，启蒙也：是给孩子教育孩子启蒙孩子的一个书。整部《弟子规》核心思想四个字：孝、悌、仁、爱。《弟子规》文字非常明白，浅显易懂、押韵顺口、朴实无华、说理透彻、循循善诱。内容来自于中国传统的基本的道德、基本的伦理、基本的规范，所以极有影响。从清朝中晚期以后，就成为广泛流传的儿童读本和启蒙读物。这样的一部书，正是我们今天迫切需要的，可以用来教育孩子，形成良好的行为规范，懂规矩，守规矩，这样一部非常好的传统教材。

作为世界文明古国之一的中国，中华文化从孕育到雄强壮大，有一个漫长而曲折的历程。从世界文明来看，中国文化保持了特有的延续性，自殷商以来，代代相传，从未中断。明清两代的文化，是前期中华文化绵延两千年来发展的必然结果，又是中国近现代文化的前奏，在中国文化史上是一个很有建树的袭常新变的大时代。香港大学中国历史讲座教授兼中文系主任赵令扬：

赵令扬：明朝14世纪到15世纪这一段，基本上还是根据过往传统来进行有关思想发展，到15世纪，1600这一段，最大的改变就是里边有很多创新。

19世纪德国哲学家黑格尔在比较了各个文明古国之后感慨地说："只有黄河、长江流过的那个中华帝国是世界上唯一持久的国家。"作为观念形态的思想文化，与整个社会的进程密不可分，也与不同文化的交流互鉴息息相关。先秦时代，百家争鸣，高扬起民本思潮的大旗，往后经历了儒学独尊的两汉、道家复兴的魏晋、佛学极盛的隋唐，明清的思想文化，一方面是程朱理学和陆王心学相继占据了统治地位，另一方面又出现了带有早期启蒙性质的思潮。

程朱理学既是儒学和佛教文化相结合的产物，又是佛学和易经、老子、庄子思想相结合的复合体，而正是这种中国传统儒学和外来佛学相摩相荡、糅合而成的理学，成为当时钦定的官方哲学，在宋、元、明、清几代，统治精神领域将近千年之久。虽然自两汉以至明清，儒学被奉为正宗，但是儒学内部却派系丛生，与正统相左的所谓“异端”思潮不时崭露头角，显露出它的光辉。香港大学饶宗颐学术馆副馆长郑炜明：

郑炜明：程朱理学发展到了明代，明代有个人很重要，就是王阳明。他的那个心学呢，实际上是对理学的一种微调，一种修订，可是更值得讲的那就是给中下天赋的人就是根据这个，最终也可以不犯错误，做到圣人想做的事情。他强调的就是你自己的体悟，所有的东西都是你自我内心跟自然之间的一种结合，你能做到了，那你最后就是成功了。

“豪雄浪漫”的王阳明“龙场悟道”，开辟了肯定人的欲望的“心学”时代，与理学家程颢、程颐的“饿死事小，失节事大”的伦理教条，以及与朱熹所倡导的“存天理，灭人欲”形成了鲜明的对抗。

【故事 王阳明“龙场悟道”】

王阳明很小就显示出过人的才华，文武双全，动静皆宜，会骑马射箭，熟读兵书法理，而且写得一手好诗文，用今天的话说，那简直就是家长眼中“别人家的孩子”。但是在28岁中了进士之后，却在官场上的发展不大顺利。34岁的时候，他不顾当时的政治形势，不顾性命安危提出了一些反对意见，因此被降职发配到了贵州，在当地一个叫龙场的地方，做个管驿站的小官。龙场这个地方，荆棘丛生，虫兽出没，疫病流行，语言又不通，王阳明心里非常郁闷，没有人能够理解他，也没有地方可以排遣，他就整天不言不语地枯坐着，从天黑到天亮，又从天亮到天黑，他全神贯注地思考这样一个问题：作为一个圣明的人在这种环境下该如何去面对？一天晚上，他突然明白过来，忍不住大喊一声：“根本不对！原来是这样啊！”身边的人都被他这一喊给吓到了，不知道发生了什么。原来，就在那一刻，王阳明悟到：圣人之道，其实就在自己内心，向外面的事物去求理是不对的。从此，王阳明提出了“心即是理”，“心外无理”的思想，建立了与程朱学说完全不同的哲学。后人把他开悟的事情称为“龙场悟道”。

王阳明学说兴起后，清代戴震曾发出“酷吏以法杀人，后儒以理杀人”的感叹，龚自珍则发出“我劝天公重抖擞，不拘一格降人才”的呼唤。这些思想被应用于艺术创作领域，让人们领略到了以意境、情趣、性灵等为审美意象的创作原则，这是对儒家传统“温柔敦厚”美学原则的现实冲击，促成了思想、哲学、文学等相互促进发展的兴盛期。南京大学文学院教授苗怀明：

苗怀明：王阳明的心学就有很多进步性，并不是像传统所讲的“君子喻于义，小人喻于利”，使每个人都可以经过修行成为圣人。那么在他思想影响之下就出现了一批在思想上有建树的人，比如说李贽，到后来我们在文学上也可以提出这种思想的，比如说汤显祖，他的《牡丹亭》，还有呢，像袁宏道，袁氏兄弟公安派，那么有一批人。所以在晚明时期，文学上就出现了繁荣，就出现了汤显祖的《牡丹亭》，就出现了明代的小品文，思想上是一个大解放的时代，由思想思潮影响到文学的创作。我觉得这是中国文学难得的一个兴盛期，就是大家思想上相对比较自由，文学创作上也出现了很多名篇佳作。所以这个时期，我们可以看到文学跟思想、跟哲学相互促进的局面。

明清时期，是个思想大动荡的时代，一些敏感的哲人不约而同地用令人惊心动魄的字句描绘自己的时代，其中，明末清初思想家黄宗羲用了“天崩地解”一词，王夫之用了“天崩地裂”一词。以徐光启为代表的思想家们在年少时便“以天下为己任”，顾炎武提出了“天下兴亡，匹夫有责”的担当意识和实干精神。香港大学饶宗颐学术馆副馆长郑炜明：

郑炜明：明末清初就出现了黄宗羲、顾亭林等提倡经世致用，就要实用了。这个实用的意义很大，特别对我们现在这个时代，你包括在治理学问，就研究学问的时候他也要实干、考证，不放过一个词语，一个字都不放过。到了实际的处理社会实际现实的事情的时候也是要讲实干。

“忠厚传家远，诗书继世长”，这一出自苏东坡《三槐堂铭》的名句连同它的后两句“国正天心顺，官清民自安”都是很多人家喜爱的楹联，并作为家训代代相传，家训作为中国人“修身、齐家、治国、平天下”的具体思想表达而流传于世。历史上许多名人，如北齐颜之推，三国诸葛亮，宋代司马光、欧阳修、朱熹，明代王夫之，清代郑板桥、曾国藩等人的家训纷纷被后世传颂。

【富厚堂讲解】

欢迎各位来到曾文正公的故里富厚堂参观游览，我是故里的讲解员小曾，和各位一起感悟曾文正公文化……

坐落在湖南省娄底市双峰县荷叶镇的曾国藩故居——“富厚堂”大气庄重，这处“乡间侯府”从内到外意蕴非凡却不见奢华，一如它主人的风格。

导游：……大门上方有“富厚堂”三个字，这三个字是曾文正公的亲笔手记，意思为“富裕厚足”，也希望自己的子孙后代能够宽厚仁义地待人。同时在这门旁有一副对联是曾文正公去世后，其儿子曾纪泽为了纪念父亲书写：清芬世守，盛德日新。这意思就是说，我父亲在生前为官的时候就比较清廉，父亲的清廉美德希望我们的子孙后代能够世世代代地守护，并且传承发扬光大，做到日新月异。“盛德日新”现在也是我国湖南省湘潭大学的校训，“博学笃行，盛德日新”。

曾国藩一直到终老也没有搬进过富厚堂新屋，他最后病终在南京那个当时破破烂烂的两江总督府里。曾国藩常年在外做官，为了不让家人染上官宦人家子弟的奢靡懒惰等陋习，没有将夫人和孩子接到身边，但他持家的理念，经常通过书信的形式寄到湖南老家，告诫子弟要严格执行。

【曾国藩家书】

字谕纪鸿儿，家中到营中来的人大多数都称赞你举止大方……

这是曾国藩在出征打仗、生死存亡之际写给小儿子曾纪鸿的一封信，对于在38岁时得来的小儿子，曾国藩并没有因为老来得子而减少一分一毫对他的要求，即便是出征打仗死里逃生时，依然不忘用书信提点、警醒这位最宠爱的小儿子。

……凡是富贵功名都是命里注定，一半在于人力，一半在于天命，只有学做圣贤，才是全靠自己做主，与天命不相关涉。我有志学做圣贤，可小时候少了居家恭谨的功夫，所以到如今还免不了时有戏言和戏谑的行为。你应该举止端庄，不随便说话，才是修养道德的基础。咸丰六年九月二十九夜在江西抚州门外。

家书、家训是中华传统文化的一部分，它深植于中国人的血脉，哪怕我们走得再远，也是中国人立身处世的基石，更是海外华侨华人传承发扬中华文化的思想基础。经过近一年半的全球讨论，2013年10月11日，“粤侨精神”内涵表述语在澳门正式对外发布。广东华侨博物馆副馆长陈宣中在一封家书原件前面，为我们讲起了这封家书的内容，以及所体现的粤侨精神：

陈宣中：这是一个有典型意义的华侨家书。这封家书，它是李云宏专门告诫他的儿子，就说：“在家千祈勤俭，不可闲荡过日为上策。”就是告诫他不要沾染懒散、奢靡恶习。粤侨精神概括起来有十六个字：念祖爱乡、重信明义、敢为人先、团结包容。我们的这个华侨家书，你看是粤侨精神的集中反映和真实写照。

“家是最小国，国是千万家”，中国人的家国理想，生动地体现在这一封封家书之中。中华民族家国天下的精神，既是一种豪情，也是一种责任和担当，是中华优秀传统文化的基因。它使我们看到中华文化的内涵在每一次变革中都在不断升华，成为鼓舞人们自觉维护正义、忠于国家民族的内在动力，并凝结成中华民族历史上成千上万杰出人物的共同品格。忧国忧民的诗人屈原、杜甫、范仲淹；忠勇报国的岳飞、文天祥、史可法；饮雪吞毡，大义凛然的苏武；高咏“粉骨碎身全不怕，要留清白在人间”的于谦……

2018年3月20日，国家主席习近平在十三届全国人大一次会议闭幕会上的讲话中，对中华文化的发展历程进行了精炼概括：

中国人民的特质和禀赋不仅铸就了绵延几千年发展至今的中华文明，而且深刻影响着当代中国发展进步，深刻影响着当代中国人的精神世界。中国人民在长期奋斗中培育、继承、发展起来的伟大民族精神，为中国发展和人类文明进步提供了强大精神动力。中国人民是具有伟大创造精神的人民。在几千年历史长河中，中国人民始终辛勤劳作、发明创造，我国产生了老子、庄子、孔子、孟子、墨子、孙子、韩非子等闻名于世的伟大思想巨匠；发明了造纸术、火药、印刷术、指南针等深刻影响人类文明进程的伟大科技成果；创作了《诗经》、楚辞、汉赋、唐诗、宋词、元曲、明清小说等伟大文艺作品；传承了格萨尔王、玛纳斯、江格尔等震撼人心的伟大史诗；建设了万里长城、都江堰、大运河、故宫、布达拉宫等气势恢宏的伟大工程。今天，中国人民的创造精神正在前所未有地迸发出来，推动我国日新月异向前发展，大踏步走在世界前列。我相信，只要13亿多中国人民始终发扬这种伟大创造精神，我们就一定能够创造出一个又一个人间奇迹！

【《少年中国说》】

少年智则国智，少年富则国富；少年强则国强，少年独立则国独立……

梁启超的《少年中国说》极力赞扬了少年勇于革新的精神，鼓励人们肩负起建设少年中国的重任，表达了祖国繁荣富强的愿望和积极进取的精神，至今仍鼓舞激励着人们在新时代的奋斗征程中，扛起中华民族伟大复兴的猎猎大旗，创造一个又一个属于这个古老民族的崭新辉煌！

【《少年中国说》】

美哉我少年中国，与天不老！壮哉我中国少年，与国无疆！少年强则国强，少年强则国强，少年强则国强！

下编　融合

第一集　风从南方来

除夕的夜里，车窗外什么也看不见，只有远的近的，红的白的，五彩缤纷的灯火，在窗外时隐时现。这已经是一九七八年的春天了。

【男主持】这是卢新华的小说《伤痕》的开头一段。这篇小说，发表在1978年8月11日的上海《文汇报》上。

这篇小说，命名了中国当代文学史从70年代末到80年代初的一个重要的文学现象：伤痕文学。当时，十一届三中全会尚未召开，风从哪里来，风向何处去，中国人民还在风雨中彳亍着。

【女主持】1978年，在中国的当代史上是一个重要的时间节点。

【男主持】1978年12月18日，中国共产党十一届三中全会在北京召开。这次会议，揭开了中国改革开放的序幕，以十一届三中全会为起点，中国进入了改革开放和社会主义现代化建设的新时期；这次会议，无疑是那个多年前的冬天里一股春意盎然的暖流。

【歌曲　周峰《与我同行》】

我们从夜，

从夜走到了晨。

我们从冬，

从冬走到了春。
有你与我同行，
再累也心甘。
有你与我同行，
再累也心甘。
……

【女主持】从那时起，改革开放，在相当长的历史时期中，成为中国大众话语平台上出现频率最高的关键词。“文革”结束仅仅两年多，中国人就表现出了极强的反省和自觉的能力，让国家和民族找到了行进的方向。

【歌曲 邓丽君《香港之夜》】
夜幕低垂红灯绿灯，
霓虹多耀眼。
那钟楼轻轻回响，
迎接好夜晚。
避风塘多风光点点渔火叫人陶醉……

【采访录音】记得当年邻居家有一台录音机，因为他每天晚上放流行歌曲，邓丽君的歌曲，非常好听。那时候参加广交会，去的时候总有一些人要从广州带过来一些时髦的商品，那些小商品大部分都来自于香港，蛤蟆镜、电子表、新的流行歌曲的磁带。

【歌曲 邓丽君《香港之夜》】
夜幕低垂红灯绿灯，
霓虹多耀眼。
那钟楼轻轻回响，
迎接好夜晚。
避风塘多风光点点渔火叫人陶醉。
在那美丽夜晚，

那相爱人儿伴成双。
他们拍拖手拉手情话说不完，
卿卿我我，
情意绵绵，
写下一首爱的诗篇。
Hong Kong, Hong Kong.
和你在一起，
Hong Kong, Hong Kong.
我爱这个美丽晚上有你在我身旁……

【女主持】香港，是中国内地天然的外部通道。大量国外的现代工业产品，就是通过这个渠道，进入内地。广东等地的沿海城市，也因为这种地利之便，成为改革开放政策最早的受益者。内地的市场，商品供应越来越丰富，伴随着这些丰富的商品一起进来的，还有新鲜的文化产品和新鲜的生活方式。

【男主持】流行音乐，是最先进入内地的文化产品，而最早受到影响的，是敏感而活跃的年轻人。

【采访录音】我最早接触的流行音乐是邓丽君的，记得那会儿版权还是香港宝丽金，是我上学的时候用我的英语磁带偷偷跟同学换的。对于我们70年代的人来说，到现在邓丽君的歌都始终是百听不厌的。

【歌曲　陈美龄《香港香港》】
香港，
我心中的故乡。
这里让我生长，
有我喜欢的亲友共阳光。
路上人在跑，
赶呀赶，

干劲令我欣赏。
这里有许多好处没法讲。
说一声香港!
香港!
你永远是寻梦乡。
香港!
香港!
你那色调难忘。

【男主持】陈美龄这首思乡的歌，赞美了香港人奋发向上的市民精神，欢欣多过愁绪。而同样是一首写故乡的歌，却引来巨大的争议。

【歌曲 李谷一《乡恋》】
你的深情，
你的歌声，
永远留在，
我的心中……

【男主持】这首歌，对于许多六七十年代出生的内地人来说一定不陌生，它是歌唱家李谷一演唱的《乡恋》。和它同样出名的，还有一首苏小明演唱的军旅歌曲《军港之夜》。这两首歌的出名，不仅仅因为它们的曲风和演唱者的诠释在当时是多么地令人耳目一新，更主要的原因，是因为它们当时引起了广泛的争议，甚至论战。

【女主持】在所有的批评和质疑中，最严厉的声音甚至把《乡恋》称作"黄色歌曲"。在这样的批判声中，《乡恋》遭到禁播。

【男主持】北京现代音乐学院教授尤敬波长年从事流行音乐研究，他分析了《乡恋》遭受质疑的原因：

【采访录音】第一个是唱法，当时李谷一用了气声唱法，这在传统的声乐中是不被看好的演唱方式，但是流行音乐就是因为有气声才会变得很亲切，所以当时李谷一用这种方式唱《乡恋》时大家一下子难以接受。还有一个是因为配器，音乐的配器用了架子鼓、电声乐队，因为这些之前都是被批判的，这些是不能够用的。

【男主持】就在《军港之夜》、《乡恋》还在被批评是“靡靡之音”的时候，在广州，从1979年开始，中唱、太平洋影音公司、白天鹅、新时代等唱片公司相继成立。专业唱片公司的成立，需要大量的歌手和作品。尽管当时一盘翻唱磁带的作品也能够卖到百万盒，但“唱自己的歌”已经是势在必行。

【歌曲 沈小岑《请到天涯海角来》】

请到天涯海角来，

这里四季春常在……

【女主持】1982年，上海女歌手沈小岑应邀到广州录制个人专辑，其中收录的这首《请到天涯海角来》，成为广东流行乐坛第一首具有全国影响力的原创流行歌曲，这盘磁带的销量直逼200万盒。

【歌曲 《请到天涯海角来》】

【女主持】北京现代音乐学院教授尤敬波说，流行音乐在改革开放后的复苏过程中，曾经经历过“抒情歌曲”的概念过渡。

【采访录音】抒情歌曲是一个过渡，这个时候人的感情其实很苍白，流行音乐在内地的发展其实就是因为老百姓感情需要，这是一个很重要的社会基础。当然也是跟改革开放以后思想的转变有很大的关系，国门打开了，我们看到的东西也多了，其实这个流行音乐正好填补了人们感情上的一种空白。

【女主持】上个世纪70年代后期到80年代前期，是内地“抒情歌曲”创作的高峰期，歌曲描绘的对象开始个体化、人性化，像“伤痕文学”一样，个人命运开始受到关注，内地音乐创作出现了质变。

【男主持】这种质变的出现，一方面有社会发展的内因，另一方面，在创作手法、风格和灵感来源上，受到了港台音乐的显著影响。开放，更是让内地与港台相对封闭独立的音乐体系，开始了对话和交流。

【歌曲 《让世界充满爱》】

轻轻地捧着你的脸，

为你把眼泪擦干。

这颗心永远属于你，

告诉我不再孤单。

【女主持】这种交流和对话，对日后各方的发展都产生了深远的影响。80年代，郭峰的《让世界充满爱》和崔健的《一无所有》，让“流行歌曲”这个概念真正确立。爱与和平，曾是西方流行音乐界提炼的最能够被广泛理解和接受的精神价值，也一度成为当时的音乐人最愿意向外传递的信号。

【歌曲 崔健《一无所有》】

我曾经问个不休，

你何时跟我走？

可你却总是笑我，

一无所有。

【男主持】一无所有，像一句咒语，击中了从物质匮乏到精神文化生活贫乏的人们的内心需求。一无所有，当然可以从无到有。从那以后，对个人内心情感世界的观照，对个体价值、独立思考与个人奋斗的尊重，渐渐注入了中国流行音乐的血脉。而《乡恋》也被看作中国流行音乐的开山之作，并在1983年登上了中央电视台春节联欢晚会的舞台。这首歌的解禁，宣告了人们思想上终于迎来了一次解放。央视春晚，日后也成为了内地流行文化的风向标。

【女主持】香港，对于内地来说，既是内容产地，也通常是外来文化进入内地的必经之路。70年代末80年代初，香港的电影工业已相当成熟，唱片工业也方兴未艾，电视剧的创作、生产和商业化，已经有了相对成熟的模式。

【歌曲 李小龙《像水一样吧，朋友》】

Empty your minds,

Be formless, shapeless, like water,

You put it into a cup, it becomes the cup.

You put it into a bottle, it becomes the bottle.

You put it into a teapot, it becomes the teapot.

Water can flow, or it can crash.

Be water, my friend!

【男主持】李小龙的身影，几乎占据了整个70年代。他的影响，更是延伸到现在。李小龙早已不仅是一个武者、一个电影人，他已经成为了一个文化符号，一个借由谁都看得懂的形体语言来表达中国式哲学的代表。他重新定义了功夫片。用这种类型化的电影为香港电影在国际市场打出了一片天。香港导演徐小明对香港功夫片在国际市场被观众认可做了这样的解读：

【采访录音】在外国，它拳击就拳击，他们的武术也没有我们中国有宗教信仰的潜在，比如说少林是佛家的，武当是道家的，那种涵义来讲在外国没有的，所以国外看我们中国的武术片、功夫片非常喜欢，什么醉拳啊，蛇形刁手，什么咏春啊，他们以前都搞得糊里糊涂的，可是好看，故事简单，因为他们不懂我们中国的五千年文化，历史背景，你要他们理解很困难，可是只有我们叫body language，就是我们身体语言，你打得精彩，再带领他听一个很简单的故事，他们很容易接受，所以当年香港有20年的黄金电影年代，功夫片占了很重大的比例。

【女主持】70年代，是香港经济腾飞的时期，经济上的自立和富足，唤醒了香港人强烈的本土文化意识，对主体自我标志的文化需求和成熟发达的商业社会，让香港的文化产品的商业属性，一开始就得到了充分的承认和发掘。

【男主持】而这种商业化的特征，让它具有强大的传播能力，如同它仗剑远行。

【歌曲　张明敏《侠客》】

江湖路万水千山，

仗一身惊才绝艺英雄侠胆……

【女主持】邓小平可能是中国内地最早接触金庸作品的读者之一，据他夫人卓琳女士说，他在70年代后期从江西返回北京，就托人从境外买到一套金庸小说，很喜欢读。1981年7月18日上午，邓小平接见金庸时，第一句话就是："你的小说我是读了的。"

【男主持】英雄侠胆是每个中国人内心的情怀。香港的武侠小说深入到了每个中国人的内心。武侠文化、武侠精神是中国的传统浪漫主义叙事，是武侠小说和武侠电影的精神核心。

【女主持】这一时期的中国文坛，还处在"伤痕文学"的类似启蒙阶段。一批伤痕文学作品，刘心武的《班主任》、冯骥才的《铺花的歧路》、周克芹的《许茂和他的女儿们》等，让许多内地的读者发出"原来小说还可以这样写"的感慨。内地，同样在经历着一次精神上的解放和价值观的重塑，而香港文化产品的涌入，无疑起到了催化剂的作用。

【男主持】上世纪80年代初期的内地文化，有些单调。但在这苍白的色彩中，有一抹亮色闪出。1980年，电影《庐山恋》中，女主角张瑜在男主角郭凯敏的脸颊上留下轻轻一吻，竟掀开了中国爱情电影的新篇章。继"文革"时代十年八个样板戏之后，中国人在大银幕上迎来他们心中久违的浪漫爱情，《庐山恋》成为当时一代人的集体记忆。

【歌曲　电影《庐山恋》主题歌《飞向远方的故乡》】

每当明月升起，
升起的时候，
我深深地怀念，
亲爱的故乡。
那里有美丽的绿水青山，
那里是哺育我生长的地方。

【女主持】作为新中国第一部有吻戏的爱情电影，1980年版的《庐山恋》让国人如痴如醉。这种影响深厚而久远。后来，庐山位于牯岭的电影院索性改名叫庐山恋影院，每天循环上映的只有这一部电影，至今共放映7000余场，成为吉尼斯世界纪录。电影中，归国女华侨、流利的英语、色彩斑斓的时装秀、自由炙热纯真的爱情以及俊男靓女的银幕经典组合，甚至那句台词“I love my motherland, I love the morning of my motherland!”都成为了经典。

【男主持】“我热爱我的故土，热爱我故土的第一缕晨曦。”而那时，我们脚下干涸的土地，皲裂已久，亟需灌溉，任何一场雨水都有可能使之瘫痪。1980年，香港无线电视台制作的一套长25集的电视剧《上海滩》，是以民国年间的上海为背景，描述上海帮会内的人物情仇和爱情故事。在内地播出时，以万人空巷已不足以形容。香港女作家林燕妮撰文形容《上海滩》在内地播放时的狂热，形象地说“《上海滩》一播，整个上海瘫掉了”。

【女主持】上海“瘫掉了”，但电视剧《上海滩》播出后，许文强式的大衣、礼帽、围巾，以及西装口袋里的白手帕，全留了下来，成为男性模仿的潮流。几年后，人们依旧不停地在问：

【歌曲 毛阿敏《思念》】

你从哪里来，

我的朋友，

好像一只蝴蝶飞进我的窗口……

【男主持】从窗口飞进的不仅有蝴蝶，还有武术。1981年7月，《武林》杂志创刊，刚刚创刊的《武林》杂志开始连载金庸的武侠小说《射雕英雄传》，引起极大的轰动。

【女主持】武术在中国，有极好的群众基础。除了技击克敌、强健身体之外，它甚至被赋予了体现民族精神，凝聚民族意志，维护民族自尊的社会功能。这样的主题，一直在香港的武侠片、功夫片中延续，并让“香港制造”在与内地观众早期的相遇中，找到了共同语言。

【男主持】内地的读者也许不会想到，他们竟然通过一本武术杂志，接触到了热销港澳东南亚，甚至世界华人圈的文学作品。其实，香港与内地的文学，本来就是同根所生，因为历史的际遇，开枝散叶。文化的同源性，让它们在相遇时彼此相认并不困难。

【歌曲 《沧海一声笑》】

沧海一声笑，

滔滔两岸潮……

【男主持】黄霑的这一声“滔滔两岸潮”，似乎能让人听见香港电影“新浪潮”的回响。1979年，被看作是香港“新浪潮”电影的开始。大批电视幕后工作者转而投身电影行业，他们当中包括后来大名鼎鼎的徐克、许鞍华等导演，他们本着对电影的热诚，及年轻人特有的创意和社会触觉，拍出不少充满个人色彩的电影作品，为香港电影打开了崭新的一页。

【歌曲 《少林少林》】

少林少林，

有多少英雄豪杰都来把你敬仰。

少林少林，

有多少神奇故事到处把你传扬。

【男主持】1982年，电影《少林寺》上映。那边厢，新浪潮与粤语片找到了平衡，而进入内地的这部影片，更让我们看到了香港电影这种“元素调和”的能力。

【女主持】这部影片，在内地掀起了长达十余年的武术热，对内地影视消费偏好的影响甚至延续至今，启蒙了一大批从事影视创作的武术运动员，以李连杰为首的那一批主演，于承惠、于海、计春华、胡坚强等，从此走上了影视之路，在后来的多部影视作品中，都可以见到他们的身影。尤其是李连杰，他在国际影坛的成功有目共睹，无疑是中国电影人在世界电影语境下最有话语权的人之一。

【男主持】影评人魏君子长期研究香港电影，著有《香港电影演义》一书，对《少林寺》在内地公映时创下的票房神话做了解读。

【采访录音】

少林寺当时在内地是创下了一个万人空巷的奇迹，因为那时候我们内地的观众去看电影只要一毛钱，好像少林寺的票房就达到了一亿，大家可以去算，现在我们看一部电影起码20块钱，那如果是一亿的话就相当于200亿，那他绝对是一个神话。少林寺的成功直接影响了整个80年代内地动作片，因为那个时候正值改革开放，香港的动作片开始风靡大陆，少林寺这样的电影崛起，使得大家开始觉得我们内地的演员，内地的武术冠军，是不是也能拍摄这样的电影，所以那时候有大量的香港投资制作，然后内地的演员出演。

【男主持】从《少林寺》以后，内地与香港的合拍片一发不可收，这种武打片的样式和风格也得到了固化，《自古英雄出少年》、

《武当》、《武林志》、《南拳王》等一系列优秀的合拍片或内地影片纷纷出炉，武打影片，进入一个空前繁荣的时期，这类影片也成为当时内地影院最重要的品种和票房保证。

【女主持】《少林寺》这部影片还表现出了当时无法想象的边缘效应。影片中的两首歌传唱到现在，演唱《牧羊曲》的东方歌舞团歌唱演员郑绪岚红遍大江南北，少林寺成为一个闻名世界的旅游胜地，周边的武术学校遍地开花。少林寺，作为一个文化产业的核心概念和品牌，直接得益于这部电影。

【男主持】1983年，内地引进了第一部香港电视连续剧《霍元甲》。这部由香港亚洲电视台的前身——香港丽的电视台出品的电视连续剧，在内地掀起了收视狂潮，还获得了1984年中国电视剧“金鹰奖”。人们看到的，更多的是它们在审美趣味和时尚元素方面的影响。

【女主持】从那时起的相当长一段时间，内地的电视荧屏，引进剧占据了大部分份额，《陈真》、《再向虎山行》、《射雕英雄传》、《流氓大亨》等，从港台剧到新加坡电视连续剧，再到国外引进剧，中国的电视人从中汲取着营养，不断成长。

【男主持】国家新闻出版广电总局国际合作司副司长曹寅，是这个时代的见证者和亲历者。

【采访录音】当初对港剧的引进开启了一扇内地广大受众对世界了解的窗口。港剧由于文化、语言、地缘方面跟内地比较相通，当初我们的引进就是从港剧开始引进的。香港当初70年代末80年代初，它的影视剧还是处在的一个鼎盛状态，号称东方的好莱坞，不管是电影生产还是电视剧生产，应该在东亚地区还是一个举足轻重的位置，不管是从艺术水准还是技术水准，各个方面对内地的电视剧的影响还是挺大的，完全是工业化的制作方式，专业化、产业化的生产方式，对后期的电视剧的生产水准生产水平还是有很大的影响。

【男主持】无论是文学、音乐、电影还是电视剧，早年的香港制造，处处可以见到内地元素，内地深厚的文化积淀为香港影视艺术家们提供了丰富的素材，香港早发先至的唱片工业、影视工业，也为内地文化产品的兴起，提供了启蒙。

中华文化，是我们共同的家。

【歌曲　徐小明《大号是中华》】

孩子，

这是你的家。

红砖碧瓦，

古朴益显出风貌，

大号是中华……

第二集　我是中国人

【歌曲　张明敏《我的中国心》】

河山只在我梦萦，
祖国已多年未亲近。
可是不管怎样也改变不了，
我的中国心。
洋装虽然穿在身，
我心依然是中国心。
我的祖先早已把我的一切，
烙上中国印。
就算身在他乡也改变不了，
我的中国心……

【女主持】在香港被割让长达几十年之后，从来没有一首歌像《我的中国心》一样，撩拨了香港人的思乡之情、游子情怀。

【男主持】1984年春节联欢晚会，香港歌手张明敏一曲唱罢，这首《我的中国心》，立刻捕获了香港民众和全中国人民的心，传唱四海。那种心弦被深深拨动的震撼，至今未绝。香港大地唱片公司总经理林宝莲：

【采访录音】因为我们从小在英国的殖民地长大，也受英国这些学校教育，就没有这种作为中国人有什么了不起，或者是觉得我们是中国人的这种概念，只是很模糊很淡薄的，但是当有这首歌的时候，醒一醒，我们是中国人！

【女主持】就在张明敏向世人亮明《我的中国心》之时，《中英联合声明》签署，漂泊在外的香港同胞和祖国的距离更近了，他们看到了天空上飘浮着故乡的云。

【歌曲　《故乡的云》】

天边飘过故乡的云，
它不停地向我召唤。
当身边的微风轻轻吹起，
有个声音在对我呼唤。
归来吧！
归来哟！
浪迹天涯的游子……

【男主持】这种浪迹天涯，对家乡的魂牵梦绕，在诗人闻一多诗中有强烈的表现，他曾唱着《七子之歌》，向祖国母亲哭诉他们被迫离开襁褓，受尽异族欺凌，渴望重回母亲怀抱的强烈情感。

【闻一多《七子之歌》】

三百年来梦寐不忘的生母啊！
请叫儿的乳名，
叫我一声“澳门”！
母亲！我要回来，母亲！

【女主持】一百年多来，中华儿女不能忘怀的历史何其繁多，那种刻骨铭心的滋味至今没有消退丝毫“我是中国人”的心绪。

【香港电影　《东邪西毒》片段】

你越想知道自己是不是忘记的时候，你反而记得更清楚。我曾经听人说过，当你不能够拥有，你唯一可以做的，就是令自己不要忘记。

【男主持】一百多年来，这种提示从来不曾消减过。晚清著名外交家、诗人黄遵宪在他的七言绝句《赠梁任父同年》中警醒世人，勿忘国耻，奋发图强：

寸寸河山寸寸金，
侉离分裂力谁任？
杜鹃再拜忧天泪，
精卫无穷填海心！

【女主持】在2003年香港回归祖国六周年之际，首访香港的温家宝总理，在其充满激情的演讲中，就引用这首黄遵宪的诗歌来表达祖国对港澳同胞们的期望。“精卫无穷填海心！”香港同胞对自己肩上的担当也同样感到深沉，他们通过话剧《我是香港人》表露出了这份情感。

【1985年香港话剧 《我是香港人》片段】

香港人应该对香港附上一份责任、一份归属感！

【男主持】这种归属感在香港歌手许冠杰的歌曲《同舟共济》里表现得更是明显。

【歌曲 《同舟共济》】

香港是我心，
一颗不变心，
香港不断地在为这颗心找一个归属。

【女主持】于是，从上世纪80年代开始，一股寻根的文化浪潮携南方之风席卷内地，而内地由此从蓝绿灰黑焕发出一片璀璨迷离、星光灿烂。港澳在星空中追寻，内地在摸索中自省，“我是中国人”成为了整个80年代内地和港澳挥之不去的思考与主题。

【歌曲　陈百强《南北一家亲》】

为着浪漫念法文，
为着食饭读日文，
为着红颜就去普通话研习社。
Bo Po Mo fo，
要发奋努力下，
只想跟她对话。
沟通沟通，
嘴巴里的隔膜除下……

【男主持】随着港澳前途问题的明确解决，港澳各界人士在与内地的联系和交往上表现出空前的热情。文化的交融从语言开始。1985年，香港更有了一份以在“香港各阶层人士中积极推广普通话”为己任的《普通话》杂志，普通话在香港的法律地位也有所提高，内地文化渐渐成为港澳的潮流。

【香港电影　《港男正传》片段】

左向港：就快到九七了。早点回国内了解国情，学好中文，将来有前途。

陈秀英：现在所有人都出国留学，我没听说有人回国内读书。

左向港：人人都吃黄油面包，你怎么不做西餐呢？

【女主持】这股浪潮使港澳的文化田野“遍地芳菲”。

【1988年香港话剧　《遍地芳菲》片段】

我就告诉你为什么我们要放洋留学，我们漂洋过海，甘受洋鬼子歧视，甘受有家不能归的痛苦，拾人牙慧，客死异乡，一切都在所不计，只要有一天，中国人了解救国爱国的真理，直到有一天，中国人可以做回中国人，一个真真正正有家有国的中国人。直到有一天，我们的子子孙孙也可以挺起胸膛，不再受人歧视，直到有一天，我们反问洋鬼子为何要崇拜中国人，你睁开狗眼看着，别再指天画地，我为四万万同胞和海外华侨说句心底话：天长地久有时尽，爱国之情无绝期！

【男主持】《遍地芳菲》是香港话剧团为了纪念辛亥革命而在1988年首演的经典剧目，其中林觉民的话，让包括香港作家小思在内的许多香港人，明确了自己的身份定位。香港中文大学东亚研究中心客座教授、香港文学研究中心顾问小思：

【采访录音】《遍地芳菲》让不同的观众寻找到适合自己的养分。二十多年前看首演，听了一两句对白就入了迷，想到自己的身份定位。每个时代都有像林觉民这样的'傻瓜'，他其实象征了具有牺牲精神的一群人。我不敢谈爱国二字，但作为一个土生土长的香港人，只想尽心尽力地做好自己的本分。做好了自己的本分，就是爱国。香港生我育我，我要为这里做一点事情，哪怕是微不足道的。我从文学艺术中体验到香港与内地切不断的血缘关系。

【男主持】港澳这片奇特的土地孕育了"又东又西"、独具风格的文化氛围，而自觉成为了港澳追逐骄傲的动力。

【朗诵】

我骄傲，我是中国人！
在无数白色的皮肤和黑色的皮肤之中，
我有着大地般黄色的皮肤，
我骄傲，我是中国人！
黄土高原是我挺起的胸脯，
黄河流水是我沸腾的血液，
长城是我扬起的手臂，
泰山是我站立的脚跟。
我是指南针、印刷术的后裔，
我是圆周率、地动仪的子孙。

【男主持】王怀让是一位史诗意识强烈的诗人，《我骄傲，我是中国人》是他最具代表性的一首诗作。他的诗因张扬浓烈的民族情感而受到广泛的欢迎，这种情感融化在中华民族的文化之中，呈现在港澳的作品之中。

【女主持】中华民族以最宽阔的胸怀融合了全国各地，包括世界上各种先进的文化，又把这种文化溶化、刻上自己的独特烙印代代传承。这是中华文化的魅力所在，也是中华文明从不断裂的重要原因。这种传承民族文化，吸收四海精粹的胸襟，是滋生爱的根源。

【歌曲　谭咏麟《爱的根源》】

漆黑的天际，
是我的根源、生存，
只因可为你生。
谁在路上，
如无意地想结识我。
在我身边，
倚靠在我身旁 。
谁在路上燃亮着我心火，
无限温暖，
在我的心窝结果……

【女主持】交融的文化点燃了我们的心火，同时，这种交融也促使了内地文化向着繁复演变，向着华丽发展。香港的流行音乐作为一种具有颠覆效果的符号，以润物细无声的方式，渗透到内地听众的心里，使内地文化有了巨大的变化。虽然语言不通，但依然成为了吹拂万物苏醒的号角，一个酝酿着变革的时代由此开始。广东音乐人陈小奇说：

【采访录音】整个中国80年代发生了相当大的变化，在整个意识形态方面比较宽松了，很多东西都被大家接受了，中国最缺少就是大众文化。在80年代香港的歌曲过来之后，引发了社会上的强烈的共鸣和需求，所以大家才接受了。港台歌手在制作方面都比较精良而且在演唱方面都比较重视人性化的表述，所以港台歌曲比内地歌曲更容易被普罗百姓所接受。

【女主持】在细腻委婉的港台流行音乐强势渗入内地的同时，更激发了内地原创音乐的创作激情。

【歌曲 《黄土高坡》】

我家住在黄土高坡，

大风从坡上刮过。

不管是西北风还是东南风，

都是我的歌我的歌……

【女主持】“西北风”以昂扬高亢的旋律、刚劲豪迈的演唱风格以及夹杂着西北的乡土气息，犹如一场春雨，浸润了思想干涸已久的内地听众。而所有的这一切，对于身处广州的李海鹰来说，感触尤为强烈。

【采访录音】80年代改革开放开始，样样都是新东西，比如说流行乐，比如说杂志，各种各样的电台的节目，感觉是处处春风，大家都是张开臂膀，去迎接未来的感觉。这是内地与港台音乐碰撞后产生的百花齐放的结果。

【男主持】在这样的背景下，李海鹰心目中这轮弯弯的月亮也似乎包含了太多复杂的情感。

【歌曲 刘欢《弯弯的月亮》】

遥远的夜空，

有一个弯弯的月亮。

弯弯的月亮下面，

是那弯弯的小桥。

小桥的旁边，

有一条弯弯的小船。

弯弯的小船悠悠，
是那童年的阿娇……
【歌曲　吕方《弯弯的月亮》粤语版】
遥遥怀里想，
如茫然飘飘往家乡。
绵绵如丝的记忆，
荡过匆匆岁月长。
沉沉如醉乡，
迷迷糊推开了心窗。
微微清风中，
是故乡那风光。
盼故乡依旧温暖，
并没有秋冬与夜凉。
我盼故乡依旧不变，
让梦里人回眸凝看。
噢，
梦中盼夜长。
盼故乡依旧可爱，
绝无愁容和惆怅。

【女主持】刘欢的演唱把歌曲江南水乡的韵味表达得淋漓尽致，1993年，祖籍江苏的香港歌手吕方翻唱了《弯弯的月亮》，吕方那浑厚低沉、极富声腔共鸣的粤语发音，为诠释歌曲古朴与幽雅迷蒙的悠远意境，平添了无限浓情、无边思忆。经过歌词改编的粤语版本更直白地表达了对家乡思念的情感。

【男主持】这也是港台歌手首次翻唱内地音乐人创作的歌曲，这轮故乡“弯弯的忧伤穿透了我的胸膛”，“我的心充满忧伤，不为那弯弯的月亮，是为那今天的村庄，还唱着过去的歌谣”。吕方说，

只要有华人的地方就有那《弯弯的月亮》。香港歌手吕方:

【采访录音】《弯弯的月亮》是我最喜欢的歌曲之一，每一次去华人的地方都要表演这首歌，因为他们觉得在外地生活都会思念自己的家乡，我的广东歌词里都有想家的感觉，所以他们都很喜欢这首歌，而唱了这么多次，我都还没有腻!

【白居易《望月有感》】

共看明月应垂泪，一夜乡心五处同。

【男主持】中华文化就像是海绵一样具有强大的吸附力与包容心，作为这块海绵的一部分，港澳地区也具有同样的能力与心态。

【女主持】香港文化的根扎在内地深厚的文化之中，但它在生长过程中又吸收了西方文化的养分。这种双重的培植、不同的灌溉必然使得花开别样、果实别致。“收番”就是香港文化中的既常用又独特的一个表述。

【《黄子华栋笃笑》片段】

“全港市民热烈庆祝回归”十个字，有八个字是在骗人。只剩了回归两个字是真的。但你不要小看回归这两个字啊，就单单凭借这两个字，我就知道，香港一定会好。因为大家记不记得，回归这两个字最初是不叫做回归的。最初回归两个字叫做什么?“收番”。最初是全港市民热烈庆祝收番。收番的意思呢，就是很被动的，强迫来的。那现在回归就不同了，回归就是很主动的。热切期望，全港市民热烈庆祝回归，大家想一下，我们可以把这么被动的现实转化为这么主动的欢乐，所以我说香港一定会好就是这么解释了。

【男主持】栋笃笑即英文的“stand-up comedy”，是以娱乐的方式反映社会时事利弊的表演形态。1990年，香港演员黄子华在内地相声艺术的基础上进行创作，并以粤语为基础语言引进华人社会，使香港拥有了自己的幽默形式，在粤港两地影响深远。

【女主持】在港澳处于西方文明统治百年之后，它们身上自然就会折射出与内地不同的光泽。回归之后，这种光泽又被内地文化所吸收，而其本身，也不可避免地为内地文明所浸润。

【男主持】作家韩少功说：文学有“根”，文学之“根”应深植于民族传说文化的土壤里，根不深，则叶难茂。对西洋文化的简单复制，只能带来文化的失血症，文化的融合才是发展的出路，港澳与内地的文化融和有了新的光亮。

【电影　《我的兄弟姐妹》片段】

GIGI：爸爸说我们原本是天上飘下来的雪花，落地之后，便结为一体，结成冰，化成水，永远也分不开了！

【男主持】相对内地与港澳双方而言，内地文化更像是直上直下的大树主干，港澳文化则如同逸出的斜枝，两者相互衬托，交相辉映。

【女主持】内地庞大的市场、深厚的文化，是香港文化生发独特花朵的土壤源泉。没有这块土地，港澳的文化之花难以盛开。香港著名导演吴思远说，CEPA签订的十年是香港和内地合拍电影的黄金十年，是香港和内地从影响到合作的重要阶段。

【采访录音】到了十年前CEPA出台后，我就希望CEPA能包含电影。因为那个时候香港电影已经不景气了，香港电影大幅度滑坡，我们很忧虑。没有内地市场，香港电影一定越来越滑坡。我当时就跟特区行政长官董建华提出要求，希望CEPA能够包含电影内容，但是他表示很困难。我一而再再而三希望他努力，结果他成功地为我们电影争取到CEPA合拍的条例，香港电影进口的条例，为香港电影打开了一扇大门。于是，这十年来，香港和内地的合作越来越多。

【1985年央视春晚　红线女演绎红派粤剧《花城之春》】

喜听万众同声齐歌南国名城好，
她时时在变，
天天变得更是幸福富足，

路阔楼高。

万户千家胜在前，

神舟春色她早占，

时代新风在珠江两岸吹遍。

喜处处，

兴革之花，

竞开放，

竞比美。

【男主持】1985年的春晚，著名粤剧艺术家红线女带来了这一曲委婉动听的粤剧《花城之春》，讴歌了盛世之下、变革之后的南国之都广州“时时在变，天天变得更幸福富足”的景象，南国红豆也因此唱遍大江南北。

【女主持】1991年粤港电台合办“省港澳业余粤曲大赛”，这届大赛使粤港两地认识到曲艺发展的差异，从而促进了两地的加强合作。如今经过粤港澳联合申遗，粤剧成功成为世界级非物质文化遗产。2012年，粤港澳签署了《粤剧保护传承意向书》，承诺进一步合理推动粤剧的保护、传承和发展。在这种文化的融合中，港澳更清楚了自己的身份，内地更明白了自己的路向。

【女主持】由此，港澳多了几分沉稳厚重，而内地变得更为开放多元。

【男主持】港澳与内地，天地与我共生，唱起春天的故事。

【女主持】在2009年12月18日澳门回归十周年庆典晚会上，一曲京剧《我是中国人》在祖国大地回响。

【京剧《我是中国人》】

我是中国人，梅花品德日月魂，千红万紫随风去，唯有玉壶照冰心。

我是中国人，浩然正气满乾坤，自信生来有傲骨，不在人前矮三分。

中国人，同是华夏好子孙。中国人，海角天涯一条根。

你和我，逢盛世，担大任，做一个坦坦荡荡，磊磊落落，堂堂正正的中国人。

【闻一多《一句话》】

别看五千年没有说破，
你猜得透火山的缄默？
说不定是突然着了魔，
突然青天里一个霹雳爆一声：
“咱们的中国！”

【女主持】悠悠百年，沧桑巨变。放眼神州，彻底摆脱百年屈辱的“中华七子”如同一串美丽的珠链环绕在祖国的东海岸。改革开放以来，这些昔日蒙尘的土地已经成为中国外向型经济的窗口、桥梁，而其真正的纽带是那厚实而不断的文化。它们维系着彼此，共同支撑着祖国的发展，也分享着祖国强大的自豪。

【男主持】我们都是中国人，我们的血脉中有共同的文化基因，我们演绎着相同的春天的故事！

第三集　春天的故事

【歌曲　《春天的故事》】

一九九二年又是一个春天，
有一位老人在中国的南海边写下诗篇。
天地间荡起滚滚春潮，
征途上扬起浩浩风帆。
春风啊吹绿了东方神州，
春雨啊滋润了华夏故园。
啊！中国，啊！中国，
你展开了一幅百年的新画卷，
你展开了一幅百年的新画卷，
捧出万紫千红的春天。

【男主持】假如不曾见过严冬的万物凋零，又怎会有看到春天蓓蕾绽放时的惊喜？著名词作家蒋开儒站在1992年深圳火车站，那一瞬间就有了一种“春天来了的感觉”。蒋开儒说：“1978年十一届三中全会，第一次有了春天来了的感觉。但那时还只是对春天的想象，是春天到来的脚步声。13年后我真的看到了春天！”

【陈锡添《东方风来满眼春》】东方风来满眼春。一月的鹏城，花木葱茏，春意荡漾。跨进新年，深圳正以勃勃英姿，在改革开放的道路上阔步前进。就在这个时候，我国改革开放的总设计师 、各族人民敬爱的邓小平同志到深圳来了!小平同志站在深圳河大桥桥头，深情地眺望对岸的香港。

【女持人】对岸的香港，方位更南，色彩更斑斓。五彩缤纷才是世界的本来。1992年的春天，南方一条《东方风来满眼春》的强大信息，像立春时分吹起的第一缕东风拂遍了祖国的大江南北，催发了万物的苏醒繁荣。

【歌曲　叶丽仪《春风吻上我的脸》】

春风它吻上了我的脸，
告诉我现在是春天。
虽然是春光无限好，
只怕那春光老去在眼前。
趁着这春色在人间，
起一个清早跟春相见。
让春风吹到我身边，
轻轻地吻上我的脸。

【男主持】春风一来，如大地初开，天地间开始悄然酝酿起春天的风采。1992年，中国内地进入改革开放的新时期。在这个历史背景下，中国内地和一衣带水的香港，无论在经贸还是在文化交流等方面都进入了新时期。“律回岁晚冰霜少，春到人间草木知”，人们在两地日渐密切的交往中，看见无限广阔的发展空间，也敏锐地感受到了内地与港澳春日萌动的勃勃生机。香港娱乐圈面对内地潜在的娱乐消费市场和民众的需求，也应时跟上了时代的脚步，推出的“四大天王”，如同春风，一路北上，继而开启了此后风靡中国全境的“四大天王”娱乐时代。

【歌曲 郭富城《你是我的一切之春眠篇》】

春眠不觉晓，
处处闻啼鸟，
夜来风雨声，
花落知多少。
古诗表不尽，
心内的狂潮，
夜阑人静处，
孤独可明了。
想你从不变，
春梦的微笑，
生来的爱慕，
怎也忘不了。

【女主持】“四大天王”让无数热情的歌迷心生爱慕，这个概念的演绎成功，使得各自为战的香港娱乐势力在大方向下团结成为一体，极大增强了香港娱乐产业的竞争力和影响力，以不可想象的速度占领市场。

【男主持】这股音乐热浪如同一簇簇崭新的枝芽，仿佛一瞬间充盈了枝头，敲响春季最初的萌动。谁也不曾料想这最初的萌动日后会酝酿成一股风暴，掀起一场文化融合的春潮……有时候人们不需要过问季节的方向，只要跟着春风的脚步，就会离春天越来越近，离美丽与希望也越来越近。著名媒体人江小鱼：

【采访录音】1992年的时候，香港的一个著名的作词人，叫黄卓辉，在北京创办了大帝唱片公司，签了一个内地歌手叫艾敬。

【歌曲 艾敬《我的1997》】

香港，香港，那个香港，
小时候说应该出去闯一闯。

香港，香港，怎样那么香。

1997快些到吧，

让我站在红勘体育馆。

1997快些到吧，

和他去看午夜场。

【女主持】艾敬的第一首歌就跟香港有关，叫《我的1997》。《我的1997》也成为内地1992年最有价值的一首流行歌曲。这一年，艾敬的《我的1997》及其开创的城市民谣的新音乐风格成功征服歌迷的心，“我的1997”也成为当年的一个流行话题，成为众盼香港回归的一种心理寄托。

【男主持】春天最牵动人心的声音便是春雨的声音。它冲刷尽了严冬里沉闷、凋敝的气息，唤醒着蛰伏的万千生灵。如果，春雨润泽着天地万物，带来人间的盎然春意。那么，休戚与共的手足情深与血脉相连的家国情怀便是内地人与港澳同胞心田的轻柔甘霖，悄悄浸润着历史的天空下略显干涸的心灵。

【女主持】在众多的公开场合和文艺作品中“中国人”、“大中华”这样的字句，不但是铿锵有力的个人独白，更是宝贵丰厚的精神源泉。它在不同的时代表现为不同话语的形式，发挥了难以估量的积极作用。春雨，总是润物细无声，却又无声胜有声的。

【男主持】1993年4月18日，香港演艺界在北京人民大会堂举行“减灾扶贫创明天”大型义演。香港地区调动了在当时几乎全部一线明星参与到义演当中。

【女主持】著名香港艺人郭富城：

我觉得这个活动最大的意义，就是中国人自己帮助中国人。我觉得这非常非常有意义。

【歌曲　张明敏《我的中国心》】

河山只在我梦萦，

祖国已多年未亲近，

可是不管怎样也改变不了，

我的中国心……

【男主持】张明敏的这首《我的中国心》，唱出了香港同胞的共同心声，那就是“身为中国人，胸怀中国心”。武侠小说一代宗师梁羽生1984年到北京参加全国作协代表大会，激动地写下“浪荡江湖三十载，归来游子认门庭”的诗句。

梁羽生自己说：“由我开创的所谓新派武侠小说，虽然诞生于海外，但其母体则是中华大地。”

【女朗诵 《九张机》选段】

一张机，采桑陌上试春衣。

风晴日暖慵无力。

桃花枝上，

啼莺言语不肯放人归。

【男主持】有华人的地方，就有金庸小说。许多人读古诗，是从金庸小说开始的。对于中国文学的研究者来说，金庸已经是通俗文学领域的一座玲珑宝塔，是一个无法拒绝的文学存在。金庸的小说风靡了内地，不知使得多少人废寝忘食，这种情形，一直到如今不变。

【女主持】“小桃无主自开花，烟草茫茫带晓鸦。几处败垣围故井，向来一一是人家。”

这首诗是《射雕英雄传》的开篇第一回中出现的。《射雕英雄传》是金庸武侠小说创作的代表作品，这部小说的发表确立了金庸“武林至尊”的地位。《射雕英雄传》也是在内地影响力最大的金庸作品，被多次改变成影视剧，尤其是83版的电视连续剧更是让上世纪六七十年代的人毕生难忘。

【男主持】新武侠小说“大宗师”金庸，他把自己的小说编成了两句诗：“飞雪连天射白鹿，笑书神侠倚碧鸳。”这些小说，以迷人的文化气息，丰厚的历史知识和深刻的民族精神，将武侠小说提升到一个相当高的层次，深深影响了中国人，影响远及所有华人。著名媒体人江小鱼：

金庸以写“义”为核心，借武侠写出中华文化的内在精神，又借传统文化来阐释武功修养乃至人生哲理．在金庸以前，人们很少看到通俗文学像他的小说那样有如此丰富的传统文化内容，有如此高超的文化学术品位。这一成就，就当归功于民族文化的哺育和作者的艺术追求。1994年，金庸在北京大学说出了一番肺腑之言：“我们的小说可以西化，但不可以全部欧化。武侠有没有是无所谓的，但是中国传统文化要保留发展。”

【女主持】金庸在受命担任香港“筹委会”的成员时动情地说：“香港是我家，中华是我国，我没有道理不为家为国做工作的。”

【男主持】拳拳中国心，殷殷家国情，这是香港文学的民族魂魄。改革开放之初，香港文化向内地的输入“搅动一池春水”，为内地文化走向开放发挥了影响，而随着内地文化的不断发展，又逐渐为香港文化带来借鉴。香港和内地的文化从单向传播趋向相互交流，继而合力影响世界。中国的文化，正是吸纳了所有的优良基因，彼此间相互融合，才创造出绵长不息的生命力。

【歌曲　《滚滚长江东逝水》】

滚滚长江东逝水，
浪花淘尽英雄。
是非成败转头空，
青山依旧在，
几度夕阳红。

【男主持】“桃李春风一杯酒，江湖夜雨十年灯”，历史洪流中的英雄好汉、帝王将相消逝后，只有文化流传下来。文化影响着每一代人，它像是一条纽带，把人的心连在一起……香港与内地正是透过这条纽带传递着血浓于水的民族感情，并在文化的天地中共同创造着潋滟的春光。

【散文 《春天》】

春光是最好的整容师，田野上，小径边，顿时透出了一丝丝绿色，世界仿佛就是被这些小草染绿了。春天就有这种神奇的力量，让沉默的种子说出自己的语言。

【男主持】1994年12月17日晚上8点，在香港红磡体育馆上演的“摇滚中国乐势力演唱会”，如同惊蛰天中国内地音乐在香港上空鸣响的春雷，惊醒了香港观众对内地音乐人的了解和认识，给全香港带来了惊喜和震撼。

【女主持】近万名香港观众亲眼目睹了来自北京的新音乐风采。这一夜，窦唯、张楚、何勇加上唐朝乐队一起在香港红磡体育馆登台演出。在没有人能预料到的状况下，这场长达三个半小时的演唱会，几乎全程陷入了不可思议的状态。演出结束后，很多观众长跪不起。这是文化融血之后产生的爆发力。

演出结束几天里，香港几乎所有报纸的连续3天均以头版报道此次演出的盛况，这也是史无前例的。它首次证明，来自丰厚大地母亲的文化养分能够让人产生新的视野和想象。

【歌曲 俞静《香港，别来无恙》】

远离你的时候思念长长，

走进你的时刻热泪汪汪，

一百年的风雨，一百年的成长，

香港啊！别来无恙！

【男主持】1997年7月1日，所有中华儿女都记得这一刻，1997年的香港回归也为香港音乐的发展带来了一些变化，随着香港和内地合作的日益增多，二者在音乐方面的融合也开始进一步发展。

【女主持】张学友在华语歌坛被称作“歌神”。90年代，他在香港、广州、上海、北京等城市举办了首次巡回演唱会，所到之处是座无虚席，在内地掀起了一轮高潮，时至今日，张学友已经把内地演艺市场作为自己演出中最重要的一个部分了。张学友：

其实现在我们做一个世界巡回演唱会，可能已经从五分之一在内地，到现在其实超过一半在内地，那所以对表演行业来讲正面地提供表演的机会是多了很多。

【女主持】机会，让香港文化界人士和内地的文艺工作者在这个春天里有了更为热烈而深长的呼应。此时，早期香港文化一枝独秀的局面已经消失，香港与内地的文化事业逐渐开始平分秋色，而彼此之间的文化的交融也进行在无形之中。

【男主持】香港演艺人协会会长曾志伟曾说：“在将来，香港电影与内地电影将融合为一，只有‘中国电影’这一说法。这是一个必然的趋势。以后的电影，除了国语、粤语不同以外，将没有香港、内地的区别，导演只挑适合剧本的演员。香港电影、内地电影的界限会越来越模糊，直到完全融合。”

【电影　《霸王别姬》片段】

方才检察官声言，程之所唱为淫词艳曲，实为大谬！程当晚所唱是昆曲《牡丹亭》“游园”一折，略有国学常识者都明白，此折乃国剧中之最精粹，何以在检察官先生的口中竟成了淫词艳曲了呢？如此糟践戏剧国粹，到底是谁专门辱我民族精神，灭我国度尊严？！

【女主持】影片《霸王别姬》改编自香港作家李碧华的同名小说，由内地著名导演陈凯歌执导，齐集港台内陆明星拍摄而成。这部1993年出品的电影获得了广泛的好评，同时赢得了包括戛纳电影节金棕榈奖在内的多项大奖，被誉为“通俗中见斑斓，曲高而和者众”。这部电影的主角张国荣生前在接受境外媒体采访时，在谈到关于香港、北京、台湾三个地方的合作时说：

内地的陈凯歌导演成为了这部片子的关键人物，内地、台湾以及香港人都集中在一起，组合成的这样的一个小组是非常强的，这个小组得到了世界上人们的认可，在坎城也得到了金棕榈奖，这是一件非常棒的事，以后为了制作出更好的电影，我觉得必须结合三个地方的力量，我想跟他们共同制拍出更好的片子。

【男主持】合作的趋势不可阻挡，这种结合三地资源、资金和人才拍摄的“大中华电影”已逐渐成形。90年代之前，内地与港台年合拍片均不足10部，至1991年，这一数量增为16部，1992年飞升到42部，到1997年之前，每年的合拍数量都在15部以上，表明两地电影产业互动已跃过低级阶段，进入了高层次的合作，两地的合作也由从一隅独响变成和鸣之音，而这样的合作对两地文化的融合起到了举足轻重的作用。香港电影资料馆馆长林觉声：

在过去的发展，香港跟内地的一些电影他们慢慢真的会融合，无论是在题材上，制作的人呐，演员，导演都可以，我觉得是相互的一些影响，我想，不但是香港影响内地电影的文化、电影的市场，就是内地观众他们的一些要求、想法也是慢慢影响了香港电影人的制作。

【女主持】无论是香港还是澳门，在对国家和民族的认同方面，文化承担着重要的使命，而电影，则能以一种喜闻乐见的方式，承载了这一重任，促进港澳民众对国家的认同，也促进他们与内地的相互了解和融合。不管是当年《甜蜜蜜》中内地赴港工作的青年人，还是今天《志明与春娇》中港人北上生活的故事，都在告诉大家，这样的融合，是必然的趋势。

【电影 《甜蜜蜜》片段】

再过几年，我们存多一点钱，就可以分期付款买自己的房子，慢慢来吧，我记得，我刚刚来香港的时候，穿一件蓝色的旧棉袄。每顿饭，吃三大碗，躺在床上就睡，睡醒就干活，每天都过得很新奇。

【女主持】1996年的电影《甜蜜蜜》中的男女主角黎小军和李翘分别来自天津和广州，他们是众多满怀梦想来到香港打拼天下的内地人的代表。十年过去了，他们成长、成熟了。

【男主持】一同成熟的还有香港的文学，都说文学是时代的晴雨表，是社会的测温计，“九七”回归的春潮极大鼓舞着有良知的香港作家，并促使其文学作品的思想容量和艺术空间得以拓展，作家的艺术创作观念也相应发生着巨大的变化。“九七”题材的作品大量涌现，香港文学迎来了一个难得的发展机遇。

【女主持】梁凤仪在谈到小说《归航——深情似往时》的创作时说：“正是因为祖国强大，香港回归，文化事业繁荣，才使我有这样的机缘，成长起来。我感到很幸福，我感恩社会，感恩国家，所以我也会尽我所能为香港，为祖国，为和谐社会的构建多做一点事情。”

【男主持】1992年，当邓小平站在两端分别飘扬着五星红旗和米字旗的深圳河大桥中方的边境上深情地遥望着香港，他用眼神向香港发出了归航的召唤，这召唤也唤醒了香港人“中国情结”的文化心态。1995年6月，香港政府艺术发展局正式成立。这是一个根据香港法例472章为推动香港的文化艺术发展而成立的独立的法定机构。它的口号是当香港的米字旗落下五星红旗升起的时候，要把香港变成文化的土地。

【歌曲　那英《春暖花开》】

如果你渴求一滴水，
我愿意倾其一片海。
如果你要摘一片红叶，
我给你整个枫林和云彩。

如果你要一个微笑，
我敞开火热的胸怀。
如果你需要有人同行，
我陪你走到未来，春暖花开。
这是我的世界，生命如水。

【女主持】春天是萧瑟寒冬温暖的终结，是火热炎夏轻柔的开端，是丰硕秋日美丽的伏笔，她饱含着巨大的希望和激情，春天，是季节，也是心境，是恢弘的想象，是深沉的意志，是炽热的情感，是坚定的信念，是气贯长虹的锐意，是劈山开路的斗志，是蓬勃涌动的生机。1997，已经来临，内地与香港在历史的舞台上正合力律动，唱响着春暖花开，天地大美的春天的故事。

第四集　相思风雨中

【孟郊《游子吟》】

慈母手中线，游子身上衣。临行密密缝，意恐迟迟归。谁言寸草心，报得三春晖？

【男主持】这是唐朝著名诗人孟郊的《游子吟》。这首诗虽然极为著名，但在传世名作林立的唐朝，无论如何难以排在第一位。偏偏，香港同胞在投票中，让它高居首位。也许，这首唐诗中所表露出来的那种母亲对即将远游的孩子的不舍和惦记孩子不知道何时归来的挂念，那种慨叹世界上有太多的孩子不明白母亲的苦心，令母亲的爱得不到回报的忧思，深沉打动了香港同胞的心。

【歌曲　《七子之歌》】

你可知“MACAU”不是我真姓？
我离开你太久了，母亲！
但是他们掳去的是我的肉体，
你依然保管我内心的灵魂。
你可知“MACAU”不是我真姓？
我离开你太久了，母亲！
但是他们掳去的是我的肉体，

你依然保管我内心的灵魂。

那三百年来梦寐不忘的生母啊!

请叫儿的乳名,叫我一声“澳门”!

母亲啊母亲!我要回来,母亲!母亲!

【女主持】1925年3月,著名诗人闻一多在美国留学期间创作了组诗《七子之歌》,一共七首,分别是澳门、香港、台湾、威海卫、广州湾、九龙、旅顺和大连。而我们听到的正是《七子之歌·澳门》。字字泣血,句句深情,每每响起,让人动容。港澳在经历了多年的外族殖民统治后,终于找回了自己的母亲。这一刻的重逢,蕴含了太多的欲语还休,当不知从何说起时,便把所有的感情都融化在了行动当中。澳门美术协会会长黎鹰回忆起了澳门回归前的一个星期,他们不眠不休,为的是什么呢?

在回归之前,我要为很多社团搞一些回归活动的美术工作。差不多为回归之前所做的工作做了两个月。到最后一个礼拜,每一个晚上都是通宵工作,希望能把这个工作做好。

【诸雄潮《乡愁是一条河》】

乡愁是一条河,这条河总是充盈着,总不干涸,且随岁月增长而丰沛,而湍激。人不管到哪里,他总是带着祖先的血液。就像每一片叶子,总是显现着先辈的遗传。因有思乡的情绪,所以乡愁这条河不会成为无源之河。

【女主持】历史睡了,时间醒着;世界睡了,思念醒着。母亲在故乡,故乡起乡愁。无论游子身处何方,哪怕是在风雨中,相思总不断。

【女主持】1997年7月1日凌晨,中华人民共和国恢复对香港行使主权。在香港会展中心,从英国国旗降下到中华人民共和国国旗升起,只用了1分45秒,但为了这一刻的到来,我们已经等待了156年。

【男主持】重逢的那一刻固然刻骨铭心,重逢前的所有彷徨却依然在面对未知。漂泊之旅，如同水中的一株草，忽西忽东，又忽东忽西。

【歌曲　罗大佑《皇后大道东》】

皇后大道西又皇后大道东，

皇后大道东转皇后大道中。

皇后大道东上为何无皇宫，

皇后大道中人民如潮涌。

【男主持】皇后大道是香港开埠之后第一条建筑的沿海市中心主要道路，位于香港岛北岸。连同皇后大道西及皇后大道东，由中西区的石塘咀，一直延伸至湾仔区的跑马地。这里是香港市区的中心，也是香港的缩影。

【女主持】罗大佑的这首以皇后大道为名的歌曲，牢牢抓住了港人对九七香港回归既担忧又想展望的心态，引发了港人讨论香港前途的热潮。

【歌曲　罗大佑《皇后大道东》】

冷暖气候同样影响这都市，

但是换季可能靠特异人士。

照买照卖楼花处处有单位，

但是旺角可能要换换名字……

【男主持】1997年7月1日香港回归，对于香港人来说，是一个特别的日子。“一国两制”是一个创举，在此之前从未有人尝试过。到底“一国两制”会带来什么？以后的香港又会变成什么样子呢？九七年前后，香港的电影人开始思考。在电影《玻璃之城》里，我们看到的是香港出生，曾经留学英美的导演张婉婷对英统香港的怀念，那里有她年轻时的回忆。

【电影　《玻璃之城》片段】

我一直想在香港建一座桥。每个大城市都有一座美丽的桥。好像美国有金门桥，意大利有叹息桥，英国有康桥。

康桥，这名字真好听，我喜欢呀！

【女主持】而在电影《甜蜜蜜》里，我们看到的是泰国出生的导演陈可辛停止漂泊，安定回归的渴望。

【电影 《甜蜜蜜》片段】

以前的人都往外走，现在好多人都回去了，香港好多人都到我们那里（内地）去打工了。

【歌曲 《甜蜜蜜》】

甜蜜蜜，你笑得甜蜜蜜，
好像花儿开在春风里，
开在春风里。
在哪里，在哪里见过你？
你的笑容这样熟悉，
我一时想不起，
啊，在梦里。

【男主持】梦一样的香港，她穿越了多少蒙尘染垢的春夏秋冬，随着1997年7月1日的临近，那些曾经的苦难、曾经的光荣都格外清晰地来到我们的眼前。

【女主持】我们常常可以看到香港电影人对祖国内地的想象。《单身男女》里男女主角隔着马路在两栋写字楼上的求爱，《八两金》里导演对广东故乡的场景布局，《玻璃之城》里导演用的玻璃幕墙上的虚幻的影像等，都反映了香港电影人对祖国内地的一种想象，但相隔日久，向往中慢慢多了一丝担心。这种相思演化成风雨中的相思。

【歌曲 《相思风雨中》】

男：难解百般愁，相知爱意浓。

女：情海变苍茫，痴心遇冷风。

男：分飞各天涯，他朝可会相逢。

女：萧萧风声凄泣暴雨中。

男：人海里飘浮辗转却是梦。

女：情深永相传飘于万世空。

男：当霜雪飘时，

合：但愿花亦艳红，未惧路上烟雨蒙。

男：啊！寄相思风雨中。

女：啊！寄痴心风雨中。

【男主持】到了1997年，这种风雨中的相思日渐浓郁。这是荣归时的踌躇，这是行进中的犹豫。毕竟，太长时间的分离，使同根同文的最亲的亲人，也产生了陌生的感觉。

【电视剧　《荣归》片段】

离回归还有七天啊，香港这边好像很平静。

“一国两制”嘛，港人治港，高度自治，马照跑，舞照跳，应该不会有什么改变的。

百全啊，这香港回归，大陆（内地）方面有什么活动吗？

这大陆（内地）方面啊，活动特别多。我跟你们说，你们知道有多少人排着大队想申请来香港看看维多利亚港吗？中央特别珍惜香港这片土地，就是想让香港人知道，将来比过去什么时候都安全。

可是我们要怎么理解安全这两个字呢？

【女主持】这种欲迎还拒、爱你在心口难开的心情，正是香港人此时此刻的心情的流露。

【歌曲　《爱你在心口难开》】

噢……吔……爱你在心口难开。

噢……吔……爱你在心口难开。

我不知道应该说些什么，

噢……爱你在心口难开。

【男主持】1997年7月1日，香港回归祖国。这是中国百年的大事，是相思终结，喜极而泣的相逢时刻。然而，这中国人一雪百年耻辱的时刻，却被些香港人称之为“大限”。大限是什么？是一种社会替代的无力和绝望以及对自己命运的难以把握。在香港回归当天，为了表达对自由的坚持，金庸先生专门为《明报》撰写社评《香港无宝，自由即宝》。后来金庸先生说：“香港回归中国，我很高兴，但是也怕呀。怕财产被没收，怕失去自由，也怕没有新闻自由，当初写那篇英文文章就是这样的心态。”

【歌曲 《公元1997》】

男：一百年前我眼睁睁地看你离去，
　　一百年后我期待着你回到我这里。
女：沧海变桑田抹不去我对你的思念，
　　一次次呼唤你，我的一九九七年，
　　一百年后我期待着你回到我这里。

【女主持】回归，不止有庆幸，也有焦虑，从百余年殖民历史中转身，香港和香港人都需要重新调校自己的坐标。金庸先生的忧虑，大抵也就是当时的社会情绪。

【男主持】1997年7月1日，香港当天出版的各大报纸都用套红的版面透露着喜气，但同时，一些报纸字里行间也显露出微妙复杂的情绪——对即将要到来的新纪元、新生活怀着期待，同时也有不少忐忑，甚至惶恐。

香港人对九七心态问题，香港青年联合会主席龙子明有自己的看法：

如果一个孩子从小到大跟他的爸爸妈妈没有相处，没有接触，有些甚至根本没见过面，这个孩子他怎么去爱呢？我们香港人的悲哀有一定程度就是这样。

【女主持】母与子，本是血浓于水，却因为长时间的别离而有了生疏，但是血缘的力量又让彼此之间的吸引力是那么强。但是，香港人又为什么会有这柔肠百转呢？当我们从香港人的文化身份上去挖掘，或许能窥到一些端倪。

【男主持】很多时候，了解一段历史远比评判更重要。

【女主持】1984年，在香港新机场的奠基地出土了6000多年前的文物，灯红酒绿的城市再次在这样的文物当中找到了自己的根。与母体割裂开许久许久的香港，意外地又看到了自己的童年。宋砖汉瓦，青铜时代，陶皿岁月，这些来自香港土地下的故事几乎与中国古文明进程的序列一脉相承。香港博物馆前总馆长丁新豹：

我们都是中国人，我们都有相同的文化背景。所以我们应该从中国古代的，比方说我们先了解中国的历史文化，这是一个非常好的起点。

【男主持】这是香港故事的起点，一切都离得很近，它告诉喧嚣都市中的人们香港曾有过怎样的过去。那是从不断裂的中华文明的一部分，是黄皮肤、黑眼睛的中国人的骄傲。每一滴海水都可以书写一页历史。

【歌曲　《东方之珠》】

让海风吹拂了五千年，
每一滴泪珠仿佛都说出你的尊严。
让海潮伴我来保佑你，
请别忘记我永远不变黄色的脸。

【男主持】在中华民族的抗争和奋斗史中，香港始终没有缺席。但是，西方殖民者的压迫也让她有时候会迷失自己。著名影星成龙：

我是在香港长大，见到外国人就很怕，你说我们是中国人，不是！是英国人，我到英国要拿签证，进不去。那我到底是个什么人？

我们香港人很可怜。我爸爸是澳洲籍，我是不中不英的香港籍，儿子是美国籍。在香港85%的人都是这样。你看美国人，一家都是美国籍。为什么我们有这么多籍。我走的地方多，看的电影多，好不容易回归了，我是一个中国人，我早就身份认同了！

【男主持】香港是中国的一部分，香港的命运本应同中国命运息息相关，但以前由于香港处在英国殖民统治的特殊文化语境中，很多港人对祖国意识很迷茫，被英国的殖民文化所影响，混乱的语境产生了文化身份的迷失，这也导致了香港人对于回归的担忧，因为找不到自己的根基所以不敢贸然地接受一份情感，尽管这份情感来自于母亲，但是也已经相隔了百年。中国人的基因和文化血脉的一致让香港人对于回归的认同只是一个时间的过程。白居易曾经写过一首很有哲学理趣的诗，里面有两句是这样的："试玉要烧三日满，辨材需待七年期。"说的是对人和物的检验一定要请时间这个最为严苛的法官。

那结果是什么呢？两年后澳门回归的顺利已经无声却有力地进行了验证。在《澳门日报》副总编辑、知名女作家廖子馨的记忆当中，回归前后，澳门作家在报纸上的各种随笔都只有一种情绪表达，那就是——期盼回归！

澳门的作家那时候都是期盼回归，因为澳葡政府当时对澳门经济的管制比较失败，大家都很期待，希望政权回归之后能有变化。当时就是一个声音——期待回归，极少会有担忧啊，它不像香港，香港那个时候有移民潮，去美国、加拿大什么的，澳门那个时候很少（有人移民），就是澳门的土生葡人也不考虑离开，也愿意留在澳门。

【歌曲　王菲《蝴蝶》】

【女主持】从香港被英国殖民者掠夺而走，到1997回归祖国的怀抱，有一百年的时间；从澳门被葡萄牙殖民者占据，到1999年荣归故里，有四百年的岁月。在历史的长河里，这也许只是一瞬，但是对于母亲和孩子，这样的离别足以造成陌生和隔膜。即便是曾经熟识的两个人，多年不见之后，很多话如鲠在喉，却也不知从何说起。但是，文化的同根同源是促使回归的重要推动力，也是让回归顺利完成的主要力量之一。香港和澳门人，从内心里，毕竟还是中国人，这个标签不仅表现在黑头发黄皮肤，也深藏于他们对于中华文化的认同和尊崇。

【歌曲　《蝴蝶》】

给我一双手，对你倚赖。
给我一双眼，看你离开。
就像蝴蝶飞不过沧海，
没有谁忍心责怪。
给我一刹那，对你宠爱。
给我一辈子，送你离开。
等不到天亮，美梦就醒来。
我们都自由自在……

【男主持】这就是林夕为王菲写的歌《蝴蝶》，优美的意境，押韵的唱词，翩若蝴蝶，意态摇曳。林夕是香港作词人，但是他又在受着内地的文化熏陶，结合自己生活的这个国际都市的现代生活，他在华语乐坛独树一帜，在他填的词里，我们不难看出中华文化对他的影响：

初中的时候我已经很喜欢中国文学，中国的一切的文化，乐器方面我喜欢二胡，我会念唱二胡的很多名曲，比方说《江河水》。我在中三的时候已经根据一些宋词的词谱的平仄来改写一些词。

【女主持】在歌声里，在画笔下，中华文化的根脉始终未断，不过也需要当代艺术家的努力推动。著名画家孙蒋涛就说起了通过中国书画对澳门的影响：

澳门有四百多年受到葡萄牙的统治，发展文化主要是以西方文化为主，它不排斥中国文化，但是它不发扬。所以说，澳门的西画，比方说油画啊，水彩啊，油画进入中国是通过澳门进入的，包括水彩进入中国也是通过澳门进入的。国画相对来说比较弱一些，回归日我们就办了一个中国书法和中国画展，主要是以这个为切入点。文化的传承要有一个有序的方式。

【女主持】“一双眼”看你离开，那是香港、澳门和祖国分别时的痛彻心扉，“一双手”给你依赖，那是香港、澳门与祖国生死相依的真实写照。罗曼·罗兰曾经说过：“艺术的历史最大的功用是使它接近一个时代的灵魂，从而使它能触及情感的源泉。”中华文化当中对民族统一的渴望总是在深切影响着中国人的思维，即便是被迫远离，却永远不会忘记。

【张诗剑《阿香，你这娇灵的女孩》】

阿香，你这娇灵的女孩！
打从我认识你的名字起，
我就听母亲说：
女娲是你的亲娘，
你不是后母的怀胎；
并非生母舍弃你，
而是被横刀夺了爱！
偏心的天父宠后娘，
于是，你母亲
只好倚着南天门发呆——
日日夜夜，
看时光荏苒，
北斗转移，
风雨徘徊……

【女主持】这是香港诗人张诗剑的作品，写于我国政府郑重宣布收回香港主权，中英两国经历长期谈判签署《中英联合声明》之后。即便是心里有着隐隐的担忧，但是回家的心情却来得更为迫切。就像《胭脂扣》里，尽管不知道未来会是什么样子，但是他们的内心里依然有着模糊的希望，所以主人公袁永定也会喃喃地说：“到了97就会好了。”

【男主持】这真的是一种预言，香港回归之前，末任港英政府在香港攫取了自己最大的利益之后离开，留给这里的会是很大的经济困难。而此时，香港自身也陷入了发展变缓的困境。

【电视剧　《荣归》片段】

终于来了！

这股票要是再跌下去，我这一辈子的钱可全都……

国际炒家这次是双管齐下了，他们不只是抛售港元，打击港元汇率，而且还在期货市场上不断地估期指，他们想趁着股市大乱的情况下在期货市场上大赚一笔。

不能让这帮国家炒家在市场上吸香港人的血。

……

【女主持】在电视剧《荣归》第18集里，香港回归之后紧接着1998年的金融风暴在席卷了东南亚之后就来到了香港，各方努力，港府救市，香港的经济没有崩溃，也没有成为国际炒家召之即来的钱口袋。这里面有香港人的努力，就像香港作家巴桐在小说《雾》里写到的邝宏达说的话：“香港现在已经交到香港人的手中，今后是好是坏，就要靠我们自己了。作为港人的一员，总不能撂担子，袖手旁观吧。”而经历此番事件之后，香港人和全世界都看到了，国家是香港安然度过金融危机的最大后盾。香港艺人陈小春：

内地的经济发展那么好，对香港的帮助很大。我原来出去都说我是香港人，现在我出去我说我是中国人。

【歌曲 《真心英雄》】

把握生命里的每一分钟，
全力以赴我们心中的梦。
不经历风雨，
怎么见彩虹。
没有人能随随便便成功。
把握生命里每一次感动，
和心爱的朋友热情相拥。
让真心的话，
和开心的泪，
在你我的心里流动。

【男主持】没有经历风雨，怎么会见彩虹？危难时刻的不离不弃，才会让香港人明白，母亲从来都是在孩子的背后，用温柔的目光和有力的手掌在帮助自己前行。这就是母亲，这就是祖国啊！

【歌曲 《相约九八》】

来吧来吧相约九八，
来吧来吧相约九八。
相约在银色的月光下，
相约在温暖的情意中。
来吧来吧相约九八，
来吧来吧相约一九九八，
相约在甜美的春风里，
相约那永远的青春年华。
心相约，心相约，
相约一年又一年，
无论咫尺天涯。

【男主持】相约九八，走过九九，澳门大学新闻与传播学院教授陈怀林说，从九七到九九，时间很短，但是取得的效果却让人刮目相看。至此，所有人都看到了“一国两制”的真实，也让几个世纪的耻辱在这一刻画上了句点。一切都向好的方向在发展。澳门基金会主席吴志良：

我和其他文化人都一样，对澳门有很深的家国情怀，澳门是我们中国人的地方，我们的文化能够留存下来，并且得到很好的发展这是我们感到骄傲的，被外国管理的地方可以很顽强地生存下来就感觉很骄傲，另外一方面也开始感觉到澳门作为一个多元文化共存并进的地方能够发展到今天也很高兴，当然当时不仅是华人，其实很多的土生（葡人）对澳葡政府管理方面很多缺失大家也有很多看法，所以当时很多文学的作品一方面就是说对管理者的一种失望，并且想尽办法献计献策，希望这个管理可以有点起色，使得整个回归的过程比较顺利，但另一方面也是说多少有点失望的心情盼着早日回归，希望回归以后能够一洗往日的颓废，可以使得澳门振兴起来。

【女主持】在香港诗人张诗剑的诗作《阿香，你这娇灵的女孩》中，香港是一个让人亲近的女孩子，这对于拥有同样经历的澳门来说，也是如此，在经历了痛苦磨难之后：

【男朗诵】

如今，
你是个成熟的女孩，
丰艳娇美，
灵巧精乖，
将告别过去，
一笑泯恩仇，
着眼将来；
纤巧的手已伸过罗湖桥，

感谢慈母的关怀；
兄弟姐妹争着来看你，
你又尝到天伦爱。
你不再幼稚，
不再轻佻，
将成为巾帼英才！
看你姗姗的步伐，
见你高兴而忧郁的神彩，
一天天向母亲靠近，
怎不令人怜爱？
你这女娲之女儿，
终成命运之主宰！

第五集　我爱你中华

【女主持】2000年1月1日，著名文化学者余秋雨随香港凤凰卫视“千禧之旅”越野车队跋涉四万公里之后，从尼泊尔驶到中国的边城樟木。当天，他写下这段文字：

突然，如奇迹一般，峡谷上面出现了一座横跨的大桥，桥很长，两边的桥头都有建筑。似有预感，立即停车，引颈看去，对面桥头有一个白石筑成的大门，上面分明用巨大的宋金体字，镌刻着一个国家的名字。

我站住了，我的同伴全都站住了，谁也没有出声。只听峡谷下的水声响如雷鸣。

我在心底喊了一声：祖国，今天我终于及时赶到！

【歌曲　叶佩英《我爱你，中国》】

我爱你，中国。

我爱你，中国。

我爱你碧波滚滚的南海，

我爱你白雪飘飘的北国……

【男主持】祖国是什么？她是江海，是我们的生命之源。

【歌曲　汪峰《我爱你，中国》】

可你却总在我心中，

就像无与伦比的太阳。

我爱你中国，心爱的母亲。

我为你流泪，也为你自豪……

【女主持】祖国是什么？她是日月，温暖了我们的心。

【男主持】可是，对于离散百年的游子，祖国是什么？香港电影《老港正传》的主人公——电影放映员老港，一生最大的梦想就是回祖国看看天安门，却难以如愿。

【电影 《老港正传》片段】

孩子：我爸爸在电影院做放映员，我小时候，他就教我要爱国。

爸爸唱《歌唱祖国》：五星红旗迎风飘扬……

【女主持】对于离散百年的游子，祖国就是那酸楚的泪、心底的伤，就是那魂牵梦萦的家，儿时母亲温暖的怀抱。

【歌曲 《澳门，我带你回家》】

海天相连是我们的家园，

你我相见是世界的企盼。

都说回家的路，

很近很近，

可这一路却走了几百年……

近了，近了，近了，

分针竟变成了秒针，

香港新世纪的太阳，

从维多利亚海上，一跃而出。

【女主持】这是香港著名爱国爱港诗人王一桃在新世纪的颂读，这朵绚丽的散文诗颂出了香港同胞埋藏已久的心声。

【男主持】一百来岁的赤子，终于扑向五千岁慈母的怀抱。因此，最初的融合，不乏回归情怀。香港新诗研究学者黄永健：

（以前香港）诗人写诗主要是表现香港都市人，关注人生百态，个体化写作比较明显，倾向于关注内心世界，写大题材的不多。但是现在香港诗人对于中国、中国文化特别是传统文化，他们是认同的。

【女主持】文化是一滴一滴的水，只有把这水汇入大江大河大湖大海，文化才会有更长久的生命力，和更广阔的辐射力。

【男主持】曾经风靡一时的“港产片”就如同这滴水，在新世纪来临前夕，面对外国大片压境、影碟兴起，票房一路狂跌，几近枯竭。绝望或是挣扎，沉沦还是奋起？在一个新千年到来的时候，香港电影义无反顾地踏上了北望神州、汇流内地的求索之路。

【新闻报道】外经贸部长石广生今天回答记者提问时说，中美双方已就中国加入世贸组织的多边谈判达成全面共识……

【女主持】2001年12月11日，中国加入WTO，标志着内地经济在全球化背景下驶入快车道，与此同时，电影产业也开始乘风远航。

【男主持】就是这一年，内地著名导演张艺谋邀约香港巨星梁朝伟、张曼玉等人合作拍摄了电影《英雄》。《英雄》果然出手不凡，成为中国第一部票房超过两亿的电影，也是中国第一部在北美市场战胜好莱坞大片的巨作。

【女主持】2004年，内地导演冯小刚不甘落后，一部《天下无贼》请来天王刘德华加盟，成为其票房收入的“无敌”保证。

【男主持】文化如同春雨，艺术本无疆界。2003年，以成龙为首的香港电影人代表团进京访问，与中央政府签署了CEPA协议，该协议在2004年生效之后，港产片不再受到20部引进大片的限制，通过审查即可在内地公映。而香港与内地合拍的影片，则可被视作内地电影进行宣传和放映。

【女主持】CEPA协议一扫合拍路上的阴霾与障碍，南国的水乡，北国的大漠迅速成为彼此热衷的镜头，两地电影人的合作由

2003年前的犹豫、试探迅速转入2003年后的牵手与热恋。

【男主持】2003年，香港导演许鞍华执导了内地电影《玉观音》，这部海岩的畅销小说由香港知名编剧岸西改编，男女主角由谢霆锋和赵薇联袂出演，可见两地的合作多么亲密无间、不分你我。

【女主持】同样成名自香港电影新浪潮运动的香港导演张之亮，2006年捧出古装力作《墨攻》，公映后赢得两地影迷的一致首肯。香港电影在经历了1998年经济危机的重创之后，终于在内地找到了复苏的起点。内地电影人高军：

基本上是全面铺开的，就是说港产电影只要通过了中华人民共和国相关广电部门的认可，你可以一路畅行无阻，不用再谓指标。

【男主持】内地市场的开放，让香港电影从小鱼缸一跃进入了大海洋。

【女主持】2007年，香港回归十年，与内地的“合拍片”已占香港电影总产出70%以上。此时，“港产电影”与“国产电影”已经汇流成强大的“华语电影”，一路前行，势不可挡。香港电影人文隽：

现在一部片子里，有香港演员、台湾演员、内地演员，大家也不会（贴）标签或者拣出是香港片或者是什么，都是华人地区的电影而已，所以我觉得这个合拍的界限越来越模糊。

【男主持】从“小香港”到“大中华”，两地的合作不但唤醒了香港电影业的复苏，更成功推进了中国电影在海外的影响，向世人展示了“华语电影”的强势与魅力。中华文化就是在这样的交流、碰撞与融汇中延续充盈、熠熠生辉！

【女主持】文化承载着历史，记录的却不仅仅是历史，还有沉淀其中的情怀。

【电影　《岁月风云》片段】

华振邦：一辆汽车由很多个零部件组成，每一个零件都很重要，正如一个家也是一样，家里的每个成员都是一个零部件，没了谁都不行，不然这个家就会散。

【男主持】《岁月风云》，一部为纪念香港回归十周年而创作的电视连续剧，它将一个家族的悲欢离合与中国汽车业发展的故事结合在一起，展现两地携手共赢的辉煌历程，以及华夏子孙振兴民族工业的岁月风云、家国情怀。

【电影　《岁月风云》片段】

文翰：中国的汽车，一定会走遍全世界，这不只是我们三兄弟的梦想，也是所有中国人的梦想。

【歌曲　成龙《国家》】

一玉口中国，一瓦顶成家。

都说国很大，其实一个家。

一心装满国，一手撑起家。

家是最小国，国是千万家。

在世界的国，在天地的家。

有了强的国，才有富的家……

【男主持】家是最小国，国是千万家。在崭新的世纪里，家国爱、中华情，如盛开的紫荆花浸润香江，如怒放的水莲花沁溢濠江。香港新诗研究学者在诗作《香江之月》里咏颂：

【黄永健《香江之月》】

七月，流火的季节、古老的传说，记录一个民族最神圣的诗篇，

七月流火、飞鸿奕霞，香江之月不再单寒，美丽的稚缕清抛丝线，

等待着紫荆花正开遍港九，等待着一百年的流浪眉心正在舒展，

一个民族的百年光辉就要开艳，一个民族的富强之梦就要起帆。

【女主持】这是一个梦想开花的时节，阳光照亮飞翔的翅膀。这是一个梦想开花的地方，土壤里播种着丰收的希望。于是，南国

的红豆历经百年的相思，开始吐露新枝，绽放异彩。

【粤剧 《红豆相思》】

红豆生南国，

春来发几枝。

愿君多采撷，

此物最相思……

【男主持】被周恩来总理赞誉为“南国红豆”的粤剧是岭南文化一道独特的风景，作为国际都市的香港，至今依然保留着原汁原味的传统粤剧，以及近百年历史的老戏院，足见对中华文化的不舍与依恋。然而，在留住传统和历史的同时，如何让粤剧得以传承和发展，则是一个新世纪的难题。

【女主持】从2003年起，为加强文化合作，弘扬粤剧艺术，穗港澳三地确定每年11月的最后一个周日为“穗港澳粤剧日”。“粤剧日”高级经理李明珍女士：

只有一天的活动，但是这个活动是大型的户外推广活动。有粤剧折子戏的演出、表演工作坊，还有其他很多活动在香港文化中心露天广场举行。

【男主持】香港特区政府民政事务局局长曾德成：

粤剧经过粤港澳共同提出，在国家支持下，已经成为世界级的非物质文化遗产，它的传承和发展，在香港是在活的社会里得到传承和发展，它的群众性是它独特的一面。

【女主持】周恩来总理赞誉“昆曲是江南的兰花，粤剧是南国的红豆”，进入新的世纪，南国“红豆”吐露新枝，“江南兰花”也开始绽放香江。

【女主持】2004年，青春版《牡丹亭》登陆香港舞台，首演获得了空前的成功，一票难求。一手打造了青春版《牡丹亭》的白先勇，被人们称为“重新扶起”昆曲的人，制作青春版《牡丹亭》是他多年的梦想，而这实现梦想的过程，还与香港有着不解之缘。白先勇：

2002年，香港政府请我去做了四场昆曲演讲，中间两场是讲给中学生听，讲给那些讲广东话的孩子听。我想我都教了二十九年大学，从来没教过中学生，怎么办呢？我想就找一些年轻演员来示范演出，我就请他们找了一批年轻的，刚好就找了苏州昆剧院，找了四个，中间的《惊梦》就是《牡丹亭》的一折，就是那个男主角俞玖林他扮演的，我一看这个人很像，他的嗓子很好，所以我就决定了，然后我就看见中间那个沈丰英，那个苏州姑娘一对水灵灵的眼睛，非常的有杜丽娘的气质，她的台风也很沉稳，男主角也有了，基本上就定了。

【男主持】白先勇说："希望看过昆曲的年轻人，在他们心中播下那么一个种子，有一天他们可能也来制作昆曲，也成为昆曲的推广人，或者是至少成为昆曲的忠实观众。"

【女主持】古老的昆曲历经文化的碰撞激发出青春的活力，年轻的话剧则借助古老的故事演绎着时代的传奇。

【男主持】反映广东水乡艺人生活的话剧《烟雨红船》自2000年11月23日在香港湾仔演艺学院首场演出后，连续20多场演出场场爆满，香港各大媒体纷纷瞩目，一时间，"红船"驶进香港的大街小巷，成为市民热议的话题，被誉为"2000年城中盛事"。

【女主持】原本是一段早年漂泊江湖的故事，何以会如此牵动人心？话剧《烟雨红船》的编剧，曾经以《天下第一楼》蜚声内地剧团，后移居香港的著名编剧何冀平表示：

我最忐忑的是时隔八年我还能不能写话剧；还有一点是我的话剧能不能被港人所接受。因为我在香港已经生活了八年，我亲身感受到了香港这个地方中西文化的交融、冲突、融合，我觉得把这个题材放在这里是非常恰当的。

【女主持】话剧《烟雨红船》是香港话剧舞台上少有的以中国

文化为背景的现实主义剧作。一艘小小的“红船”以相通的情感演绎了悲欢离合，照亮了万家灯火。

【歌曲 《始终有你》】

点点灯火仿佛流萤，
照亮百家姓，
成全这小岛变巨星。
东方跟西方的文明，
邂逅了冲劲，
繁荣这里，
遇上安定。
明艳紫荆风中争胜，
找对了路径，
花瓣开得繁盛。
人人能力大小也力拼，
任谁留下血汗，
就是个精英……

【男主持】歌曲《始终有你》，是2007年香港特区政府为纪念香港特区成立十周年而制作的主题曲。在一个崭新的十年到来之际，同根共生的中华儿女走在繁花似锦的路径上，你我携手，一路前行。

【歌曲 《始终有你》】

让万众掌声响一世纪，
香港始终有你（香港始终有我）。
十万个惊喜多一世纪，
感谢你，小天地，创天地。
盛夏冷冬各种天气，不舍不弃，
才会了不起，香港始终有你。

【女主持】传统与时尚，继承与创新，港澳与内地，这样的文化碰撞与交融，会是怎样一种奇妙的结局？在21世纪到来的时刻，它汇成流行乐坛一曲崭新的“中国风”，一枝独秀，别具风姿。

《花田错》：花田里犯了错，说好，破晓前忘掉……

《北京一夜》：one night in beijing，我留下许多情，人说百花的深处住着老情人……

《青花瓷》：天青色等烟雨，而我在等你，炊烟袅袅升起，隔江千万里……

《Susan说》：Susan离了洪洞县，将身来在大街前，未曾开言心内惨，过往的君子听我言……

【男主持】所谓“中国风”就是“三古三新”，把古辞赋、古文化、古旋律与新唱法、新编曲、新概念结合起来的中国独特乐种。歌曲以怀旧的中国背景与现代节奏相结合，产生含蓄、幽雅的歌曲风格。

【女主持】“中国风”在华人世界中产生了巨大影响。正是中国风所拥有的中国民族音乐风味，受到了华人听众的热烈欢迎，香港、台湾、内地歌手纷纷效仿，推出了一大批中国风的作品，使其成为一个时代独具中国特色的流行音乐风格。

《新贵妃醉酒》：爱恨就在一瞬间，举杯对月情似天……

《将军令》：将军追流行，他全身都Buling Buling，学西方人念经，忘了自己现实贵姓……

《烟花易冷》：雨纷纷，旧故里草木深。我听闻，你始终一个人……

《喜相逢》：与龙哥，共举杯，萍水相逢做朋友，世间相聚不容易……

《菊花台》：菊花残，满地伤，你的笑容已泛黄，花落人断肠，我心事静静淌。北风乱，夜未央，你的影子剪不断，徒留我孤单在湖面，成双。

【男主持】每个人心里都有一个“中国风”。听到她，就会联想到中国特色，中国味道。这些元素深深打动着我们，我们尽情享受着那一首首应和着京剧、黄梅戏、唢呐、二胡、琵琶、笛子的“中国风”。昨天，她们似乎刚刚离我们远去；今晨一觉醒来，又如仙乐翩然而至耳边……“中国风”将灿烂瑰丽的民族文化再次推向世界的舞台，也将华夏儿女的情愫紧紧相连……

【歌曲　《中国话》】

扁担宽，板凳长，

扁担想绑在板凳上。

扁担宽，板凳长，

扁担想绑在板凳上。

伦敦玛丽莲，买了件旗袍送妈妈，

莫斯科的夫斯基爱上牛肉面疙瘩。

各种颜色的皮肤，各种颜色的头发，

嘴里念的说的开始流行中国话。

多少年我们苦练英文发音和文法，

这几年换他们卷着舌头学平上去入的变化。

平平仄仄平平仄，

好聪明的中国人，好优美的中国话……

【女主持】台湾流行乐坛组合SHE，2007年以一曲富有浓郁“中国风”特色的歌曲《中国话》，旗帜鲜明地向世人诠释了对中华文化的眷顾。

【男主持】歌中唱到：“好聪明的中国人，好优美的中国话。”随着交流的日趋深入，港澳对中华文化的归属日渐情切。而作为首要交流工具的普通话，地位也日益凸显。香港音乐人刘卓辉：

现在的歌手他们基本上要唱国语歌，像陈奕迅他在内地也很红，在男歌手里面是数一数二的，但是他必须要凭他的国语歌……

【歌曲 陈奕迅《十年》】

十年之前，
我不认识你，你不属于我。
我们还是一样陪在一个陌生人左右，
走过渐渐熟悉的街头。
十年之后，
我们是朋友，还可以问候，
只是那种温柔再也找不到拥抱的理由。
情人最后难免沦为朋友。
直到和你做了多年朋友，
才明白我的眼泪，
不是为你而流也为别人而流。

【女主持】陈奕迅，香港流行音乐新时代的标杆人物，2003年，一首《十年》唱响内地，但当时很多内地年轻人也许并不清楚，这首歌是翻唱自他自己曾经的一首粤语歌《明年今日》。如今，陈奕迅对于粤语和普通话歌曲的不同演绎方法已经颇有研究：

咬字和音乐、音符的化学作用非常有分别，比如说“我爱你”，（用普通话唱）我爱你可以很容易就出来；广东话是很古老的语言，一般要尾音往回收，（用粤语唱）我爱你……

【男主持】其实，不仅仅是陈奕迅，越来越多的港澳歌手开始选择将已经发行的粤语歌曲，再用普通话重新填词后在内地推广。

【女主持】香港导演李力持：

我鼓励我女儿要学好普通话，不但是写繁体字，简体字也要学，香港跟内地“一国两制”，大家融合，慢慢融合融合，大家是一块儿的。

【男主持】融合，就是这样悄然地，飞入两地的寻常人家，温润着孩子们的心田。

【梅娘《邂逅 遇见》】

亲爱的黄家一双姐妹花，当满月照进我的小屋时，清光似水，我仿佛看见你俩姗姗而来，当弯月冲开薄云，泄出一缕清光时，我仿佛看见你俩正在勤读，……我会喃喃询问："姑娘，你们过得可好？"

【男主持】这是一封家书，家书的一端系着九十一岁高龄的内地作家梅娘，家书的另一端是两位普通的香港小姑娘芷渊小姐妹。梅娘是上世纪40年代红透文坛的才女，与著名女作家张爱玲并称为"南玲（张爱玲）北梅（梅娘）"。梅娘将她和香港小姑娘十几年、上百封书信结集成书，作为封笔之作，取名《邂逅 遇见》。

【梅娘《邂逅 遇见》】

亲爱的梅娘奶奶：

今天翻开日历，突然发现距离奥运会只有短短十一日，一想起今年奥运将在自己国家的首都北京举行，心里就有一种特别的兴奋和感动的感觉。身为一个中国人，我要学习同胞们的坚持和毅力，正如歌手周杰伦《万水千山》中的歌词："东方无愧，第一是谁？"

芷渊上，2008年7月28日

【歌曲 周杰伦《万水千山》】

千山万水，无数黑夜，
等一轮明月。
梦的边陲，风吹不灭，
从不感疲惫。
东方无愧，第一是谁？
让我们追求完美。
我态度坚决，面朝北，
平地一声雷。

做好准备，这一回 ……

【男主持】时间：2008年8月8日，地点：北京。

【男主持】08奥运，圆了中国人百年的梦想，参与协办北京奥运马术比赛的香港，在同一个奥运，同一个梦想的天空下，与北京没有距离。香港奥委会主席霍震霆：

香港回归十年了，通过这个奥运，以前强调两地，现在我觉得是让香港人觉得我们凝聚力的加强和对国家的认同。

【奥运倒计时一周年歌曲 《We are ready》】

一年一年的等待，我们看见未来。

一起用汗水来灌溉，五种色彩。

一天一天的等待，心情更加澎湃。

创造最大的舞台，最豪迈的时代……

【女主持】《We are ready》由香港著名音乐人金培达、陈少琪等创作。在“参与奥运，人人有份”精神的鼓舞下，六天的时间内，海峡两岸暨香港共有130多位华人歌手参与演唱，成为近20年来参与人数最多，动员范围最广的一首中国歌曲。香港著名音乐人金培达、陈少琪：

第一段就是“一年一年的等待”，第二段就是“一天一天的等待”，第三段就是“一分一秒的等待”，我们就把那种越来越接近的感觉（表现出来）。

四个字吧，动感加感动，动感因为它是体育，是奥运的事情，感动是因为我们花了很多心血准备这个事情，所以是动感加感动。

【男主持】30年前，邓小平用“马照跑，舞照跳”为“一国两制”方针做了通俗而精彩的诠释。盛事之都，一马当先。香港，用举世瞩目的奥运赛事，为“一国两制”的成功实践做出了令世人叹服的注解。

【奥运歌曲 《We are ready》】

We Are Ready,

把心和心都连在一起。

We Are Ready,

把天与地都连在一起。

超越了自己，赢得一场光荣的胜利。

用时间纪念梦想的神奇，

We Are Ready.

【女主持】是的，中华民族已经准备好了，向世界打开梦想起飞的跑道。

【男主持】是的，华夏儿女已经准备好了，我们心手相牵，一起去迎接复兴的光荣，拥抱梦想的神奇。

我们准备好了！

第六集　同唱一首歌

【男主持】2013年初的一个晚上，湖南卫视演播大厅灯光璀璨，来自港澳台和内地的歌手们在这里纵情放歌。《我是歌手》这档节目带给观众的，不仅仅是音乐的感动，人们仿佛置身一条文化的长廊，每一个驿站都传递出华夏儿女的心声。无论海角和天涯，所有中国人都在同唱一首歌，歌声传递出对祖国的依恋和浓厚的民族自豪感。

【歌曲　《国家》】

一玉口中国，一瓦顶成家。

都说国很大，其实一个家。

一心装满国，一手撑起家。

家是最小国，国是千万家。

在世界的国，在天地的家。

有了强的国，才有富的家……

【女主持】历史的长河流过近代百年中国的时候，它显得格外曲折和坎坷，无论是回望圆明园的烽火，还是慨叹鸦片战争的悲歌，留给子孙的都只有沉重的思索；“在世界的国在天地的家，有了强的国才有富的家”。在有人常常缅怀强大的盛唐，追忆遥远的汉武秦皇时，我们的头脑中有一根从未断过的红线把历史串在一起，这就是中华文化。公元2000年后的此刻，中华民族的伟大复兴已成为全体中国人追求的梦想。

爱国是中华民族的主旋律，从古至今，抒发爱国情怀的名人佳句不胜枚举：

【朗诵】

女：人生自古谁无死，留取丹心照汗青。（文天祥）

男：王师北定中原日，家祭无忘告乃翁。（陆游）

女：一腔热血勤珍重，洒去犹能化碧涛。（秋瑾）

男：寄意寒星荃不察，我以我血荐轩辕。（鲁迅）

女：为有牺牲多壮志，敢教日月换新天。（毛泽东）

【男主持】中华民族的爱国情怀，折射出的是中华民族对中华文化的自豪。不论你漂泊到哪里，无论你奔流向何方，母亲的怀抱终是你魂牵梦萦的方向。著名影星成龙：

没有回归之前是一个没有国籍的中国人，你说我是中国人？不是！英国人？他们又不认。我们是个孤儿！一回来很开心，忽然间自己是个中国人。而且在这十年，尤其是这几年，看见我们国家咔咔咔咔那种翻天覆地的变化，那种神奇，真的，给我的感觉就是有了强的国，我们才有富的家。

【女主持】投身无所，报国无门，这是曾经的悲哀；骨肉团聚，携手向前，才是今天的欢歌。洋紫荆、香港花，都是中国根。香港回归，举国同庆，那一天，香港著名企业家霍建宁荡舟香江，心潮澎湃，一曲《香港心》在他笔下深情流淌……

【歌曲　《香港心》】

香港心，中国根，
我两分开多少年，
终于回到你的怀抱。

永远在一起。

香港心，中国根，

永远再不分离。

洋紫荆，香港花，

都是中国根……

【男主持】盛开的紫荆花象征着香港与祖国同根连理，永不分离的真情。而真情在危难时刻才会更为厚重，在血与火的洗礼下，人间大爱才能得以浴火重生，患难与共生死不离的生命之歌才得以重唱。

【歌曲　《承诺》】

不必说你们背后还有我，

未来就是崎岖也会陪你过。

一个你一个我，

扛起不需要脆弱。

前面越走一定会越宽阔……

【女主持】这首由香港群星演唱的赈灾歌曲《承诺》，是香港同胞和祖国人民同呼吸、共命运的最佳写照。无论是五年前的四川汶川还是2013年的四川芦山，面对灾难，中华民族展现出前所未有的凝聚力，它惊天地，泣鬼神，令世界动容。

【朗诵　《孩子，快抓紧妈妈的手》】

孩子，快!抓紧妈妈的手。

通往天堂的路，太黑了。

妈妈怕你，碰了头。

快，抓紧妈妈的手，让妈妈跟你一起走!

【男主持】众志成城，携手相依，风雨共担，荣耀共享，因为我们是一家人，生死不离。

【歌曲　成龙《生死不离》】

无论你在哪里，

我都要找到你。

血脉能创造奇迹，

生命是命题 ……

【女主持】香港同胞坚信，生命是命题，血脉能创造奇迹。香港同胞的善心善举，让内地同胞深刻感受到血浓于水的同胞亲情。这份情谊也深深地感动了内地作家韩少功，在一篇随笔中他这样写道：

【韩少功《笛鸣香港》】

汶川大地震后，我立在香港某公寓楼的一扇窗前，听到维多利亚港湾里一片笛声低回，林立高楼下填满街道的笛声尖啸，哀恸之潮扑面而来。各个政党和社团的募捐广告布满大街，各大媒体的激情图文和痛切呼吁引人注目，学生们含着眼泪在广场上高喊“四川坚强”和“中国坚强”，而高楼电子屏幕上的赈灾款项总数记录，正以每秒数十万的速度不断跳翻……这一刻，我知道香港正在悄悄改变，一块殖民地的心灵流浪大概行将结束。

【歌曲 《中国人》】

一样的血，

一样的种，

未来还有梦，

我们一起开拓。

手牵着手不分你我，

昂首向前走。

让世界知道我们都是中国人……

【男朗诵】

春江潮水连海平，

海上明月共潮生。

滟滟随波千万里，

何处春江无月明……

【女主持】有人说思念是一条河，那么思念百年的河水是否会更为滂沱？2008年8月8日，北京奥运会开幕，很多香港人看着电视转播，喜极而泣。曾经的望月乡愁，在这一刻，随着奥运开幕式上秦人击缶、夸父追日，化为一首自信而豁达的歌。被香港人称为写词圣手的林夕用一首《北京欢迎你》道出了浓浓的中国情，唱响了中华民族的盛世欢歌。

【歌曲　《北京欢迎你》】

迎接另一个晨曦，

带来全新空气。

气息改变情味不变，茶香飘满情谊。

我家大门常打开，开放怀抱等你。

拥抱过就有了默契，你会爱上这里。

不管远近都是客人，请不用客气。

相约好了再一起，我们欢迎你……

【男主持】著名词作家林夕：

这个欢迎我觉得应该是充满自信的，我想象到的画面是一个老百姓打开家门的时候，有很多客人来，我很有自信地来看我们的现在，让你看到，我们的确是一个很有历史感的地方……

【男主持】打开门，只是三个字，也只有一瞬间，可这短短的一瞬间却蕴含了所有国人难忘的一段历史，在那些枪炮声中我们曾经打开门，可之后我们听到的是哭泣，面对的是分离。而今，我们又一次说出了这三个字，那其中包含的酸甜，他人岂能尽知？

【歌曲　陈淑桦《梦田》】

每个人心里一亩，一亩田。

每个人心里一个，一个梦。

一颗呀一颗种子，
是我心里的一亩田。
用它来种什么，用它来种什么，
种桃种李种春风。
用它来种什么，用它来种什么，
种桃种李种春风。
开尽梨花春又来……

【女主持】文化融合的过程，是对不同社会制度相互认知的过程，也是对“你中有我，我中有你”的华夏文化认同的过程。

【朗诵】

陕西省汉中地区是长江最大的支流——汉水的发源地。北有秦岭横亘，南有巴山绵延；汉中盆地，天造地设，沃野百里，风光秀丽，地处南北交汇地带，有悠久的历史文化渊源；融南北之精，集东西之华；采长江之宏阔清纯，纳黄河之厚重粗犷，兼收并蓄，左右逢源，鲜然异趣，独标一格。

【女主持】在香港文化博物馆里，常年展出着中国历代文物，香港人在周代的酒杯和明清的瓷器之间留连。历史的流行似乎从来就没有发生偏差，就像香港从来也没有离开文化的中国一样。香港电影资料馆馆长林觉声：

我们大概两年前做了一个调查，香港人也有一个很大的兴趣，去跑博物馆，所以我们也有museum pass，博物馆证，每年大概几百块钱，拿一个证，就可以探访香港的博物馆，这个计划有很多人都有这个museum pass，所以这个可以反映到香港人是很喜欢看这个展览。

【歌曲 《狮子山下》】

人生中有欢喜，
难免亦常有泪。

我哋大家，

在狮子山下相遇上，

总算是欢笑多于唏嘘……

【男主持】当我们回望历史，那些秦砖汉瓦、古风文化多少会给我们带来唏嘘和感叹。然而，正是在百年喜中有泪的交织中，狮子山下凝练出了一种精神——“香港精神”，这种精神让香港文化经过多年的中西文化交互、融合，取长补短，淬炼成一个多元文化的结合体，不但体现在文化的多样性上，也可以从普通市民的生活中感受到它的气息。

【歌曲　《朝阳》】

道路崎岖，

风急响亮我要奋起。

不怕路长，

昂然寻觅理想跟方向。

不懂得退让，

不屈不惜，

得失一样。

钢铁那般，

冲破激浪，

朝气再奉上……

【女主持】站在香港太平山顶俯瞰维多利亚港美丽的景色，这座梦幻般的城市令人惊叹。很多人在探寻，为什么这样的奇迹会出现在香港？这时，很多香港人可能会指引你去看一个地方，在香港最繁华的铜锣湾，维多利亚公园对面高楼的外墙上，悬挂着一幅巨大的标语：“做好，就是香港精神。”

【电影　《全城热恋》片段】

寿司师傅：十块，很贵呀。

司机华：（粤语）这个空调怎么卖？

阿威：会挑啊，经典粉红色，绝种，450块。

司机华：（粤语）450。

寿司师傅：可以便宜些吗？

【男主持】电影《全城热恋》里面这段普通话加粤语的对白曾一度是香港人和内地人沟通的语言状态，而如今，在香港、澳门大街小巷的街边档、士多店、茶餐厅里，收银的阿叔阿婆只要一看出顾客是内地人，便会大胆地用“港式”普通话来做生意。香港人正在用他们的生活中的点点滴滴，体现着香港精神带来的变化。香港市民在谈起学习普通话时说：

现在很多公司都要求它的职员跟内地的厂商谈生意，所以他们说普通话好呢，跟他们打交道就会方便很多。所以我的朋友啊，我的家人啊，普通话讲得好的那些，他们求职就会顺利得多。

【歌曲 《说好普通话》】

我是中国人，长城我去过。

民族的语言，必须要会说。

要说好普通话，不能够沉默。

语言的隔膜，必须要打破。

开口容易，沟通也没问题。

我们一起，有空就去练习。

说好普通话，融入大中华……

【女主持】语言像一座桥梁，它能把最深厚的历史担负在肩上，也能把相隔最远的心紧紧连在一起。

【女主持】2013年4月13日晚，香港文化中心，第32届香港电影金像奖正在举行颁奖典礼，来自海峡两岸暨香港的影人、影片汇聚一堂，而最让大家关注的是大会首次特别增设的最佳两岸华语电影奖。著名影评人谭飞在接受采访时表示：“这很好地反映了华语电影圈高度融合和交流的趋势。”而担任颁奖嘉宾的香港著名导演、演员成龙在台上的“双语广播”更是道出了海峡两岸暨香港文化融合的未来。

其实我觉得不管是什么人，只要是电影人，我们的语言都是相通的，一定能拍出一些世界都喜欢看的华语电影！

【男主持】我们的语言相通，我们的心中彼此有你我。香港的狮子山触得到长城血脉里的感应。

【女主持】长诗《我的南方和北方》中把人对故土的依恋化作四海为家的情怀，仿佛告诉人们，文化融合的过程就像一个孩子成长的轨迹。

【六小指《我的南方和北方》】

女：在东南风的琴音里，我的南方，雨打芭蕉，荷香轻飘，婉约而又悠扬！

男：在西北风的琴音中，我的北方，雪飘荒原，腰鼓震天，凝重而又张狂！

女：我的南方和北方，

男：我的北方和南方，

合：我的永远的故乡和天堂！

【女主持】2013年，贯穿整个夏天的中国戏曲节成为香港戏迷的文化大餐。京剧、昆曲、粤剧、歌仔戏、秦腔、评弹……各色传统剧种、各出经典折子、各路名角翘楚，平日里难得一见的高品质戏曲表演齐聚香港，给这个以“快”闻名的亚洲都会，平添了几抹慢悠悠的古朴雅韵。香港市民林先生是一位昆曲迷，他说：

我们港人尤爱昆曲，无论南派北传，这两年间“南北西厢”接连访港，让我们昆曲爱好者大饱眼福。这几年来香港文化和内地文化走得越来越近，让我们感觉到与内地的感情越来越近。

【歌曲 香港电视剧《射雕英雄传》主题曲《铁血丹心》】

女：依稀往梦似曾见，心内波澜现。

男：抛开世事断仇怨，

合：相伴到天边。

【男主持】相较于昆曲、粤剧，影视作品的影响力在如今可谓更加强大。1983年开始，香港电视剧《射雕英雄传》开始进入内地人的生活，金庸的多部武侠小说《神雕侠侣》、《天龙八部》、《笑傲江湖》、《鹿鼎记》刻画的武侠人物为大家津津乐道，中国传统武侠文化的精神让大家找到一种共鸣。

【女主持】而近年，越来越多的香港人也被内地电视剧的创作艺术手法所吸引。《潜伏》、《蜗居》等内地电视剧成为香港观剧新亮点，引发了街谈巷议。同根同祖的中国文化，让港澳和内地不断融合，在这互动的过程中，双方少了一份排斥，多了一份理解。

香港著名文化学者梁文道在《常识》一书中谈到文化的融合时，有一段精彩的描述：

【梁文道《常识》】

假如你问："什么是中国？"孩子，这就是中国了。你我何其幸运，生在这样的一个国度，同时拥有儒家、道家、伊斯兰教和藏传佛教等深厚的传统可以学习，有几十个民族多姿多彩的文化可以继承。想象一下，它们的交流冲撞，会爆发出何等巨大的能量呢？我们为什么热爱中国？那是因为它的多元是如此美丽。

【男主持】近些年，香港文化人的北上与香港小说的北上形成了一种风潮。随着梁文道、马家辉、欧阳应霁、蔡澜、董桥、陈冠中等香港文化人在内地频频亮相，一批在香港默默坚守纯文学创作的作家逐渐进入内地出版商的视野。同时，包括莫言在内的内地作家的文学作品也在香港受到青睐，内地图书在香港的销售额每年递增。共同的文化传统使得这种融合顺理成章。正如莫言在诺贝尔文学奖颁奖仪式上所言：

就像中国的先贤老子所说的那样："福兮祸所伏，祸兮福所倚。"我童年辍学，饱受饥饿、孤独、无书可读之苦，但我因此也像我们的前辈作家沈从文那样，及早地开始阅读社会人生这本大书。前面所提到的到集市上去听说书人说书，仅仅是这本大书中的一页。

【女主持】莫言是中国作家获得诺贝尔文学奖第一人，也成为中国文学走向世界的历史见证。

【男主持】中国文学走向世界，象征着古老而年轻的中国在实现自身文化融合的同时，将目光扩展到更远，并以此来丰富和发展民族文化，这种世界的眼光和开放的胸怀，代表着一种民族的拼搏精神，赢得了全世界的喝彩。

【女主持】边走边谈穿梭深港两地，看电影，听戏曲，感受着文化融合的魅力。这就是内地和港澳之间文化融合的缩影。改革开放之初，香港文化向内地的输入"搅动一池春水"，催生内地文化走向开放，而内地文化的不断发展，又为香港文化带来借鉴。两地文化在经济蓬勃发展的洪流中从单向传播趋于相互交流，继而合力影响世界。

【男主持】香港与内地逐步走向融合，已然成为历史趋势。经济发展推动文化融合，文化交融又反过来成为社会进步的润滑剂。港澳和内地文化的融合犹如一股暖流，它携东方神韵，耀寰宇风采，奔腾不息，流向广阔无垠的大海……

【歌曲 《同一首歌》】

水千条山万座我们曾走过，
每一次相逢和笑脸都彼此铭刻。
在阳光灿烂欢乐的日子里，
我们手拉手想说的太多……